交通强国背景下交通投融资政策创新研究

邹光华　蒋桂芹　陈建军　著

中国财经出版传媒集团
中国财政经济出版社
·北京·

图书在版编目（CIP）数据

交通强国背景下交通投融资政策创新研究 / 邹光华，蒋桂芹，陈建军著．-- 北京：中国财政经济出版社，2024.10．-- ISBN 978-7-5223-2790-7

Ⅰ．F512．6

中国国家版本馆 CIP 数据核字第 202473KV38 号

责任编辑：高　青　　　　责任印制：张　健
封面设计：卜建辰　　　　责任校对：胡永立

交通强国背景下交通投融资政策创新研究
JIAOTONG QIANGGUO BEIJINGXIA JIAOTONG TOURONGZI
ZHENGCE CHUANGXIN YANJIU

中国财政经济出版社 出版

URL：http：//www. cfeph. cn
E-mail：cfeph@ cfeph. cn

社址：北京市海淀区阜成路甲 28 号　邮政编码：100142
营销中心电话：010-88191522
天猫网店：中国财政经济出版社旗舰店
网址：https：//zgczjjcbs. tmall. com
中煤（北京）印务有限公司印刷 各地新华书店经销
成品尺寸：170mm×240mm　16 开　17 印张　269 000 字
2024 年 10 月第 1 版　2024 年 10 月北京第 1 次印刷
定价：68. 00 元
ISBN 978-7-5223-2790-7
（图书出现印装问题，本社负责调换，电话：010-88190548）
本社图书质量投诉电话：010-88190744
打击盗版举报热线：010-88191661　QQ：2242791300

前　言

新中国成立以来特别是改革开放以来，我国交通运输投融资体制积极适应深化国家经济体制改革的要求，紧跟交通运输发展需求，充分借鉴国际经验，不断改革创新，逐步由过去单一的政府计划投资体制发展演变成今天的多渠道融资格局，支撑交通运输基础设施实现从陷入瓶颈、初步缓解到基本适应、适度超前，由交通大国到交通强国的历史性跨越。回顾总结新中国成立以来交通投融资改革发展的历程，我们体会到，投融资工作是交通实现跨越式发展的关键支撑和保障，与经济社会发展大潮同频共振，交通行业通过不断探索实践，不断改革创新，逐步形成了具有中国特色的交通基础设施投融资体制和机制。

党的十九大提出建设交通强国，党的二十大进一步强调“加快建设交通强国”，这是习近平总书记亲自谋划、亲自部署、亲自推动的重大战略决策，是党中央赋予我们交通人的历史使命。新时代新征程，从对标对表两个纲要来看，按照2035年、2050年交通强国建设阶段性目标，以及打造“四个一流”的要求，我国交通基础设施发展不平衡不充分问题仍较为突出，还存在总量不足、结构不优、衔接不畅、设施养护不到位、城乡和区域发展差距较大、农村交通基础设施质量不高等问题。从国际对标来看，尽管我国已建成全球最大的高速铁路网、高速公路网、世界级港口群，但与西方发达国家相比，部分领域仍存在短板，距离建成世界前列的交通强国还存在不小差距。例如，公路网综合考虑面积和人口的密度还远低于美国、德国、法国、日本等主要发达国家；内河航道规模虽然排名世界第一，但高等级航道比例偏低；区域不平衡不充分问题较为突出，东部部分地区有的已经达到发达国家水平，但中西部地区“留白”多，历史欠账较多。要实现人民满意、保障有力、世界前列的交通强国建设目标，我国交通基础设施建设需求仍然旺盛，迫切需要积极扩大交通运输有效投资，加快补齐交通基础设施发展短板、弱项。

从供给端来看，受到世界经济增长动能不足，叠加国内需求收缩、供给冲击、预期转弱等影响，今后一段时间财政整体上面临减收增支压力，财政运行仍将处于“紧平衡”状态，各级财政收支矛盾仍然较为突出，很难拿出更多的增量财政资金用于支持交通运输发展。与此同时，贯彻落实国家深化财税体制改革、防范和化解地方政府隐性债务风险以及加强审计监督等各项要求，传统的高负债粗放式融资模式已不再可行。总体来看，未来一段时期交通投融资压力之大，前所未有。需要站在长远、系统的视角，做好交通发展资金政策的顶层设计，建立可持续的资金政策框架，并结合行业发展阶段和基础设施投资特点，促进不同时期投融资政策的有效衔接，支持和引导新阶段交通发展需求。

资金是交通运输发展的“血液”，提升资金保障能力，确保“血脉”畅通是投融资工作的首要任务。党中央、国务院印发的《交通强国建设纲要》《国家综合立体交通网规划纲要》明确要求建立完善与交通运输发展阶段特征相适应的资金保障制度，完善政府主导、分级负责、多元筹资、风险可控的资金保障和运行管理体制。这是我们做好新时期交通运输投融资工作的根本遵循和行动指南。2023 年，交通运输部、国家铁路局、中国民用航空局、国家邮政局、中国国家铁路集团有限公司联合印发《加快建设交通强国五年行动计划（2023—2027 年）》，明确了未来五年加快建设交通强国的“施工图”和“任务书”，并将健全资金保障作为重要行动举措之一。如何构建与加快建设交通强国相适应的资金保障制度，是交通投融资工作的首要命题。

在此背景下，本书系统回顾了我国交通运输行业投融资发展历程、现状及遇到的困难和问题，梳理研判了交通运输投融资发展面临的新形势、新任务和新需求，总结借鉴了国内外先进经验和典型案例，在此基础上，研究提出交通强国背景下交通投融资政策的总体思路、基本原则、实施路径和措施建议，为构建与加快建设交通强国相适应的可持续的交通投融资体制机制，支撑交通运输在全面建设社会主义现代化国家进程中当好开路先锋提供建议参考。由于研究水平所限，本书难免存在疏漏和不足之处，一些观点可能难以为业内人士所认同，希望各界同仁不吝批评指正！

作者

2024 年 5 月

目录

| 第一章 |

交通运输投融资发展回顾及现状

本章重点回顾分析我国交通运输行业不同发展阶段的投融资特征，并系统梳理交通运输投融资发展现状及成效、财政资金和政策支持情况、市场化融资手段，进一步剖析交通运输投融资面临的主要困难和问题。

第一节　我国交通运输投融资回顾

一、公路方面

改革开放以来，我国公路建设取得了辉煌成就，投资逐年增加，经历了四次跨越，并由过去单一的政府计划投资逐步发展到今天的多渠道融资格局，投融资政策和体制不断改革创新和完善，主要经历以下几个阶段。

（一）政府计划投资为主阶段（1984 年以前）

1958 年以后，我国公路实行以地方为主的分级管理体制，公路的建设、养护和管理由地方政府负责。

在计划经济体制下，公路建设主要资金来源是中央和地方政府的预算内财政拨款，数额十分有限，资金短缺比较严重。20 世纪 50 年代起开始实施的养路费政策为国省道养护提供了资金保障，而农村公路的建设和养护资金则主要依靠少量的公路养路费、民工建勤和以工代赈等政策解决。中央除了给予国道建设一定补助外，其余的省道和县乡道路的建设，以及所有公路的养护资金都由地方政府投入。在这段时期内，财政拨款、养路费是国省干线公路建设和养护的主要资金来源，而民工建勤和以工代赈政策在农村公路的建设中发挥了重要作用。

（二）投融资政策重大变革阶段（1984—1992 年）

随着我国社会经济的快速发展，交通运输的滞后对社会和经济的制约越来越严重。此时国家及时调整产业政策，将能源、交通建设作为发展的重点。

为解决公路建设的资金匮乏等问题，1984 年 12 月，国务院第 54 次常务会议作出了三项重大决策：一是征收车辆购置附加费（1985 年 5 月 1 日起施行），作为中央预算外专项资金，主要用于国家计划内干线公路建设及与公路建设有关的支出；二是提高养路费征收标准，其中增加的部分用于公路建设资金；三是允许用银行贷款修建公路，通过收取通行费偿还贷款，即“贷款修路、收费还贷”的收费公路政策。前两项政策分别为中央和地方开辟了较为稳定的资金来源，加大了政府投入力度；收费公路政策则突破了公路建设完全依靠政府投入的单一投资体制，使多渠道向市场融资成为可能。在此阶段，收费公路逐渐开始发展，银行贷款也成为了公路建设重要资金来源。

（三）投融资体制不断完善和成型阶段（1992—2012 年）

“九五”时期以来，交通运输部门牢牢以车辆购置费（税）和养路费两个专项费税为基础，以收费公路政策为支点，把握住两次重大的发展机遇，撬动银行贷款和社会资金，推动我国公路建设事业取得了跨越式发展。

1992 年邓小平视察南方讲话和党的十四大召开，经济和社会发展进入了一个全新的发展阶段，交通行业加大了政府投入和市场融资力度。1996 年，交通部颁布了《公路经营权有偿转让管理办法》，以规定期限的收费经营权为条件，通过转让经营权方式吸引社会资金进入公路基础设施领域。1996 年，公路建设投资项目实行资本金制度。1997 年颁布《公路法》规定，筹集公路建设资金，可以依法向国外金融机构和外国政府贷款；国家鼓励国内外经济组织对公路建设进行投资；开发、经营公路的公司可以依照法律、行政法规的规定发行股票、公司债券筹集资金。此外，一些地区还通过给予投资者土地开发权、使用权，筹集公路建设资金。

（四）深化改革阶段（2012 年至今）

自 2011 年以来，为控制地方政府性债务风险，中央开展了各类政府性融资平台清理工作，交通建设贷款条件趋于苛刻，贷款成本提高，贷款规模受到限制。2014 年国务院下发《关于加强地方性债务管理的通知》（国发〔2014〕43 号），2015 年新修订的《预算法》实施，指明了公路投融资主要有发行地方政府债券和政府和社会资本合作（PPP）两条路径，公路交通基础设施投融资翻开新篇章。随后，随着 PPP 制度的不断健全完善，PPP 模式在基础设施投资建设领域得到快速发展。期间，交通运输部印发了收费公路 PPP 操作指南、实施意见以及优化流程等一系列规范性文件，为各级交通运输部门用好 PPP 模式奠定了良好的制度基础。2023 年，《国务院办公厅转发国家发展改革委、财政部印发的〈关于规范实施政府和社会资本合作新机制的指导意见〉的通知》出台，对 PPP 发展进行了规范。在新机制指引下，各级交通运输部门在交通运输领域推广 PPP 模式将最大限度地鼓励和吸引包括民营资本在内的社会资本投入，充分激发社会资本投资活力。

二、水运方面

（一）港口

1978 年以来，我国港口建设投融资由过去单一的政府计划投资逐步发展到今天投资主体多元化、融资渠道多样化的格局，主要经历以下几个阶段。

1. 政府计划投资为主阶段（1984 年以前）

新中国成立以后，与计划经济体制相对应，我国长期执行计划式的投资管理体制。在 1984 年以前，我国港口管理实行“政企合一”。全国 39 个主要港口（沿海 14 个、长江 25 个）均由原交通部直接管理，原交通部负责港口的规划、建设、运营等；而地方港口则归属地方政府管理。在这种计划式投资管理模式下，沿海及内河港口所有建设项目的资金主要来自政府财政拨款。政府作为投资的唯一主体，包揽了港口项目决策、投资计划和日常运营的全部工作。但是由于政府财力有限，不能给予港口建设更多的投资，同时港口企业没有经营自主权，存在“吃大锅饭”的严重弊端，运营效率低下，港口基础设施基础薄弱、总量不足，长期落后于经济发展，成为制约国民经济发展的“瓶颈”。

2. 投资市场放开阶段（1984—2000 年）

1984 年，我国开始实行有计划的商品经济。这一阶段，我国港口管理体制发生了重大改革。截至 1987 年，除秦皇岛港为原交通部直属港口外，其他主要港口均改为由“交通部与地方政府双重领导，以地方管理为主”，形成中央直属港口、双重领导港口和地方港口三种类型港口并存的局面。相应地，港口建设投融资也发生了重大调整。1984 年开始，我国实行“以港养港，以收抵支”政策。中央投资由“拨款改贷款”，银行贷款逐渐成为港口建设的重要资金来源。1985 年国家颁布《关于中外合资建设码头优惠待遇的暂行规定》，吸引外资促进港口建设，迈出了利用外资的步伐。同年，国务院颁布了《港口建设费征收办法》（国发〔1985〕124 号）。1986 年，“取之于货、用之于港”的港口建设费正式开始征收，港口开始实行“以收抵支、以港养港”，从此港口建设有了较为稳定的中央政府专项资金来源。我国开始对全国 26 个对外开放港口的货物征收港口建设费，用于国际港口设施建设、航道建设及航海保障，旨在摆脱水运建设投资低迷、资金缺乏所造成的港口吞吐能力不足、船货压港等问题。1992 年邓小平视察南方讲话，确立了市场经济体制改革方向，港口市场化融资得到快速发展。同年，原交通部印发了《关于深化改革，扩大开放，加快交通发展的若干意见》，文件中明确规定“允许外商独资建设货主专用码头和专用航道”。1993 年，第一个港口上市企业深赤湾诞生，港口企业开始积极通过上市发行股票筹集建设资金。

在该阶段，我国港口建设“中央投资、地方筹资、社会融资、利用外资”的多渠道投融资格局已初步形成，银行贷款、外资等市场融资成为港口建设的主要资金来源，在港口建设中发挥了巨大作用。

3. 深化改革，体制逐步完善阶段（2001—2020 年）

这一阶段，我国港口管理体制再次进行了重大改革，中央直属和双重领导港口开始下放地方管理，港口实行政企分开。港口按照建立现代企业制度的要求，成为自主经营、自负盈亏的法人实体，中央不再干预企业的投资决策。为进一步完善投资体制，在港口和航道等水运建设项目审批方面，对于企业不使用政府投资建设的项目，不再实行审批制，改为核准制。在中央政府资金使用方面，为保证港口航道、防波堤、锚地、陆岛交通等公益性设施的投资，交通运输部对港口建设费的使用安排进行了重大调整，规定港口建设费不再用于港口经营性设施建设。

2011 年 10 月，财政部、交通运输部联合印发了《港口建设费征收使用管理办法》（财综〔2011〕29 号），第十六条和第十八条明确规定港口建设费实行中央和地方八二分成，80% 部分上缴中央国库、20% 部分缴入所在城市对应级次国库，港口建设费使用遵循以收定支、专款专用的原则。其中，中央分成的港口建设费主要用于沿海港口公共基础设施建设支出、内河水运建设支出、支持保障系统建设支出、专项性支出、征管经费、支付船舶代理公司或货物承运人的港口建设费代征手续费、国务院批准的其他支出；地方分成的港口建设费主要用于辖区内港口公共基础设施以及航运支持保障系统的建设和维护。

2020 年，受新冠疫情影响，我国阶段性免征进出口货物港口建设费。截至 2020 年底，征收了 35 年的港口建设费，对于加快我国沿海和内河水运基础设施建设发展，推动绿色交通发展，对有力地支撑我国经济社会发展和对外开放战略起了重要作用。

4. 港口建设费取消后阶段（2021 年至今）

2021 年 3 月 5 日，时任国务院总理李克强在《政府工作报告》中提出，用改革办法推动降低企业生产经营成本，宣布 2021 年 1 月 1 日起正式取消港口建设费。同月，财政部印发了《关于取消港口建设费和调整民航发展基金有关政策的公告》（财政部公告 2021 年第 8 号）明确规定“自 2021 年 1 月 1 日起取消港口建设费。以前年度欠缴的港口建设费，相关执收单位应当足额征收及时清算，并按照财政部门规定的渠道全额上缴国库”。

港口建设费一直是中央水运建设投资的最主要资金来源，取消港口建设费后，水运建设发展面临资金短缺。据当时预测，在整个“十四五”期间，水运公共基础设施和支持保障系统的建设每年仍需要 300 多亿元的资金。2022 年 6 月，财政部和交通运输部联合印发《关于〈车辆购置税收入补助地方资金管理暂行办法〉的补充通知》（财建〔2022〕186 号），在 2016 年 12 月、2021 年 3 月财政部和交通运输部联合印发的《车辆购置税收入补助地方资金管理暂行办法》等文件明确车辆购置税收入用于“重要内河水运支出”

基础上，在支出范围中进一步增加“沿海港口公共基础设施建设支出”。但近些年来车辆购置税实际投入用于沿海港口公共基础设施建设的资金仍不能满足实际需求，沿海港口公共基础设施建设维护仍有较大资金缺口。自港口建设费正式取消以来，中央层面尚未建立起稳定的财政资金保障体系用于支持沿海港口公共基础设施的建设维护。

（二）内河航道

内河航道的效益主要体现为社会效益，长期以来，我国内河航道的建设一直以中央和地方政府投资为主。“九五”时期以前，内河航道的建设资金来源主要为中央和地方政府的财政拨款和专项规费（如原交通部征收的水路客货运附加费、地方交通运输部门征收的船舶过闸费等，航道养护费按规定只能用于航道养护），此外还通过民工建勤、以工代赈，发挥社会力量促进航道建设发展。由于长期投入不足，内河航道建设一直较为缓慢。为加大对内河航道建设的政府投入，1996 年，中央设立了内河航运建设专项基金，资金来源为车辆购置费（税）和港口建设费。一些地方政府也积极响应，成立了地方的内河建设基金，使内河航运建设步伐明显加快。

航道上的航电枢纽和船闸通过发电和收取船舶过闸费用而具有良好的财务投资效益。20 世纪 90 年代及以前，航电枢纽基本为水电部门建设，难以充分考虑航运利益。从“八五”时期开始，交通运输部门通过政府投资、地方自筹和银行贷款等多渠道筹集资金，主建设或参与、入股建设了一些航电枢纽。平原地区航道上船闸的建设投融资也由计划经济时期的政府单一投资发展成为政府投资、自筹和利用银行贷款等多渠道筹集资金的投融资机制。近年来，部分省份采用航道和沿线港口、物流基础设施建设捆绑设施，探索采用 PPP 模式吸引社会资本投资。总之，我国的内河航道建设一直以政府投入为主，航电枢纽和船闸的建设则较多地利用了银行贷款。

三、交通税费

交通建设和养护需要稳定的资金来源。根据“使用费付费”和“受益者负担”的基本原则，各国往往采取对车辆和燃油征税的方法，作为公路建设和养护的一种稳定的资金来源。在我国，明确作为公路建设、养护专用资金来源的税收包括车辆购置税与成品油价格和税费改革新增收入。换句话说，这两项税收作为中央财政的固定收入，构成了中央一般公共预算交通运输支出整个资金盘子的重要组成部分。港口和航道建设则主要依靠港口建设费。

（一）车辆购置税

1. 车辆购置税政策演变与现状

改革开放初期，我国经济社会发展百废待兴，“要想富先修路”，大规模的公路规划和建设成为加快发展经济首要且必须解决的问题。为解决公路建设的资金来源问题，1984 年国务院常务会议决定开征车辆购置附加费，作为公路建设专用的一项资金来源。1985 年车辆购置附加费正式开征，为我国的公路建设提供了有力的资金保障，但车辆购置附加费也存在征收、使用不规范等问题。为进一步规范税费关系，强化财政资金预算管理，2000 年 10 月 22 日，国务院颁布了《中华人民共和国车辆购置税暂行条例》（国务院令〔2000〕294 号），从 2001 年 1 月 1 日起，开征车辆购置税，取代车辆购置附加费。车辆购置税的纳税人和税率等税制要素基本平移自车辆购置附加费的相关规定，由此保证了购车者的税负不增加。2018 年 12 月 29 日，第十三届全国人民代表大会常务委员会第七次会议审议通过了《中华人民共和国车辆购置税法》，自 2019 年 7 月 1 日起施行。车辆购置税由暂行条例升级为正式法律，进一步提高了车辆购置税征收管理的规范性。

一方面，为促进汽车消费，拉动内需增长，我国在 2009—2010 年和 2015—2017 年两次出台了小排量汽车车辆购置税优惠政策。根据财税〔2009〕12 号文和财税〔2009〕154 号文的规定，对 2009 年 1 月 20 日至 12 月 31 日期间购置 1.6 升及以下排量乘用车，减按 5% 的税率征收车辆购置税；对 2010 年 1 月 20 日至 12 月 31 日期间购置 1.6 升及以下排量乘用车，减按 7.5% 的税率征收车辆购置税。根据财税〔2015〕104 号文和财税〔2016〕136 号文的规定，自 2015 年 10 月 1 日始至 2016 年 12 月 31 日止，对购置 1.6 升及以下排量乘用车，减按 5% 的税率征收车辆购置税；自 2017 年 1 月 20 日始至 12 月 31 日止，对购置 1.6 升及以下排量乘用车，减按 7.5% 的税率征收车辆购置税。另一方面，随着我国环境资源的压力不断增强，为节能减排，减少空气污染，新能源汽车因其低排放甚至无排放的优势成为清洁的出行方式，得到国家的支持，与此同时，新能源汽车也被视为推动我国从汽车大国迈向汽车强国的重要推动力和实现经济发展的重要增长点。在这一背景下，我国开始实施新能源汽车免征车辆购置税政策。从 2014 年 9 月 1 日起，对购置的新能源汽车免征车辆购置税。这一政策一直延续至 2022 年 12 月 31 日。

2. 车辆购置税收入与使用情况

在车辆购置税开征后，随着我国经济的发展和人民收入的提高，以及政策的推动，汽车消费迎来了较长时间的繁荣，由此带来了车辆购置税收入的持续大幅增长（见图 1－1、表 1－1）。车辆购置税收入从 2002 年的 348.8 亿元，迅速增长到 2014 年的 2885.11 亿元，13 年增长了 7.27 倍，此后随着新能源汽车日益成为市场主流，以及第二次小排量乘用车车辆购置税优惠政策的实施，车辆购置税收入连续两年下降，2016 年车辆购置税降至 2674.16 亿元。在 2017 年小排量乘用车汽车购置税优惠力度退坡和到期后，车辆购置税出现反弹并进入缓慢增长阶段，2020 年车辆购置税收入为 3530.84 亿元。

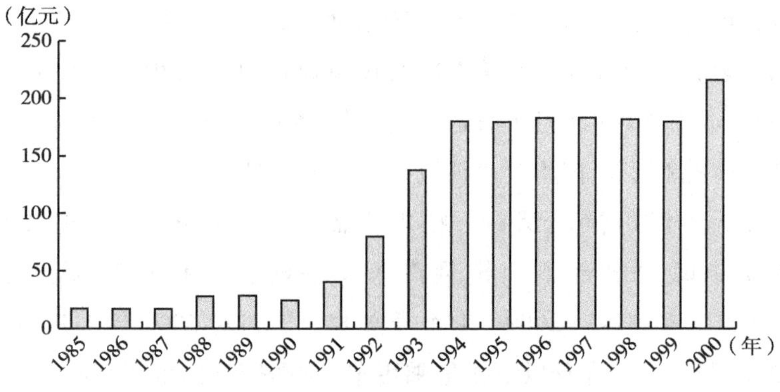

图 1－1　1985—2000 年车辆购置附加费征收情况

表 1－1　　2001—2020 年车辆购置税收入情况　　单位：亿元

“十五”时期	2001 年	2002 年	2003 年	2004 年	2005 年	合计
车辆购置税	255.22	363.69	474.83	534.70	582.15	2210.59
“十一五”时期	2006 年	2007 年	2008 年	2009 年	2010 年	合计
车辆购置税	687.46	876.87	989.75	1163.17	1792.03	5509.28

续表

“十二五”时期	2011 年	2012 年	2013 年	2014 年	2015 年	合计
车辆购置税	2044.45	2228.27	2596.34	2884.73	2790.15	12543.94
“十三五”时期	2016 年	2017 年	2018 年	2019 年	2020 年	合计
车辆购置税	2674	3281	3453	3498	3531	16437

在车辆购置税的使用上，相关法律法规明确其专项用于公路建设。1999 年 10 月 31 日第九届全国人民代表大会常务委员会第十二次会议通过对《中华人民共和国公路法》的修正案，将第二十一条第一款修改为：“筹集公路建设资金，除各级人民政府的财政拨款，包括依法征税筹集的公路建设专项资金转为的财政拨款外，可以依法向国内外金融机构或者外国政府贷款。”在车辆购置附加费改为车辆购置税后，国务院在批转的财政部、原国家计划委员会等部门《交通和车辆税费改革实施方案》（国发〔2000〕34 号）中明确规定，车辆购置税具有专项用途，不作为经常性财政收入，而是由中央财政根据交通部提出的公路建设投资计划，统筹安排，主要用于公路建设。从具体的使用用途来看，车辆购置税收入，除按规定扣除水利基金、老旧汽车基金、征管经费和铁路发展基金等外，主要都用于公路建设（见表 1－2）。

表 1－2　“十三五”期间车辆购置税用于交通支出情况　单位：亿元

车辆购置税支出	2016 年	2017 年	2018 年	2019 年	2020 年	“十三五”期间合计
合计	2025.3	2591.5	3083.9	3419.6	3032.1	14152.3
一、公路	2013.5	2569.1	3033.5	3224.7	2909.3	13750.2
二、内河航运	—	0.6	0.3	49.9	26.1	76.9
三、支持保障系统	10.3	2.9	2.0	9.1	9.3	33.5
四、综合交通	1.5	18.9	48.1	35.1	34.4	137.9
五、中央激励资金	—	—	—	3.0	3.0	6.0
六、高速公路撤站补助	—	—	—	97.8	50.0	147.8

3. 车辆购置税政策的重要作用

长期以来，以“收费公路政策”和“统借统还政策”为杠杆，撬动大量的银行贷款和社会资金投资交通基础设施，车辆购置税等交通专项资金起到了最为关键的支点作用。没有车辆购置税专项资金的投入保证，交通建设巨大的融资任务就失去了基础，交通发展也就不可能取得如此大的成就，车辆购置税在我国交通运输发展中发挥了不可替代的关键性作用。

一是车辆购置税专项资金是我国公路、内河航道交通建设的主要财政性资金来源。2019 年，车辆购置税占全国公路建设总投资的 16%，除了车辆购置税外，各级政府安排用于公路建设的其他财政性资金很少，来源和规模很不稳定。目前，我国政府投资的高速公路项目资本金基本全部来自车辆购置税，中西部地区乡道和村道建设也主要依靠车辆购置税。中央用于内河航运建设的资金主要来源也是车辆购置税，依靠车辆购置税“以路补水”。

二是车辆购置税专项资金撬动了大量银行贷款和社会资本。车辆购置税作为中央用于公路水路建设的主要资金来源，对社会投资具有杠杆导向作用，以对公路建设 16% 的投入，撬动了 84% 的地方配套资金和社会资金跟进（1∶5 的关系），满足了交通建设的融资需要。车辆购置税收入的不断增长对社会资本形成了稳定预期，具有较强吸引力，对促进行业投资良性循环至关重要。

三是车辆购置税专项资金是交通投资增长的稳定器。1993—2020 年的 27 年间，公路建设投资规模增长了 50 倍，推动公路事业取得了跨越式发展。交通建设投资快速增长的背后是交通专项资金收入的稳定快速增长，27 年间车辆购置税收入增长了 21 倍，为加快交通建设提供了关键支撑，发挥了交通投资快速增长的稳定器作用。

四是车辆购置税专项资金是中央促进国家总体规划目标实现、调节区域交通协调发展的重要工具。车辆购置税重点投向了国家规划建设项目和中央重点支持领域，是确保国家规划目标顺利实现的资金保障。车辆购置税征收虽主要来源于东部省份，但支出大部分都投向了中西部地区，发挥了重要的中央转移支付功能。“十二五”期间，车辆购置税对西部地区的投资规模占投资总额的 62%，对“11 + 3”集中连片特困地区的车辆购置税资金投入约占车辆购置税用于公路建设总投资的 45%，有效提升了西部地区、贫困地区等欠发达地区的交通基本公共服务均等化水平，促进了区域交通协调发展。“十三五”期间，车辆购置税支持贫困地区交通建设规模接近 1 万亿元，大幅改善了贫困地区交通基础设施的状况。

（二）成品油消费税

1. 成品油价格和税费改革与消费税政策现状

在成品油税费改革之前，我国公路养护资金主要来自公路养护费以及公路使用费等收费项目，这一机制为筹集公路养护资金发挥了重要的作用，但也存在一系列弊端，长期为社会诟病，如公路养护费公平性差、收费公路过多、收费过高等。为规范交通税费机制，公平社会负担，我国自1994年开始酝酿进行燃油税改革，即把公路养路费改为燃油税。1994年海南省作为全国燃油税改革试点，开始试行对机动车辆使用的汽油和柴油征收燃油附加费，取消公路养路费、过桥费、过路费和公路运输管理费。1997年全国人大通过的《中华人民共和国公路法》第二十六条首次提出："公路养路费用采取征收燃油附加费的办法。拥有车辆的单位和个人，在购买燃油时，应当按照国家有关规定缴纳燃油附加费。征收燃油附加费的，不得再征收公路养路费。具体实施办法和步骤由国务院规定。"1999年通过的《中华人民共和国公路法》的修正案，将第二十六条第一款修改为："国家采用依法征税的办法筹集公路养护资金，具体实施办法和步骤由国务院规定。"随后燃油税改革正式进入中央议事日程。

在经过多次的方案制定、修改和审批后，2008年12月18日，国务院发布了《关于实施成品油价格和税费改革的通知》（国发〔2008〕37号），决定从2009年1月1日起，在全国范围内实施成品油价格和税费改革，通过提高现行成品油消费税单位税额的方式，取代公路养路费、航道养护费、公路运输管理费、公路客货运附加费、水路运输管理费、水运客货运附加费六项收费，同时逐步有序取消政府还贷二级公路收费。

成品油税费改革遵循的一个原则同样是税费平移，即按改革时点原公路养路费等六项收费和政府还贷二级公路收费额的金额换算成成品油税费改革后相应形成的财政收入（包括消费税、增值税、城市建设维护税和教育费附加），由此测算出成品油消费税应提高的单位税额为：汽油消费税单位税额每升提高0.8元，柴油消费税单位税额每升提高0.7元，其他成品油单位税额相应提高。加上原来的单位税额后，提高后的汽油、石脑油、溶剂油、润滑油消费税单位税额为每升1元，柴油、燃料油、航空煤油为每升0.8元。

为促进环境治理和节能减排，财政部和国家税务总局于 2014 年 11 月 29 日、2014 年 12 月 12 日和 2015 年 1 月 13 日三次下发通知提高成品油消费税率，将汽油、石脑油、溶剂油和润滑油的消费税单位税额提高到 1.52 元/升；将柴油、航空煤油和燃料油的消费税单位税额提高到 1.2 元/升。航空煤油继续暂缓征收。其中，专项用于公路养护支出的税收部分包括汽油消费税中 0.8 元/升的税额部分和柴油消费税中 0.7 元/升的税额部分及其相应增加的增值税、城市建设维护税和教育费附加收入，其余部分的成品油消费税则属于中央一般预算收入，由中央财政统筹使用。

2. 成品油价格和税费改革新增收入及其使用情况

1999 年 10 月 31 日第九届全国人民代表大会常务委员会第十二次会议修改通过的《中华人民共和国公路法》第三十六条第二款明确规定："依法征税筹集的公路养护资金，必须专项用于公路的养护和改建。"国发〔2008〕37 号文中也明确规定了成品油价格和税费改革后新增税收收入的分配。新增成品油消费税连同由此相应增加的增值税、城市维护建设税和教育费附加具有专项用途，不作为经常性财政收入，不计入现有与支出挂钩项目的测算基数，除由中央本级安排的替代航道养护费等支出外，其余全部由中央财政通过规范的财政转移支付方式分配给地方。改革后形成的交通资金属性不变、资金用途不变、地方预算程序不变、地方事权不变。新增税收收入按以下顺序分配：一是替代公路养路费等六项收费的支出。具体额度以 2007 年的养路费等六费收入为基础，考虑地方实际情况按一定的增长率来确定。二是补助各地取消政府还贷二级公路收费。每年安排一定数量的专项补助资金，用途包括债务偿还、人员安置、养护管理和公路建设等。三是对种粮农民增加补贴，对部分困难群体和公益性行业，考虑用油量和价格水平变动情况，通过完善成品油价格形成机制中相应的配套补贴办法给予补助支持。四是增量资金，按照各地燃油消耗量、交通设施当量里程等因素进行分配，适当体现全国交通的均衡发展。为此，据此，中央财政制定了《中央对地方成品油价格和税费改革转移支付办法》（财预〔2009〕14 号），明确以 2007 年地方"六费"收入为基础，按一定增长率确定地方原"六费"收入基数，对地方给予返还；成品油价格和税费改革新增收入按照成品油消耗量、公路里程等因素分配给地方。

由于缺乏成品油消费税的准确数据，我们通过中央财政对地方的财政返还和增量转移支付金额来倒推成品油价格和税费改革后形成的新增收入情况。根据历年全国财政决算的相关数据，我们测算了2009—2020年成品油价格和税费改革新增收入情况（见表1－3）。在2009年改革后，随着汽油和柴油产销量的不断增长，成品油价格和税费改革新增收入也在逐年增长，从2009年的1531亿元增长到2015年的2301亿元，但随后受汽油和柴油消耗量下降等因素影响，成品油价格和税费改革新增收入不仅在多个年份没有增长，而且在2017年还下降了3.35%，2017—2020年每年的成品油价格和税费改革新增收入都维持在2224亿元。

表1－3　　2009—2020年成品油价格和税费改革新增收入情况

年份	燃油税收入（亿元）			增速（%）
	合计	其中基数返还	转移支付	
2009	1531	1531	—	—
2010	1881	1531	350	22.9
2011	2112	1531	581	12.3
2012	2141	1531	610	1.4
2013	2221	1531	690	3.7
2014	2271	1531	740	2.3
2015	2182	1531	651	－3.9
2016	2301	1531	770	5.5
2017	2224	1531	693	－3.3
2018	2224	1531	693	0.0
2019	2224	1531	693	0.0
2020	2224	1531	693	0.0
合计	25536	18372	7164	3.5

在收入用途上，成品油价格和税费改革新增收入主要是替代原公路养护费资金，专项用于公路养护。据统计，2009—2012年，我国普通国省干线公路养护资金年均投入1034亿元，其中成品油价格和税费改革新增收入形成的支出约占67%；农村公路养护资金年均投入321亿元，其中成品油价格和税费改革新增收入形成的支出约占60%。从目前的情况来看，尽管成品油价格和税费改革新增收入的收入规模已多年没有增长，但仍是公路养护最重要和

最稳定的资金来源。

（三）港口建设费

1. 设立背景

20世纪80年代中期，我国对外关系发展迅速，对外贸易保持快速增长，通过海洋运输的货物不断增加，但沿海港口基础设施落后，货物装卸能力严重不足，船舶压港、压货情况日趋严重。为加快港口基础设施建设，适应经济发展的需要，1985年10月国务院出台了《关于〈港口建设费征收办法〉的通知》（国发〔1985〕124号），要求自1986年1月1日起对26个港口的货物征收港口建设费，由交通部负责征收管理工作，并指定了26个港口的港务管理局或装卸联合公司为港口建设费的代征单位。

1993年4月经国务院批准，财政部、原国家计划委员会、原国家物价局联合下发了《关于扩大港口建设费征收范围、提高征收标准及开征水运客货运附加费的通知》（交财发〔1993〕456号），决定自1993年7月1日起，港口建设费征收范围扩大到全部对外开放口岸港口，包括进出对外开放口岸港口辖区范围的所有码头、浮筒、锚地等。港口建设费作为预算外资金管理，全部用于水运基础设施建设。

1996年7月，国务院颁布《国务院关于加强预算外资金管理的决定》（国发〔1996〕29号），将港口建设费作为政府性基金纳入中央财政预算管理。2001年国务院办公厅发布《关于深化中央直属和双重领导港口管理体制改革的意见》（国办发〔2001〕91号），将港口全部下放到地方管理。港口下放后实行政企分开，港口企业按照现代企业制度的要求，成为自主经营、自负盈亏的法人实体。

2011年4月，为适应财税体制改革要求，解决港口企业擅自减免、挤占、挪用、欠缴港口建设费等问题，经国务院批准，财政部、交通运输部联合印发实施《港口建设费征收使用管理办法》（财综〔2011〕29号，以下简称《管理办法》），将征收主体调整为交通运输部直属海事管理机构，港口建设费80%部分上缴中央国库，20%部分缴入所在城市对应级次国库，缴库时，注明中央、地方分成比例。该办法自2011年10月1日起施行，到2020年12月31日止。

2. 征收对象及标准

（1）征收对象。港口建设费征收对象为经对外开放口岸港口辖区范围内所有码头、浮筒、锚地、水域装卸（含过驳）的货物；港口建设费的义务缴纳人是货物的托运人（或其代理人）或收货人（或其代理人）。

（2）征收标准。按照《管理办法》的有关规定，港口建设费的征收标准详见表1－4。

表1－4　港口建设费征收标准明细

序号	分类	征收标准
1	全额征收	（1）国内出口：货物4元/每重量吨（或换算吨）；集装箱和内支线集装箱32元/20英尺每箱，48元/40英尺每箱
		（2）国外进出口：货物5.6元/每重量吨（或换算吨）；集装箱64元/20英尺每箱，96元/40英尺每箱
2	减半征收	（3）水泥、粮食、化肥、农药、盐、砂土、石灰粉等货物在（1）（2）的基础上减半征收
		（4）南京以上（不含南京）长江干线港口和其他内河港口货物与集装箱在（1）（2）（3）的基础上减半征收
3	缓征	（5）黄沙、磷矿石、碎石等低值货物
4	免征	（6）我国军用物品，使馆物品，联合国机构的物品； （7）国际过境货物、国际中转货物、保税货物（办理完进口清关手续的除外）； （8）邮件（不包括邮政包裹）和按客运手续办理的行李、包裹； （9）船舶自用的燃、物料，装货垫缚材料，随货物同行的包装备品； （10）渔船捕获的鱼鲜以及同行的防腐用冰和盐，随活畜、活禽同行的必要饲料； （11）空集装箱（商品箱除外）； （12）国务院规定的其他货物

3. 使用范围

按照《管理办法》的有关规定，中央分成的港口建设费主要用于以下六个方面：一是沿海港口公共基础设施建设支出，包括沿海港口航道、防波堤、锚地等基础设施建设，陆岛交通码头建设。二是内河水运建设支出，包括内河航道、船闸、升船机、航电枢纽、中西部内河港口建设等。三是支持保障系统建设支出，包括沿海和内河水域的海事、救助打捞、安全及应急通信、航道等。四是专项性支出，包括交通建设发展前期工作经费、日元还贷支出等。五是征管经费（包括支付船舶代理公司或货物承运人的港口建设费代征手续费）。六是国务院批准的其他支出。

地方分成的港口建设费主要用于辖区内港口公共基础设施以及航运支持保障系统的建设和维护。

4. 征收与使用情况

2013—2017 年港口建设费中央分成收入 864. 17 亿元，支出 830. 75 亿元，具体情况如下。

（1）从分年度看。收入方面，2013 年和 2017 年港口建设费征收额均超过 180 亿元，2014—2016 年保持在 165 亿元左右，各年度征收水平基本稳定。支出方面，2013 年与 2017 年支出金额较高，分别为 172. 97 亿元和 184. 71 亿元；2014—2016 年支出金额相对较低，均未超过 163 亿元。

（2）从使用范围看。港口建设费主要投向为沿海港口公共基础设施建设、内河水运建设和支持保障系统建设三个方面，支出分别为 216. 87 亿元、353. 83 亿元和 226. 59 亿元，约占总体支出的 96%。

（3）从分配方式看。港口建设费主要分为中央本级支出和地方转移支付支出，其中中央本级支出约占总体支出的 41. 09%，重点投向为支持保障系统；转移支付支出约占总体支出的 58. 91%，重点投向为内河水运和沿海港口公共基础设施建设。

四、总体评估

各级政府和交通运输部门积极创新，以车辆购置税等交通专项资金和“贷款修路、收费还贷”“航电结合，以电促航”等政策为基础，逐步形成了“中央投资、地方筹资、社会融资、利用外资”的交通运输基础设施投融资模式，改变了过去单一的政府计划投资体制，解决交通运输对国民经济的瓶颈制约问题，有效支撑了交通基础设施的跨越式发展。2014 年以来，交通运输行业贯彻落实国家关于防范化解重大风险，特别是地方政府债务风险的一系列重要文件精神和部署，积极深化交通领域投融资体制改革，转变传统的投融资模式，建立了地方政府收费公路专项债券制度，大力推广政府和社会资本合作（PPP），取得了积极成效，有力支撑交通运输的高质量发展。

由于交通基础设施类别多样、功能属性不同，有高速公路、港口等具有收益的基础设施，主要利用使用者付费机制，吸引社会资本投入，缓解财政资金投入有限的困境；还有普通公路、航道等无收益基础设施，难以吸引社会资本，主要依靠财政投入，或者发行政府一般债券的方式进行投资建设。总体上，不同的资金来源渠道是相互补充、相互支撑，加快形成基础设施网络布局。财政性资金是交通投资的重要来源和基础性保障（包括车辆购置税、燃油税、港口建设费、铁路建设基金、民航建设基金等专项资金、各级一般财政性资金、地方政府债券等，以专项资金为主），以有限的规模吸引了大量社会投资，对拉动投资、推进民生基础设施建设发挥了关键作用。

第二节　我国交通运输投融资现状

一、投资总体情况

交通基础设施投资维持高位运行。“十三五”时期，我国交通基础设施累计完成投资 15.75 万亿元（见表 1－5 和图 1－2），高于“十二五”时期 13.4 万亿元的投资，其中铁路、公路、水路和民航分别完成 3.99 万亿元、10.68 万亿元、0.63 万亿元和 0.45 万亿元，分别占交通总投资的 25.3%、67.8%、4.0% 和 2.9%。

表 1－5　　2016—2020 年交通基础设施投资情况

年度	铁路		公路		水路		民航		交通投资额合计（亿元）
	投资额（亿元）	占比（%）	投资额（亿元）	占比（%）	投资额（亿元）	占比（%）	投资额（亿元）	占比（%）	
2016	8015	28.4	17976	63.8	1417	5.0	782	2.8	28190
2017	8010	25.5	21253	67.7	1239	3.9	869	2.8	31371
2018	8028	25.6	21335	67.9	1191	3.8	857	2.7	31411
2019	8029	25.1	21895	68.4	1137	3.5	969	3.0	32031
2020	7819	22.7	24312	70.4	1330	3.9	1050	3.0	34511
合计	39901	25.3	106771	67.8	6314	4.0	4527	2.9	157514

资料来源：历年交通运输行业发展统计公报。

注：公路水路基础设施投资数据不包括支持系统及其他建设投资。

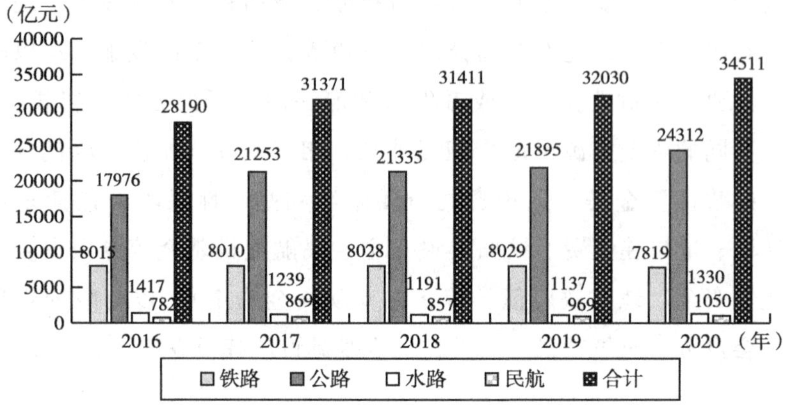

图 1－2　2016—2020 年交通基础设施完成投资情况

交通基础设施投资是全社会固定资产投资重要组成部分。交通基础设施建设项目产业链较长，可充分带动钢铁、水泥、建材、机械等产业，拉动投资，促进消费，能有效促进区域和城乡经济协调发展，对稳定经济增长具有十分重要的意义。2016—2020 年，在按 19 个大行业类划分的全社会固定资产投资中，交通基础设施投资占比为 5.3%（见图 1－3）。2019—2020 年，为应对新冠疫情等对经济增长的冲击，交通运输行业千方百计增加有效投资，交通基础设施投资在全社会固定资产投资中占比分别达到了 5.7% 和 6.5%，占比增长明显，贡献突出。

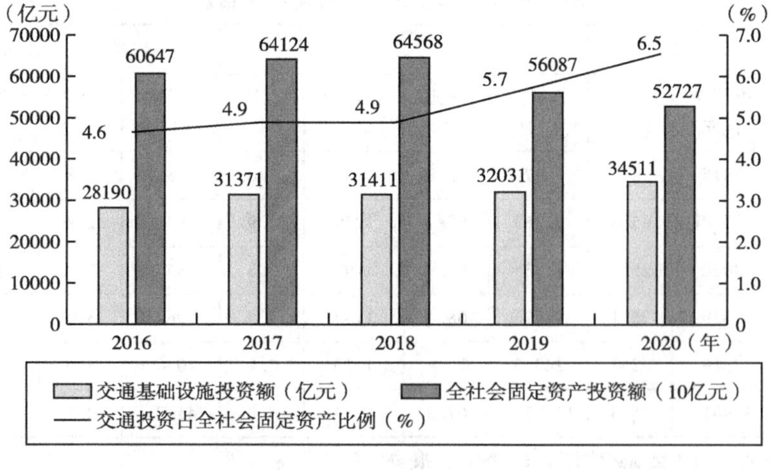

图 1－3　2016—2020 年交通基础设施投资占全社会固定资产投资情况

二、投资资金来源

多年来，交通基础设施建设在车辆购置税、铁路建设基金、港口建设费（港口建设费 2021 年已正式取消）、民航发展基金等交通专项资金的大力支持引导下，地方政府利用财政资金、信贷融资、企业自筹、直接融资等多种方式筹措交通建设资金，形成了“中央投资、地方筹资、社会融资、利用外资”的交通运输基础设施投融资模式（见表 1-6）。

表 1-6　2015—2019 年交通固定资产投资资金来源情况　单位：亿元

年份	行业分类	累计到位	国家预算	国内贷款	利用外资	自筹资金	其他资金
2015	铁路运输业	7332	1126	2077	23	2328	1778
	道路运输业	27283	5643	5912	20	13508	2201
	水上运输业	2315	118	482	3.6	1671	40
	航空运输业	1888	298	604	1.3	931	54
2016	铁路运输业	7021	1062	1864	13.7	2293	1787
	道路运输业	28515	6468	6248	49.1	12685	3066
	水上运输业	1967	206	355	3.7	1292	112
	航空运输业	2157	300	740	—	950	166
2017	铁路运输业	6832	981	1720	36.2	2059	2036
	道路运输业	33013	7180	8372	95.5	13791	3575
	水上运输业	1602	215	258	4.4	1026	99
	航空运输业	2147	229	887	—	786	244
2018	铁路运输业	6449	931	1756	8.8	2732	1112
	道路运输业	34036	7876	8514	68.3	14025	3589
	水上运输业	1584	258	196	2.4	1048	88
	航空运输业	2220	346	922	—	858	132
2019	铁路运输业	6933	794	2725	9.6	2454	979
	道路运输业	37780	8018	9349	99.4	15105	5072
	水上运输业	1180	232	191	1.5	663	91
	航空运输业	1789	227	616	—	821	150

资料来源：根据部分年份《中国统计年鉴》整理所得。

注：（1）国家预算资金包括一般预算、政府性基金预算、国有资本经营预算和社保基金预算，以及各级政府债券。利用外资包括对外借款（外国政府贷款、国际金融组织贷款、出口信贷、外国银行商业贷款、对外发行债券和股票）、外商直接投资、外商其他投资。自筹资金指各类企事业单位的自有资金和从其他单位筹集的用于固定资产投资的资金，不包括各类财政性资金、从各类金融机构借入资金和国外资金。其他资金指在报告期收到的除以上各种资金之外的用于固定资产投资的资金，包括社会集资、个人资金、无偿捐赠的资金及其他单位拨入的资金等。

（2）交通固定资产投资包括基本建设投资、更新改造投资、设备购置投资和其他投资。

在2015—2019年期间交通固定资产投资到位资金中，国家预算资金、国内贷款、利用外资、自筹资金和其他资金分别占比19.8%、25.0%、0.2%、42.7%和12.3%。据调研了解，企事业单位自筹部分也有一定比例通过市场融资筹集而来，由此大致估计交通固定资产投资资金中市场化融资资金比例在50%~70%之间。

三、交通投资特点

交通基础设施投资规模和增速地区差异化显著。以公路水路交通固定资产投资为例，“十三五”期间，公路水路交通固定资产投资逐年稳步增长（见图1-4），其中东部、中部、西部和东北地区分别占全国年度公路水路交通固定资产总投资的33%、19%、45%和3%，区域投资差异化明显；全国公路水路交通固定资产投资年均增长7%以上，其中东部增幅达10%以上，西部、中部次之，东北地区是负增长。具体到地方，东部地区浙江、山东、广东，中部地区的湖北、安徽，西部地区的云南、贵州、四川、广西等地投资力度位居前列。

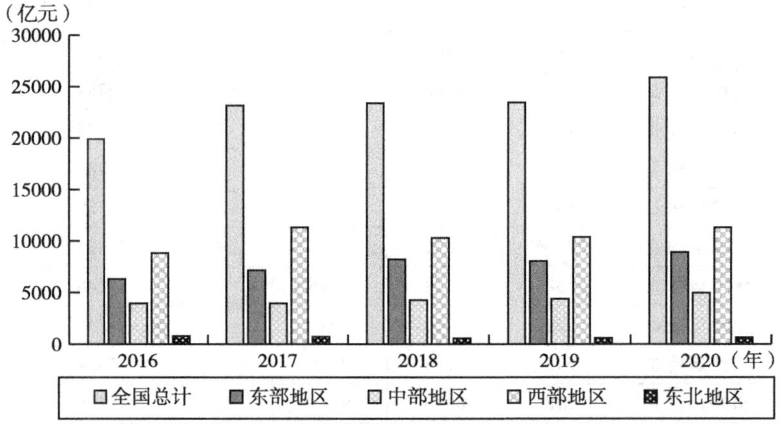

图1-4　2016—2020年分区域公路水路建设投资情况

各地交通投资强度（交通投资占地区生产总值比例）差异明显（见表1-7）。以2020年度公路建设投资为例，公路投资占GDP比重最高的是西藏，达22.1%，其他排在前六名的依次是云南、甘肃、青海、贵州、广西，均为西部地区；最低的六个地区依次是辽宁、北京、上海、天津、江苏、河南，主要为东部地区。

表 1-7 2020 年全国各地公路建设投资占地区生产总值的比重

地区	公路建设投资（亿元）	地区 GDP（亿元）	公路投资占 GDP 比重（%）	排名
西藏	420	1903	22.1	1
云南	2752	24522	11.2	2
甘肃	928	9017	10.3	3
青海	227	3006	7.6	4
贵州	1107	17827	6.2	5
广西	1334	22157	6.0	6
新疆	635	13798	4.6	7
四川	1870	48599	3.8	8
江西	961	25692	3.7	9
山西	631	17652	3.6	10
宁夏	136	3921	3.5	11
海南	171	5532	3.1	12
浙江	1732	64613	2.7	13
河北	899	36207	2.5	14
重庆	617	25003	2.5	15
内蒙古	414	17360	2.4	16
陕西	620	26182	2.4	17
黑龙江	307	13699	2.2	18
湖北	948	43443	2.2	19
安徽	723	38680	1.9	20
广东	2016	110761	1.8	21
吉林	223	12311	1.8	22
山东	1323	73129	1.8	23
湖南	708	41781	1.7	24
福建	633	43904	1.4	25
河南	667	54997	1.2	26
江苏	869	102719	0.8	27
天津	61	14084	0.4	28
上海	161	38701	0.4	29
北京	132	36103	0.4	30
辽宁	86	25115	0.3	31

四、投资成效显著

（一）初步建成现代化综合交通运输网络

在国家预算资金投资的拉动和引导下，“十三五”时期我国交通基础设施网络进一步完善优化，运输效率、交通网密度和通达深度进一步提升。“十三五”期末，全国铁路运营里程 14.6 万公里，比“十二五”期末增长 20.7%；其中高铁运营里程大约 3.8 万公里，比“十二五”期末增长 1 倍，居世界第一位，覆盖 95% 的 100 万人口及以上的城市；全国铁路网密度 152 公里/万平方公里，比“十二五”期末增加 26 公里/万平方公里。全国公路总里程 520 万公里，比“十二五”期末增长 13.5%；其中高速公路 16.1 万公里，比“十二五”期末增长 28.8%，居世界第一位，覆盖 98.6% 的 20 万人口以上的城市和地级行政中心；全国公路网密度 54.15 公里/百平方公里，比“十二五”期末增加 6.47 公里/百平方公里。全国内河航道通航里程 12.77 万公里，等级航道里程 6.73 万公里，全国港口万吨级及以上泊位数 2592 个。颁证运输机场 241 个，比“十二五”期末增加 31 个，覆盖 92% 的地级市。

阅读专栏

高速公路路网密度国际对标

截至 2020 年底，全国公路总里程 520 万公里，国道里程 37.1 万公里，省道里程 38.3 万公里，高速公路里程 16.1 万公里，其中国家高速公路里程 11.3 万公里。对比我国和美国、法国、德国、日本、意大利等发达国家的高速公路，我国东、中、西部地区高速公路密度（公里/万平方公里）分别为 443、272 和 83，美国 79、德国 364、法国 211、意大利 230、日本 238；综合考虑国土面积、人口和国内生产总值因素［公里/(万平方公里×万人×亿元)$^{1/3}$］来看，我国高速公路密度为 2.93，美国 2.21、德国 3.04、法国 2.86、意大利 2.37、日本 1.65。

（二）有力保障脱贫攻坚和各项国家战略推进

交通基础设施建设投资，始终坚持“保基本、保重点”的基本原则，特别是中央投资在保障交通扶贫、保障国家战略方面发挥了重要作用。一方面，坚持优先支持贫困地区建设项目，2013—2019 年，大幅提高贫困地区交通建设中央投资补助标准，安排支持贫困地区公路建设的车辆购置税资金超过 1.16 万亿元，带动全社会投资约 4.8 万亿元。国家高速公路、普通国道补助标准分别由“十二五”时期平均占项目总投资的 15%、30%，提高到“十三五”时期的 30%、50% 左右，乡镇、建制村通硬化路补助标准提高到工程造价的 70% 以上。另一方面，保障服务国家战略重大项目实施，制定专项交通规划，重点保障京津冀交通一体化、雄安新区对外骨干路网、长江经济带综合立体交通走廊、“一带一路”互联互通境内骨干通道、粤港澳大湾区、长三角一体化等服务国家战略项目实施。

（三）投资结构进一步调整优化

中央投资加大了对中央财政事权的支出比例，提高了国家高速公路、普通国道的补助标准。按照补短板、强弱项的工作思路，优先保障剩余乡镇和建制村通硬化路建设、国家高速公路待贯通路段、普通国省道提质改造、内河水运领域投入，用于高速公路、普通国省道和农村公路建设的投资占比分别为 29%、36% 和 30%。实施了一批港口集疏运公路铁路项目，着力推进数字交通、平安交通、绿色交通建设，加强水上交通安全监管和应急能力建设。

第三节　交通运输投融资存在的主要问题

随着国家深化财税体制和投融资体制改革的深入推进和交通运输的转型发展，交通运输发展面临的投融资环境发生了较大的变化。特别是《国务院关于加强地方政府性债务管理的意见》（国发〔2014〕43 号）、《国务院关于深化预算管理制度改革的决定》（国发〔2014〕45 号）、新修订的《中华人民共和国预算法》《国务院关于创新重点领域投融资机制鼓励社会投资的指导意见》(国发〔2014〕60号),以及《国务院关于推进中央与地方财政事权和支出责任划分改革的指导意见》(国发〔2016〕49号)等文件的出台,现行的投融资体制机制难以满足交通运输发展的需要,特别是不能适应国家深化财税体制改革的要求,不能有效支撑交通大国向交通强国迈进的历史进程。

一、事权划分方面

交通运输行业现行的财政事权和支出责任划分及体制机制运行模式,有效支撑了交通运输业持续快速发展。但与满足人民日益增长的美好生活需要、与建设交通强国要求相比,交通运输还存在发展不平衡不充分,现行财政事权与支出责任划分不清晰、不合理、不规范等问题。

(一)财政事权和支出责任现状不适应财税体制改革新要求

交通运输领域中央与地方财政事权和支出责任现状,是基于历史沿革,满足特定发展阶段需求形成的,对交通运输行业发展起到了重要作用。但与财税体制改革新要求和行业发展新阶段相比,还存在财政事权划分不合理的问题。具体来看,发挥全国性大通道作用的国家高速公路以及涉及国际、国境领域的交通事务等主要由地方负责;中央与地方共同承担的财政事权过多,支出责任界定不清晰,部分区域性、地方性事务中央承担的支出责任过多,甚至出现支出责任倒挂的现象,如“十二五”时期中央车辆购置税用于普通国道建设的投资标准仅为项目造价的35%左右,但车辆购置税对中西部地区农村公路建设的投资补助标准超过了50%。

(二)财政资金保障能力不足

用于交通运输发展的财政资金投入比例过低,在“十二五”时期公路、水路交通固定资产投资中,各级政府财政性资金占比仅为47.8%,剩余部分只能依靠银行贷款等渠道解决。交通基础设施的养护资金主要来源于燃油税转移支付资金,养护资金缺口大,特别是农村公路,建设养护均无固定财政资金保障,养护管理水平低,失养、弃养现象突出,财政资金保障能力明显不足。普通国省干线建设,仅靠有限的中央财政性资金,地方财政投入过少,主要依靠银行贷款,财政资金保障不足。

（三）政府和市场边界不够清晰

政府和市场边界不够清晰，一些本应由政府承担的交通基本公共服务财政负担不够，用于交通运输发展的财政资金投入比例过低，一些领域过于依赖市场。公路、航道养护市场化推进缓慢，还难以摆脱过去计划经济的模式，政府负担过重，制约了交通运输资源的合理有效配置。

此外，现有管理体制对综合交通运输体系建设支撑不够。国家层面的大交通管理体制虽然已初步形成，但是各种运输方式之间的衔接不够顺畅，难以发挥比较优势和综合效率。这些问题与推进国家治理体系和治理能力现代化的要求不相适应，也不能满足交通运输综合协调高效发展新阶段的根本要求，难以支撑交通运输大国向交通强国迈进，需要积极推进交通运输领域中央与地方财政事权和支出责任划分改革。由于公路水路领域各事项管理体制机制不同、存量资产规模大，基础性和网络性特点突出，部分边境的公路、桥梁、航道等设施还具有国边界性，在推进财政事权划分改革时需要根据实际情况进行逐项分析研究，处理好改革与稳定发展、总体设计与分步实施、当前与长远的关系。

二、投资政策方面

（一）投资重点不够突出

从总体分类看，车辆购置税资金投资项目划分维度较多、项目类别略显复杂，包括交通运输重点项目、一般公路建设项目、国务院批准用于交通运输的其他支出三大类，其中交通运输重点项目包括国家高速公路、普通国道、普通省道等 11 类项目，一般公路建设项目包括农村公路、乡镇公路客运站、普通国省干线公路服务区 4 类项目。港口建设费资金投向不仅包括沿海港口建设中的航道、锚地、防波堤、陆岛交通等没有收益的公共水运基础设施，也包括内河水运建设中的航电枢纽、通航设施和航道等有一定收益和没有收益的水运基础设施，还包括海事、救捞、长航等支持系统，涉及面较广，涵盖水运交通基础设施建设的多个方面。从明细分类看，主要是农村公路项目划分过多过细，既考虑了公路项目的行政等级，也考虑了公路项目建设的内容，同时还考虑了路网完善；项目类型不仅包括建制村通硬化路、窄路面加宽，还包括县乡公路生命安全防护、县乡公路危桥（隧）改造、村道生命安全防护、村道公路危桥（隧）改造等。这种分类管理方式虽然有利于精细化管理，但是不利于车辆购置税资金宏观调控作用的集中发力，也增加了中央投资资金的管理难度。此外，广西、湖南、江西等地普遍反映，地方在申请车辆购置税资金、申报农村公路项目时，因项目建设内容与车辆购置税资金投资分类项目很难匹配，不仅增加了申报工作难度，也极易出现同一个项目重复申报补助资金问题。

中央资金投资范围广，导致投资重点不突出，如当前阶段沿海和内河水运发展程度有较大差异，沿海港口基础设施发展相对超前，内河航道建设依然是水运基础设施的短板，并且属于没有收益的公共基础设施，港口建设费资金在其中的宏观调控作用有待进一步调整和加强。

（二）投资标准与财政事权能力及发展需求不匹配

财政事权是履行支出责任的基础，当前阶段中央与地方交通运输领域财政事权存在权责划分不清晰、投资责任倒挂等问题。

从公路领域看，如国道，从其在全国路网体系中的地位及国家有关财政事权划分原则看，应当属于中央财政事权，但目前建设养护管理主体主要在地方，地方不仅负责国道的建设和养护，还要承担建设投资资金的筹集责任，中央仅对国道建设给予一定比例的投资补助、对普通国道养护给予较小规模的燃油税资金支持，且燃油税资金主要安排用于人员支出，能够用于普通国道养护的资金不多，造成普通国道养护不到位等问题；省道属于地方财政事权，但中央仍普遍按不少于国道一般投资标准的70%给予补助；农村公路财政事权属于地方财政事权，建设养护管理责任也在地方，但是中央一直承担着重要的支出责任，如2018年中央车辆购置税资金在农村公路建设投资总额中占比达20%，有的地区甚至超过50%。

从水路领域看，如航道，中央对地方的投资补助没有区分中央和地方财政事权，仅区分是否为高等级航道来确定补助标准。

投资标准与财政事权不匹配问题，带来了地方在农村公路建设方面过度依赖中央投资、在国道建设养护方面责任履行不到位、在航道建设方面积极争取中央投资补助的局面，以及中央在国道建设养护方面财政事权履行不到位等现实问题，在一定程度上影响了交通运输事业健康可持续发展。2019 年 6 月，国务院发布《交通运输领域中央与地方财政事权和支出责任划分方案》（国办发〔2019〕33 号），但其中有关中央与地方共同事权的支出责任并没有界定清楚，公路水路领域财政事权与支出责任不匹配问题的解决尚需一定的时间。

此外，投资标准与不同地区财力差异性不匹配。从各省财政保障能力和经济发展水平看，东中西部同一地区不同省份之间经济发展水平差异较大，如东部地区的河北省与江苏省，2018 年河北省人均 GDP 为 4.78 万元，江苏省人均 GDP 为 11.52 万元，是河北省的 2.4 倍，但因同属东部地区，采用相同的投资补助标准，投资政策差异化、精准化程度有待提升。投资标准与项目和地区差异性匹配不够，如公路灾毁恢复重建项目，不管是普通国道还是普通省道，投资补助标准相同；处于不同省份的中央苏区，投资补助标准却不同，有的执行西部标准，有的按同地区一般补助标准上浮 10% 执行。

（三）投资结构不够合理，建管养运发展不协调

1. 投资范围应涵盖建管养运全部事项

目前来看，中央投资资金作为交通运输部安排用于公路、水路等基础建设的车辆购置税、港口建设费资金，仅对公路、水路建设项目进行投资，投资范围不包括公路、水路基础设施管理、养护、运营等事项。从改革趋势看，根据国办发〔2019〕33 号文，公路水路基础设施领域的中央财政事权不仅包括公路、水路基础设施建设，还包括公路、水路基础设施养护、管理、运营等事项，现行的中央投资政策已适应财政事权和支出责任改革新形势新要求，迫切需要进行调整和完善。

2. 在综合交通运输发展方面作用有限

“十三五”时期，中央投资资金继续在推动综合交通运输发展方面发挥作用，除加大对综合客运枢纽、货运枢纽（物流园区）建设的投入支持力度，也新增了港口集疏运铁路、港口集疏运公路两个投资方向，在多式联运发展中积极发挥引导和带动作用。但是，由于受体制等多种原因制约和影响，综合客运枢纽、货运枢纽（物流园区）建设只是在选址上尽可能向铁路、民

航、城市客运等其他运输方式的枢纽靠近，多种运输方式之间的相互转换不顺畅也不便利，也就是说，还没有实现真正意义上的综合交通运输枢纽。

3. 运输服务领域投入力度还有待加大

多年来，中央投资资金重点投向交通基础设施建设，在中央交通专项资金的支持下，我国公路水路交通建设发展取得了长足的进步，公路水路基础设施的快速发展，形成了庞大的公路水路资产，但运输服务作为交通运输发展中的短板现状并未得到有效改善，当前交通运输处于基础设施发展、服务水平提高和转型发展的黄金时期，迫切需要调整完善中央交通投资政策，更好地做好资金保障。

（四）中央与地方投资联动机制有待进一步完善

长期以来，我国公路水路交通基础设施建设管理主体在地方，中央使用交通专项资金对地方采取补助方式进行投资，从资金来源结构看，地方财政预算安排和负责筹集的资金占大头，中央投资资金占小头。“十三五”时期，为确保公路水路建设发展规划目标实现，交通运输部跟各省省级政府签订了部省协议，中央与地方投资联动机制得以初步建立，但是由于部省协议只是一种书面承诺，不具有政策约束力，也不具有法律效力，难以有效保证地方各级政府按照部省协议安排财政资金。

从中央层面看，车辆购置税和港口建设费资金作为中央财政资金，资金来源渠道和规模相对稳定，在一定程度上能够有效保障中央投资政策目标的落实。

从地方层面看，交通建设任务重，资金需求量大，但一些地方政府财政保障能力不足，能够安排用于支持交通建设的资金非常有限，需要采取市场化方式筹集大量资金，国发〔2014〕43号文出台前，主要依靠政府投融资平台采取银行贷款方式进行融资，积累了较大规模的政府性债务。国发〔2014〕43号文出台以来，地方政府投融资平台的政府融资功能被取消，地方政府只能发行政府债券进行举债融资，但受地方政府债务限额管理和新建高速公路经济效益较差的影响，当前阶段能够通过发行地方政府债券进行融资的空间也比较有限，吸引社会资本难度较大，且长期以来形成的“交通运输部门办交通”的现状及思维惯性尚未真正扭转为“政府办交通”的规范做法上来，由此导致需要由地方承担安排筹集的资金很难到位，中央交通专项资金预算也很难执行。分析其中原因，主要是中央与地方政府投资联动机制没有建立起来，由此也影响中央交通专项资金作用的发挥。

三、融资政策方面

（一）发展规划与资金保障机制有待进一步健全

国发〔2014〕43 号文出台前，公路水路交通基础设施建设发展主要由地方政府投融资平台采取银行贷款方式进行融资，在这种以银行贷款为主的投融资模式下，各级交通运输主管部门在编制五年发展规划时，重点关注发展目标、主要任务等建设发展事项，较少关注完成主要任务所需资金的保障情况，在财政资金投资能力不足情况下主要依赖银行贷款进行解决，部分项目甚至用银行贷款充当资本金，债务风险不断积聚。国发〔2014〕43 号文出台以来，政府投融资平台的政府融资功能被取消，政府举债融资只能采取发行政府债券方式，发债规模受债务限额管理，采用 PPP 模式运作的项目按照规定也应进行财政承受能力论证，不能增加地方政府隐性债务。在国家不断加强政府债务风险的背景下，各级政府在编制五年发展规划时，如果仅关注建设项目规划，不关注资金来源，不对项目资金保障能力进行科学评估，可能会出现为完成规划目标而出现过度举债情况。

（二）深化财税体制改革对交通融资提出了更高要求

1. 交通融资平台政府融资功能被取消

国发〔2014〕43 号文等文件要求明确划清政府与企业界限，政府债务只能由政府及其部门通过债券方式举借，不得通过企事业单位等举借，要剥离融资平台公司承担的政府融资职能，融资平台公司不得新增政府债务，如此交通运输部门就没有了直接筹资功能。

2. 政府举债要全部纳入政府债券发行渠道

根据国务院文件规定，像普通公路、航道这种没有收益的公益性事业发展，由地方政府发行一般债券融资，纳入一般公共预算管理，以一般公共预算收入偿还债务。像收费公路这种有一定收益的公益性事业发展，将来可以由地方政府通过发行专项债券融资，纳入政府性基金管理。地方政府债券发行规模在国务院报请全国人大审议后的限额内实施。同时，政府债券资金的使用要全部纳入预算管理，接受同级人大的监督。这意味着，原来交通运输部门可以自己找银行谈，也不用政府或财政批，但现在就行不通了，政府债券能有多少用于交通行业，主要靠政府或财政来定。

3. 交通运输领域中央与地方财政事权和支出责任不匹配

党的十八大和十八届三中全会等文件提出要建立事权和支出责任相适应的制度、适度加强中央事权和支出责任，推进各级政府事权规范化、法治化。目前，在交通运输领域还存在中央与地方财政事权和支出责任划分不清晰、不合理、不规范等问题，如应作为中央事权的国家高速公路网项目，“十二五”期间中央投资补助比例只占到总投资的15%左右，地方配套压力大。随着事权和支出责任的划分，相应地也要在投融资体制、投资标准、资金预算管理等方面作出调整完善。

（三）中央交通专项资金的保障能力不足

1. 专项资金政策还存在不稳定性

在深化财税体制改革的过程中，曾几度传出车辆购置税将由中央税调整为地方税，纳入一般预算统筹使用，取消专款专用性质。经过交通运输部多方做工作，目前车辆购置税作为交通专项资金得到了保留，但将来取消专款专用是改革发展趋势。此外，受经济下行、新能源汽车免征车辆购置税、1.6升及以下排量乘用车减半征收车辆购置税等因素影响，车辆购置税税基被侵蚀，税收规模下降，2016年累计征收2674亿元，在汽车销量持续高速增长的情况下，呈现继续下滑趋势，同比下降4.2%。同时，成品油税费改革增量收入专款专用性也存在被取消的可能性，港口建设费也于2020年到期，2021年被正式取消。

2. 专项资金收支存在较大缺口

“十三五”时期是我国交通运输基础设施快速成网的关键阶段，为完成国家公路网规划和扶贫规划任务，经初步测算，车辆购置税资金需求将达到2.4万亿元。如果按2015年车辆购置税收入3000亿元和年均增幅6%来计算，整个“十三五”时期车辆购置税资金缺口将达4100亿元，年均820亿元。考虑到拆迁费用、补助标准、原材料和人工成本增长等因素，年均支出缺口会进一步加大。

3. 养护资金严重不足

截至2023年底，全国公路网总里程达543.68万公里，其中，20世纪90年代以来大规模修建的超过350万公里公路已集中进入养护高峰期，养护任务异常艰巨，资金严重不足的矛盾日益尖锐。据统计，近年来我国每年公路养护资金缺口大约在50%，造成普通国省道养护工程难以安排，一些危险桥隧、事故多发和灾毁路段不能及时修复，大量农村公路失养失管。按照满足基本养护需求的标准测算，"十三五"时期非收费的普通公路养护资金需求约为2.8万亿元，以成品油税费收入用于公路养护的资金按年均2400亿元、总计1.2万亿元计算，养护资金缺口年均3200亿元、总计1.6万亿元。

（四）社会资本投入的意愿下降

1. 新建项目经济效益较差

由于好的线位资源越来越少，特别是西部地区，新建的高速公路交通流量小、建设成本高，而定价机制缺乏灵活性，大部分项目现金流难以覆盖投资运营成本，经济效益普遍较差，投资回收期长，导致对社会资本的投资吸引力下降。

2. 收费公路政策还不稳定

前几年出台的重大节假日免费通行政策、绿色通道政策，以及一些地方为支持当地煤炭等资源开发出台的减免政策，一定程度上影响了社会资本投资的积极性。同时，《收费公路管理条例》的修订工作尚在推进当中，有关收费公路的收费年限、政府支持政策及收费标准问题尚未明确，社会资本缺乏稳定的政策预期。

（五）投融资渠道有待拓展

过去30多年，交通运输的投融资主渠道主要依赖于政府投资和银行信贷，其中政府投资又主要靠中央车辆购置税投资，地方配套不足，部分地区过度依赖融资平台替政府融资，部分项目还用银行贷款充当资本金，投融资渠道相对单一，债务风险不断积聚。根据有关甄别统计，截至2014年底，公路政府性债务余额达4.2万亿元，有些公路债务还尚未纳入甄别的范围。因此，迫切需要拓宽融资渠道，特别是股权投资的渠道，利用市场机制提高存量资产的流动性，降低资产负债率，控制好债务风险。

（六）债务负担重，不利于行业可持续发展

在政府投入不足、财政事权和支出责任不匹配的客观情况下，地方不可避免地选择了负债发展的道路。经过多年的发展，交通领域积累了大量的债务，目前主要靠“借新还旧”和少量地方政府财政补助，勉强维持资金平衡。随着新建项目的增加，交通领域的债务规模将进一步扩大。债务风险高企，不利于行业可持续发展。

四、资金监管方面

（一）事中事后监管不到位，车辆购置税资金预算执行不力

从车辆购置税资金投资政策看，中央对补助一般公路建设的车辆购置税资金采用切块（因素法）方式管理，每年由交通运输部会同财政部确定切块规模后，由地方交通运输部门自主选择当年实施的项目。对补助重点公路建设的车辆购置税资金采用项目法方式管理，每年由交通运输部会同财政部审核项目后，由财政部直接拨付重点项目资金。

由于缺乏对一般项目事中事后监管，以及对重点项目预算执行及预算调整管理机制，“十二五”时期出现车辆购置税资金大量结转结余等影响资金效益有效发挥的一些问题，而一些重点领域和大量建设项目却面临资金需求不能满足、无钱开工的情况。从2015年10月审计署公布的《8月稳增长促改革调结构惠民生防风险政策措施贯彻落实跟踪审计结果》看，截至2014年底，37个省（自治区）和计划单列市收到的车辆购置税补助公路、水路建设项目资金累计结转结余达640亿元，主要是国省道和农村公路建设补助资金。在国家加快推进财税体制改革，车辆购置税资金专款专用性面临严峻挑战的背景下，车辆购置税资金管理使用中暴露出来的一些问题，引起国务院高度重视，影响交通基础设施建设有效投资的形成，不利于交通基础设施建设稳投资作用的发挥，这也说明中央应当加强对车辆购置税和港口建设费资金使

用及其安排支持项目的监管，以确保资金作用和效益的发挥。

（二）交通资产管理薄弱

一是尚未完全建立起资产管理绩效评价制度体系，未实施绩效评价，国有资产运行效率不高，存在资产闲置浪费的情况。二是交通公共基础设施资产管理尚处于起步阶段，受法规政策空白、体制机制不顺等因素影响，大量投资形成的交通基础设施大多数没有作为价值资产进行核算和统计，导致交通基础设施资产价值计量基础薄弱，家底不清。三是与美国等发达国家借助于数据信息技术，将资产管理的作用扩大到基础设施建设、养护等综合投资决策支持，通过基础设施资产管理系统实现对基础设施的科学维护相比，我国交通基础设施资产管理还存在较大差距。四是对收费公路等经营性资产缺乏合理收益监管；在收费公路权益转让实行备案制的背景下，事中事后监管有待加强。五是财政事权与支出责任划分改革后，如何理顺行业基础设施资产管理体制、建立适合我国国情的交通基础设施资产管理模式等都迫切需要统一认识。

（三）审计监督效果有待增强

一是审计信息化程度低，工作效率相对较低，亟待创新审计方式方法；审计覆盖面不够，对交通行业审计工作指导不足。二是审计发现问题整改不到位，未能充分发挥内部审计的实质作用。三是当前审计工作主要以事后审计为主，缺少事前预防和事中控制，难以发挥内部审计的“免疫系统”功能。四是内审的独立性有待增强。

第二章
交通运输投融资形势与趋势研判

本章主要围绕财税体制改革、投融资体制改革、防范化解政府债务风险、收费公路政策改革等趋势，分析这些重大改革事项对今后交通运输投融资产生的影响，并提出当前交通运输投融资面临的主要困难和问题。

第一节　财税体制改革形势及挑战

一、财税管理制度改革

（一）部门办交通向政府办交通转变

1984年，国务院出台了公路投资三项政策——征收车辆购置附加费、提高养路费收费标准以及实行贷款修路、收费还贷政策，为中央和地方开辟了较为稳定的财政资金来源。长期以来，交通运输部门以车辆购置费（税）和养路费两个专项费税为基础，以收费公路政策为支点，撬动银行贷款和社会资金，市场化融资闸门得以打开，推动我国交通运输事业取得了跨越式发展。《关于加强地方政府性债务管理的意见》（国发〔2014〕43号）出台后，各省交通运输厅（局）及所属部门（高速公路管理局等）通过政府还贷政策建设收费公路模式已无法继续实施。政府投资项目只能由政府举债，并且只能通过发行地方政府债券的形式筹集公路建设资金。按照国务院文件精神，对普通公路等没有收益的公益性事业发展，由地方政府发行一般债券融资，纳入一般公共预算管理，以一般公共预算收入偿还债务；对收费公路、枢纽场站等有一定收益的公益性事业发展，通过发行地方政府收费专项债券融资，纳入政府性基金管理。地方政府债券发行规模由各省（自治区、直辖市）上报国务院，再由国务院报请全国人大审议后的限额内实施。这意味着，原来交通运输部门可以自己找银行谈，也不用政府或财政审批，但现在行不通了，政府债券能有多少用于交通运输行业，主要靠省级政府来决定，已经实现从部门办交通向政府办交通的转变。

此外，按照改革的要求，当前我国用于公路、水路交通建设和发展的车辆购置税、成品油消费税、港口建设费等交通专项资金、地方一般预算和车辆通行费等交通专项费收，将分门别类地纳入政府预算管理，实现资金使用管理的制度化和规范化，这也有助于明确地方政府在交通运输发展事业中的主体地位，防范债务风险，促进地方政府在其财政事权范围内对交通运输发展提供必要的资金保障。

（二）交通专项资金的专项属性逐步淡化

《国务院关于深化预算管理制度改革的决定》（国发〔2014〕45号）提出，优化财政支出结构，取消城市维护建设税等的专款专用的规定，统筹安排这些领域的经费。《国务院关于印发推进财政资金统筹使用方案的通知》（国发〔2015〕35号）提出逐步取消一般公共预算中以收定支的规定，新出台的税收收入或非税收入政策，一般不得规定以收定支、专款专用。2016年国家已先行取消了城市维护建设税以及矿产资源补偿费、探矿权采矿权使用费和价款、草原植被恢复费、海域使用金等专项收入专款专用。从发展趋势来看，未来我国将加大政府性基金预算转列一般公共预算力度和国有资本经营预算调入一般公共预算力度，而对于一般公共预算中的专款专用资金也将逐步被取消专项性。车辆购置税作为《中华人民共和国公路法》规定的公路建设专项资金，是一般公共预算资金中具有专款专用的专项税收收入，是深化预算管理制度改革的主要内容，其作为一般公共预算中以收定支的专项收入，专项性将逐步被淡化。

（三）发展规划和预算制定将更加科学化

行业发展规划和年度预算受中期财政规划的约束将增强，制定将更加科学化。中期财政规划是指为增强财政政策的前瞻性和财政可持续性，根据国家中长期发展规划和宏观调控的需要，在确定中期财政政策基础上编制的、多年度财政规划。实行中期财政规划管理，对规划期内一些重点领域政策及所需动用的政府财力作出统筹安排，每年根据情况变化作相应调整更新，强化其对年度预算的约束，提高预算的统筹能力。其管理内容涵盖了预算收支的科学预测、中长期重大事项科学论证机制、部门滚动支出规划、中期财政规划约束和指导年度预算，最终逐步建立中期预算框架。实行中期财政规划管理后，交通运输部门要对未来三年交通重大财政资金收支及政策目标进行分析预测，结合交通运输发展规划，研究编制公路、水路等交通建设和养护的三年滚动预算，并建立与三年滚动预算相适应的项目库管理制度。交通运输行业发展规划和年度预算受中期财政规划的约束将增强，在制订过程中也将更加科学化和精细化，同时也有利于保证重点项目需求，有助于硬化预算约束，提高预算项目执行效率，保证交通预算编制质量。

二、财政事权与支出责任划分改革

（一）国家推行财政事权和支出责任划分改革要求

根据《国务院关于推进中央与地方财政事权和支出责任划分改革的指导意见》（国发〔2016〕49号），要求2020年基本完成主要领域改革，形成中央与地方财政事权和支出责任划分的清晰框架。改革主要内容如下。

1. 推进中央与地方财政事权划分

（1）适度加强中央的财政事权。要逐步将国防、外交、国家安全、出入境管理、国防公路、国界河湖治理、全国性重大传染病防治、全国性大通道、全国性战略性自然资源使用和保护等基本公共服务确定或上划为中央的财政事权。

（2）保障地方履行财政事权。逐步将社会治安、市政交通、农村公路、城乡社区事务等受益范围地域性强、信息较为复杂且主要与当地居民密切相关的基本公共服务确定为地方的财政事权。

（3）减少并规范中央与地方共同财政事权。逐步将义务教育、高等教育、科技研发、公共文化、基本养老保险、基本医疗和公共卫生、城乡居民基本医疗保险、就业、粮食安全、跨省（区、市）重大基础设施项目建设和环境保护与治理等体现中央战略意图、跨省（区、市）且具有地域管理信息优势的基本公共服务确定为中央与地方共同财政事权，并明确各承担主体的职责。

2. 完善中央与地方支出责任划分

中央的财政事权由中央承担支出责任，由中央财政安排经费，中央各职能部门和直属机构不得要求地方安排配套资金。中央的财政事权如委托地方行使，要通过中央专项转移支付安排相应经费。地方的财政事权由地方承担支出责任，原则上由地方通过自有财力安排。对地方政府履行财政事权、落实支出责任存在的收支缺口，除部分资本性支出通过依法发行政府性债券等方式安排外，主要通过上级政府给予的一般性转移支付弥补。地方的财政事权如委托中央机构行使，地方政府应负担相应经费。中央与地方共同财政事权区分情况划分支出责任。对受益范围较广、信息相对复杂的财政事权，如跨省（区、市）重大基础设施项目建设、环境保护与治理、公共文化等，根据财政事权外溢程度，由中央和地方按比例或中央给予适当补助方式承担支出责任。

3. 加快省以下财政事权和支出责任划分

省级政府要根据省以下财政事权划分、财政体制及基层政府财力状况，合理确定省以下各级政府的支出责任，避免将过多支出责任交给基层政府承担。

（二）交通运输领域中央与地方财政事权和支出责任划分改革要求

根据《国务院办公厅关于印发交通运输领域中央与地方财政事权和支出责任划分改革方案的通知》（国办发〔2019〕33 号），公路领域中央与地方财政事权与支出责任划分方案如下。

1. 中央财政事权

（1）国道。中央承担国道（包括国家高速公路和普通国道）的宏观管理、专项规划、政策制定、监督评价、路网运行监测和协调，国家高速公路中由中央负责部分的建设和管理，普通国道中由中央负责部分的建设、管理和养护等职责。中央承担国家高速公路建设资本金中的相应支出，承担普通国道建设、养护和管理中由中央负责事项的相应支出。

(2) 界河桥梁。中央承担专项规划、政策决定、监督评价职责，建设、养护、管理、运营等具体执行事项由中央委托地方实施。

(3) 边境口岸汽车出入境运输管理。中央承担专项规划、政策决定、监督评价职责，建设、养护、管理、运营等具体执行事项由中央委托地方实施。界河桥梁、边境口岸汽车出入境运输管理由中央承担支出责任。

2. 中央与地方共同财政事权

(1) 国家级口岸公路。中央承担专项规划、政策决定、监督评价职责，建设、养护、管理、运营等具体执行事项由地方实施。

(2) 国家区域性公路应急装备物资储备。中央承担专项规划、政策决定、监督评价职责，具体执行事项由地方实施。

上述公路领域事项由中央和地方共同承担支出责任。

3. 地方财政事权

(1) 国道。地方承担国道（包括国家高速公路和普通国道）的建设、养护、管理、运营、应急处置的相应职责和具体组织实施。地方负责筹集国家高速公路建设中除中央财政出资以外的其余资金，承担普通国道建设、养护、管理、运营中除中央支出以外的其余支出。

(2) 省道、农村公路、道路运输站场。地方承担专项规划、政策决定、监督评价职责，并承担建设、养护、管理、运营等具体事项的执行实施。

(3) 道路运输管理。地方承担专项规划、政策决定、监督评价职责，并承担具体事项的执行实施。省道、农村公路、道路运输站场和道路运输管理由地方承担支出责任。

(三) 财政事权和支出责任划分改革将产生的影响

一是需要进一步深化交通投资体制改革，根据中央与地方财政事权划分履行财政支出责任。目前我国交通运输领域财政事权不清，财政事权和支出责任不匹配问题较为突出。一方面，国道建设养护以地方为主筹集资金，车辆购置税仅补助一定比例的资金；另一方面中央给予地方事权的农村公路大量补助。“十三五”期间中央车辆购置税用于普通国道建设的投资标准仅为项目造价的35%，但车辆购置税对中西部地区农村公路建设的投资补助标准超过了50%。中央与地方财政事权不清、投资责任倒挂，联动带来的地方省、市、县交通事权也存在划分不清的情况，越是下级政府越承担了过多的支出责任，而受限于资金来源有限，未建立起匹配财政事权的支出责任机制，造成“财权上移”“事权下沉”，影响交通运输事业健康持续发展。下一步，政府应根据《国务院办公厅关于印发交通运输领域中央与地方财政事权和支出责任划分改革方案的通知》进一步细化交通运输领域中央与地方财政事权和支出责任，加快推进交通运输领域中央与地方财政事权和支出责任划分改革工作。

二是改变现有以收入定支出的资金供给模式，交通运输领域将以事权定支出。目前交通运输领域中央支出有车辆购置税、港口建设费等专项税费，以及部分中央预算内资金、国债资金保障，地方支出由燃油税专项资金、部分省级一般预算资金、地方政府债券资金保障。总体上是由交通专项资金收入规模定支出，中央和地方支出规模增长与交通专项资金收入增长直接相关。财政事权和支出责任划分改革后，将是以事权定支出、以事权匹配财力，支出不再与交通专项资金收入挂钩。未来交通运输行业在各级政府支出盘子的大小直接取决于各级政府应当承担的财政事权的大小。

第二节　投融资体制改革及挑战

近年来，我国深化财税体制改革和投融资体制改革的步伐不断加快，自国发〔2014〕43号文发布以来，一系列改革文件密集出台，紧紧围绕规范政府举债行为、完善政府投融资体制和充分发挥市场机制三个方面展开，对交通运输基础设施建设发展投融资模式产生了根本性的影响。

一、国家相关政策规定

（一）规范政府举债融资行为

2014年9月，国务院印发《关于加强地方政府性债务管理的意见》（国发〔2014〕43号）提出：建立规范的地方政府举债融资机制。地方政府举债采取政府债券方式。没有收益的公益性事业发展确需政府举借一般债务的，由地方政府发行一般债券融资，主要以一般公共预算收入偿还。有一定收益的公益性事业发展确需政府举借专项债务的，由地方政府通过发行专项债券融资，以对应的政府性基金或专项收入偿还。与此同时，《意见》还明确划分了政府与市场之间责权利主体间的界限，从加强地方政府性债务管理的角度提出：分清责任。明确政府和企业的责任，政府债务不得通过企业举借，企业债务不得推给政府偿还，切实做到谁借谁还、风险自担。加强政府或有债务监管。剥离融资平台公司政府融资职能，融资平台公司不得新增政府债务。由此，实现地方政府和融资平台之间、地方政府和银行体系之间债务的有效切割。

随着防控地方政府债务风险的逐步深化，国家加强了对违法违规举债相关责任人的问责：2017 年 7 月 14 日，第五次全国金融工作会议提出：严控地方政府债务增量，终身问责，倒查责任。2018 年，《关于防范化解地方政府隐性债务风险的意见》（中发〔2018〕27 号）和《地方政府隐性债务问责办法》（中办发〔2018〕46 号）明确了地方党委和政府以及中央和国家机关各有关部门在防控地方政府隐性债务工作中的责任。文件强调：省级党委和政府对本地区债务风险负总责，省级以下地方各级党委和政府按属地原则和管理权限各负其责。地方党政主要负责人是本地区遏制隐性债务增量、化解隐性债务存量的第一责任人，建立地方政府举债终身问责和债务问题倒查机制。中央和国家机关各有关部门要加强工作督导和考核。金融机构要审慎合规经营、严格把关，完善金融机构问责机制。

（二）完善政府投融资体制

2016 年 7 月 5 日，中共中央、国务院印发《关于深化投融资体制改革的意见》（中发〔2016〕18 号）强调：充分发挥市场在资源配置中的决定性作用和更好发挥政府作用。要科学界定并严格控制政府投资范围。充分发挥政府投资的引导作用和放大效应，完善政府和社会资本合作模式（PPP）。政府投资资金只投向市场不能有效配置资源的社会公益服务、公共基础设施等公共领域的项目，以非经营性项目为主，原则上不支持经营性项目。

2016 年 8 月，国务院发布《关于推进中央与地方财政事权和支出责任划分改革的指导意见》（国发〔2016〕49 号），提出：要正确处理政府与市场、政府与社会的关系，合理确定政府提供基本公共服务的范围和方式，将应由市场或社会承担的事务，交由市场主体或社会力量承担；对应由政府提供的基本公共服务，要明确承担财政事权和支出责任的相应政府层级，促进社会主义市场经济体制不断完善，使市场在资源配置中的决定性作用得到充分发挥。

（三）充分发挥市场机制的作用

党的十八届三中全会在《关于全面深化改革若干重大问题的决定》中明确提出，要加快转变政府职能，深化投资体制改革，确立企业投资主体地位；强调要处理好政府和市场的关系，使市场在资源配置中起决定性作用和更好发挥政府作用。2014 年，国务院印发《关于创新重点领域投融资机制鼓励社会投资的指导意见》（国发〔2014〕60 号），明确提出鼓励民间资本采取私募等方式发起设立主要投资于基础设施等领域的产业投资基金，支持重点领域建设项目开展股权和债权融资，支持重点领域建设项目采用企业债券、项目收益债券、公司债券、中期票据等方式通过债券市场筹措投资资金，推动铁路、公路、机场等交通项目建设企业应收账款证券化。2016 年，中共中央、国务院印发了《关于深化投融资体制改革的意见》（中发〔2016〕18 号），明确提出：科学界定并严格控制政府投资范围，平等对待各类投资主体，确立企业投资主体地位，放宽放活社会投资，激发民间投资潜力和创新活力，设立政府引导、市场化运作的产业（股权）投资基金，积极吸引社会资本参加。

为贯彻落实党中央国务院的部署安排，财政部、国家发展改革委等纷纷出台相关政策，吸引民间资本积极参与基础设施和公用事业领域的建设。2016 年 8 月，国家发展改革委印发的《关于切实做好传统基础设施领域政府和社会资本合作有关工作的通知》（发改投资〔2016〕1744 号）强调鼓励引导民间投资，明确要树立平等合作观念，多推介含金量高的项目，给予各类投资主体公平参与机会，鼓励和引导民营企业参与 PPP 项目。2016 年 9 月，财政部印发《政府和社会资本合作项目财政管理暂行办法》（财金〔2016〕92 号），明确提出：项目实施机构应当根据项目特点和建设运营需求，综合考虑专业资质、技术能力、管理经验和财务实力等因素合理设置社会资本的资格条件，保证国有企业、民营企业、外资企业平等参与。

一是推广使用政府与社会资本合作模式（PPP）。国发〔2014〕43号文明确规定，鼓励社会资本通过特许经营等方式，参与城市基础设施等有一定收益的公益性事业投资和运营。投资者按照市场化原则出资。政府对投资者按约定规则依法承担特许经营权、合理定价、财政补贴等相关责任，不承担投资者的偿债责任。中发〔2016〕18号文提出，可根据需要和财力状况，通过特许经营、政府购买服务等方式，在交通、环保、医疗、养老等领域采取单个项目、组合项目、连片开发等多种形式，扩大公共产品和服务供给。

二是优化政府投资安排方式。中发〔2016〕18号文明确指出，对确需支持的经营性项目，主要采取资本金注入方式投入，也可适当采取投资补助、贷款贴息等方式进行引导。根据发展需要，依法发起设立基础设施建设基金、政府出资产业投资基金等各类基金，充分发挥政府资金的引导作用和放大效应。

（四）政府和社会资本合作新机制时代

2023年，《国务院办公厅转发国家发展改革委、财政部印发的〈关于规范实施政府和社会资本合作新机制的指导意见〉的通知》出台，进一步对PPP发展进行规范管理，将对交通运输行业投融资产生积极而重大的影响。

1. 聚焦使用者付费，提高项目实施门槛

按照国际惯例，PPP机制有两种主要类型：一种是以使用者付费为基础的特许经营模式，另一种是以政府付费为基础的私人融资计划（PFI）。后者起源于英国，从1992年开始推行，2018年因付费争议等原因暂停，我国过去政府付费PPP项目就属于这类。在过去八年的实践中，我国部分领域、部分项目出现把PPP项目异化或泛化为政府兜底以及通过拉长版政府补贴使原本不能上马的项目超前上马等现象，透支了地方政府未来财政能力。新机制要求聚焦于使用者付费项目，明确收费渠道和方式（有明确的收费标准和价格管理），项目经营收入能够覆盖建设投资和运营成本、具备一定投资回报。建设期间，政府仍可以给予资金支持，包括使用车辆购置税、中央预算内资金、国债、地方财政预算等资金；运营期，除了行业统一规定的政府补贴外（如公交运营补贴），不能安排其他财政资金补贴缺口。其核心是为了不能因采用PPP额外新增地方财政未来的支出责任，严控新增政府隐性债务。

2. 重塑管理程序，规范项目实施

国务院对PPP工作做了任务分工，财政部牵头负责存量PPP项目处置安排、国家发展改革委牵头承担新PPP项目管理责任。2023年2月PPP项目清理核查前未完成招标采购程序（以签订PPP协议为准）的项目，以及后续新实施的PPP项目，均按照PPP新机制实施执行。对于PPP新项目，地方各级人民政府承担主体责任，地方各级发展改革委管项目，财政部门管预算和债务。在地方人民政府依法授权下，行业主管部门、事业单位作为PPP项目实施机构，负责编制特许经营方案等工作。地方发展改革委牵头严格把关特许经营方案等有关内容，开展特许经营模式可行性论证，依法依规履行投资管理程序。对比PPP的老机制，新机制不再要求开展财政承受能力论证和物有所值评价。

3. 实施分类管理，优先选择民营企业参与

PPP新机制提出最大程度鼓励民营企业参与PPP项目，制定了《支持民营企业参与的特许经营新建（含改扩建）项目清单（2023年版）》，实行分类施策管理。具体分为三类：第一类是市场化程度较高、公共属性较弱的项目，要求由民营企业独资或控股，如物流枢纽项目。第二类是关系国计民生、公共属性较强的项目，民营企业在项目公司的股权比例原则上不低于35%，如智慧交通项目。第三类是少数涉及国家安全、公共属性强且具有自然垄断属性的项目，应积极创造条件、支持民营企业参与（国有企业可以独资），如投资规模大、建设难度高的收费公路，城市地铁，轻轨和市域铁路项目，民用运输机场项目。

4. 高风险省份新上高速公路项目“难上加难”

中央要求12个高风险省份在未来五年将政府债务化解作为主要任务。国家发展改革委等部门对高风险省份要求严控新建政府投资项目（根据《政府投资条例》第九条，政府投资项目是指政府采取直接投资方式、资本金注入方式投资的项目）。地方高速公路、以航运功能为主的运河等项目原则上不得新建，对其他确有需要的，要按程序提级论证，相关省份未来年度投资难以保持以前规模。

二、交通投融资面临挑战

（一）政府投资范围和投资方式进一步明确，监管将更加严格

1. 政府投资范围和投资方式进一步明确

根据中发〔2016〕18号文规定，普通公路、内河航道等没有收益的交通运输基础设施领域的项目属于非经营性项目，是政府资金的主要投资方向；收费公路、枢纽场站及航电枢纽等有一定收益的交通运输基础设施领域项目属于经营性项目，政府资金原则上不予支持。从投资方式看，政府资金对普通公路、内河航道等没有收益的交通运输基础设施的投资，按项目安排，以直接投资方式为主。对确需支持的收费公路、枢纽场站及航电枢纽等有一定收益的交通运输基础设施领域的项目，政府投资也按项目安排，主要采取资本金注入方式投入，也可适当采取投资补助、贷款贴息等方式进行引导。

2. 政府投资管理更加规范且政府资金监管加强

根据国发〔2014〕45号文和中发〔2016〕18号文等文件规定，政府投资必须编制三年滚动计划，并与三年滚动财政规划相衔接，没有进入政府投资项目库的项目原则上不予安排政府投资，并对政府投资事中事后的监管提出更高要求。未来，需要政府投资和补助的交通建设项目应当科学规划，积极争取纳入政府投资项目库，以获取政府投资资金的支持。政府投资资金支持的项目应当按照相关规定加强监管，确保政府投资资金的效率和效果。此外，根据中央文件精神，对于交通项目，在可行性研究阶段应当充分论证资金筹措方案，充分开展财政承受能力评估论证，涉及使用收费公路专项债的项目必须严格评估项目收益情况，否则一律不得审批，一律不得开工建设。严禁以各类债务资金作为项目资本金，银行贷款、各类债券均不得作为交通项目的资本金，但专项债券除外。

（二）倒逼原有收费公路发展模式转变

1. 政府还贷公路模式向政府收费公路模式转变

根据中央文件精神，未来政府将通过发行专项债券方式举债融资建设收费公路，该收费公路不属于“贷款修路、收费还贷”政策指导下的政府还贷

公路，而是按照“借、用、还”相统一原则管理的政府收费（还债）公路。政府还贷公路相关存量债务将通过发行置换债券置换成为地方政府专项债券债务，由此政府还贷公路也随之转换为地方政府收费（还债）公路，在此之后，政府还贷公路将退出历史舞台，政府通过发行地方政府债券方式融资修建的收费公路将全部为政府收费（还债）公路，并将通过收取通行费形成的政府性基金或专项收入偿还。

2. 经营性公路模式向特许经营公路模式转型

根据国发〔2014〕43号文规定，未来收费公路除通过发行专项债券发展政府债务性公路外，将采取政府和社会资本合作模式（PPP），通过特许经营等方式，由社会资本按市场化原则出资，按约定规则独立或与政府共同成立特别目的公司进行建设和运营合作项目。政府对社会资本投资者或特别目的公路按约定规则依法承担合理定价、财政补贴等相关责任，不承担投资者或特别目的公司的偿债责任。也就是说，在经营性公路中增加了采用政府和社会资本合作模式的内涵，并通过特许经营等方式使项目公司获得收费公路的特许经营权，从而使经营性公路模式转变为特许经营公路模式。

当前建设并管理经营性收费公路的交通融资平台公司在转型后可通过获取收费公路特许经营权，以市场化融资方式继续建设和运营收费公路项目，最终实现经营性公路模式向特许经营公路模式的转变。

（三）地方政府举债融资机制需加快建立

长期以来，在“贷款修路，收费还贷”政策指导下，我国政府还贷收费公路建设发展筹融资由交通运输行政事业单位和企业作为融资主体，主要采取向银行申请贷款的方式解决资金不足问题。根据中央系列改革文件，切断了地方政府与融资平台之间、地方政府债务与银行体系之间的联系，过去作为地方政府融资平台的交通运输行政事业单位和企业不得继续作为地方政府举借债务融资主体，地方政府举借债务只能通过政府及其部门发行债券的方式。未来普通公路、内河航道等没有收益的交通运输基础设施，其建设发展采取发行地方政府一般债券方式进行融资，主要以一般公共预算收入偿还；有一定收益的收费公路、枢纽场站及航电枢纽等交通运输基础设施，其建设发展采取发行地方政府专项债券方式进行融资，以对应的政府性基金或专项收入偿还。同时，对债券的使用有严格的限制，在规模上，不能超过中央分配给地方的债务限额。

2017 年 6 月 30 日，财政部、交通运输部印发了《地方政府收费公路专项债券管理办法（试行）》（财预〔2017〕97 号），明确地方政府收费公路专项债券是地方政府专项债券的一个品种，以项目对应并纳入政府性基金预算管理的车辆通行费收入、专项收入偿还的专项债券。收费公路专项债券的出台，是国家在堵住违规举债“后门”的同时，给政府收费公路开的“前门”。此外，根据中共中央办公厅、国务院办公厅印发的《关于做好地方政府专项债券发行及项目配套融资工作的通知》，对于专项债券支持、符合中央重大决策部署、具有较大示范带动效应的重大项目（包括高速公路），在评估项目收益偿还专项债券本息后专项收入具备融资条件的，允许将部分专项债券作为一定比例的项目资本金，但不得超越项目收益实际水平过度融资。即收费公路专项债券的使用范围进一步扩大，也可以用于重大高速公路项目的资本金。

（四）收费公路领域 PPP 模式将得到推广运用，但社会资本也面临着进入门槛高、难度大的问题

2015 年 2 月 18 日交通运输部发布《交通运输部关于印发全面深化交通运输改革试点方案的通知》（交政研发〔2015〕26 号）（以下简称《试点方案》），明确提出开展交通基础设施政府与社会资本合作等模式试点。2015 年 4 月 20 日，财政部和交通运输部联合印发了《关于在收费公路领域推广运用政府和社会资本合作模式的实施意见》（财建〔2015〕111 号）（以下简称《实施意见》），从总体目标、基本原则、实施要求和保障措施四个方面对收费公路领域推广 PPP 提出了具体要求。

阅读专栏

交通基础设施已成为 PPP 应用重要领域

交通基础设施具有公益属性强、投资规模大、市场化程度高、未来现金流稳定等特点，作为国务院及财政部、国家发展改革委等部门政策文件重点支持的领域，已成为 PPP 模式实践运用的重要领域。

目前，财政部已发布三批 PPP 示范项目，2014 年第一批 30 个项目，总投资 1786 亿元，涉及供水、供暖、污水处理、垃圾处理、环境综合整治、交通、地下综合管廊、医疗、体育等多个领域。2015 年第二批 206 个项目，总投资 6589 亿元，支持能源、交通运输、水利、林业、市政工程、环境保护、片区开发、保障性安居工程、教育文化、养老、医疗、科技、旅游、体育、农业等领域。2016 年第三批 516 个项目，总投资 11708 亿元，范围进一步扩大到能源、交通运输、水利建设、生态建设和环境保护、市政工程、城镇综合开发、农业、林业、科技、保障性安居工程、旅游、医疗卫生、养老、教育、文化、体育、社会保障和其他 18 个一级行业。其中交通运输类项目个数占总数 12%，投资额占总量的 43%。

随着政策的实施，公路交通 PPP 呈现以下特征和趋势。

1. 突破了车辆购置税资金原来不投经营性收费公路限定

《实施意见》中明确，对符合《车辆购置税收入补助地方资金管理暂行办法》要求的项目，可按照交通运输重点项目资金申请和审核规定，申请投资补助。交通运输部的《试点方案》中也规定，对于符合条件的项目，可申请车辆购置税投资补助，交通运输部将根据现行同类项目补助标准，结合项目评估结果和地方申请补助规模，在出具行业审查意见时，明确支持额度。以上政策规定突破了十多年来车辆购置税资金不投资经营性收费公路的现状，为支持地方政府推广 PPP 项目、保障社会资本获得合理收益奠定了基础。

2. 明确综合施策增强社会资本投资合理收益的保障

在车辆购置税资金的使用之外，《实施意见》明确提出了资金政策支持，"收费不足以满足社会资本或项目公司成本回收和合理回报的，在依法给予融资支持，项目沿线一定范围土地开发使用等支持措施仍不能完全覆盖成本的，可考虑给予合理的财政补贴"。

——明确"依法给予融资支持"。这里的融资支持包括政策性、开发性金融机构等给予社会资本 PPP 项目差异化的信贷支持，如优惠的贷款利率、长达二三十年的贷款期限等。

——明确可以给予社会资本"项目沿线一定范围土地开发使用"支持政

策。将基础设施项目与土地开发捆绑，在铁路、轨道交通等领域已有相关政策给予支持，但收费公路领域一直没有相关政策给予突破，沿线土地开发必须通过招拍挂获得。《实施意见》首次提出在收费公路领域可以给予项目沿线土地开发，是政策上的一项突破。

——支持运营期的补助，增加政策不确定性的保障措施。社会资本投资收费公路存在的重要问题之一就是，由于收费期限长，社会资本收回投资获得回报的周期也长达二三十年，期间存在的政策风险较难预测和获得补偿。本次《实施意见》明确："政府要逐步从'补建设'向'补运营'转变，以项目运营绩效评价结果为依据，适时对价格和补贴进行调整"。同时，财政部出台的各项政策均提出，PPP 项目的风险由最适宜的一方来承担，《试点方案》也明确提出合理分担风险的原则。以上规定对收费政策的不确定性提出了解决的思路，保障了社会资本的权益。

3. 规范管理力度不断加大，政策环境呈现趋紧态势

虽然 PPP 模式得到快速发展和广泛应用，但是自 2017 年起中央连续出台文件，从防范政府债务风险和金融风险角度出发，对地方政府、金融机构和央企 PPP 参与各方进行严格规范管理，PPP 从"狂热"向"理性规范"发展转变。根据中央文件精神，在设立各类政府投资基金、推广应用 PPP 时，坚持共同出资、共担风险原则，不得以"名股实债""保底收益"等方式吸引社会资本参与，不得通过政府付费类 PPP 模式等形成政府中长期支出事项债务，也不得通过政府购买服务向金融机构融资。此外，交通运输行业争取金融机构支持的难度也在增加。中央文件要求金融机构要审慎合规，严格把关，并坚决问责继续涉及地方政府违法违规融资担保的金融机构及其相关负责人和授信审批人员。要求金融机构打破财政兜底幻想，按市场化原则评估借款人的财务能力和还款来源，不得随意提供中长期、低利率融资，避免简单将偿债风险后移。

（五）部分隐性债务化解难度增加

根据中央文件精神，交通融资平台公司债务和资产中，属于截至 2014 年底为公路、航道等公益性项目举借且确需财政资金偿还的债务，经省级政府批准可以在地方政府债务限额内发行地方政府债券置换，对应资产一并划转；

其余债务继续由融资平台公司持有。实际上，2014 年财政部在组织地方政府性债务甄别的过程中，政府还贷公路的债务大部分被甄别为担保和救助类债务，由于部分地方政府特别是西部地区债务限额不够，担保和救助类债务难以通过政府债券进行置换，增加了化解难度。

（六）深化交通投融资体制改革对交通国有企业提出了新要求

随着财税体制改革和交通投融资体制改革的深入推进，原来省属交通国有企业作为政府融资平台统筹公路建设发展的模式将难以为继，未来省属交通国有企业将通过以下方式参与公路交通建设发展：一是加快推进融资平台公司市场化转型，由依靠政府信用向依靠自身信用的一般工商企业转型，转型后的交通融资平台公司可通过获取公路特许经营权，以市场化的融资方式继续建设和运营收费公路项目。省属交通国有企业还可联合央企、民营资本等社会资本组建联合体参与收费公路 PPP 项目建设发展。二是作为政府收费（还债）公路的建设运营管理主体，通过发行收费公路专项债券的方式建设发展收费公路等。

第三节　交通强国建设等政策要求

一、加快建设交通强国的重点目标

经过 70 年的发展，我国已经从交通运输严重短缺转变成交通大国，正在迈向交通强国。根据《交通强国建设纲要》，从 2021 年到本世纪中叶，分两个阶段推进交通强国建设：第一阶段到 2035 年，基本建成交通强国；第二阶段到本世纪中叶，全面建成人民满意、保障有力、世界前列的交通强国。从政策支撑和资金保障角度出发，交通强国建设的重点目标如下。

（一）重点打造“三张交通网”，促进城乡区域交通协调发展

到 2035 年，拥有“三张交通网”是指发达的快速网、完善的干线网、广泛的基础网。服务品质高、运行速度快的快速网主要由高速铁路、高速公路、民用航空组成，是国家综合立体交通网的重要组成部分；运行效率高、

服务能力强的干线网主要由普速铁路、普通国道、航道、油气管道组成，是高质量综合立体交通网络；覆盖空间大、通达程度深、惠及面广的基础网主要由普通省道、农村公路、支线铁路、支线航线、通用航空组成，广泛覆盖产业优势区、深度贫困区和资源丰富地区。到2050年，基础设施规模质量要达到世界前列水平，打造形成世界一流交通基础设施。

（二）加快形成“两个交通圈”，提供经济高效运输服务

到2035年，依靠构筑现代化高质量综合立体交通网络、便捷顺畅的城市（群）交通网和多层次、一体化的综合交通枢纽体系，基本形成“全国123出行交通圈”（都市区1小时通勤、城市群2小时通达、全国主要城市3小时覆盖）和“全球123快货物流圈”（国内1天送达、周边国家2天送达、全球主要城市3天送达），旅客联程运输便捷顺畅，货物多式联运高效经济。到2050年，通过“两个交通圈”建设，提供高品质、高水平的世界一流交通运输服务。

（三）基本建成交通科技创新体系，明显提高智能、平安、绿色、共享交通发展水平

我国交通技术装备呈现智能化、绿色化、高速化、重载化等发展趋势，交通运输基础研究和应用基础研究亟须加强，关键核心技术有待突破，大数据、互联网、人工智能、区块链、超级计算机等前沿技术与交通运输需要加速融合。到2035年，通过强化前沿关键科技研发、大力发展智慧交通和完善科技创新机制，实现交通运输基础研究和原始创新能力全面增强，关键核心技术自主可控，前沿技术与交通运输全面融合，基本建成适应交通强国需要的科技创新体系。到本世纪中叶，科技创新能力、智能化和绿色化水平位居世界前列。

交通运输业是资金密集型行业，不仅交通基础设施建设项目需要巨大的资金投入，而且庞大的交通网络的运营养护也需财政资金补助和金融支持。

二、交通强国战略政策及资金需求评估

“十三五”时期以来，我国交通建设实际完成投资情况如图2－1所示。

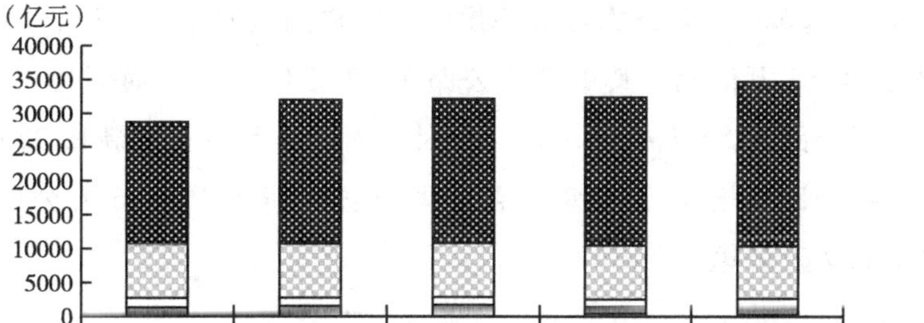

	2016	2017	2018	2019	2020
公路（亿元）	17976	21253	21335	21895	24312
铁路（亿元）	8015	8010	8028	8029	7819
水路（亿元）	1417	1239	1191	1137	1330
民航（亿元）	782	869	857	969	1050
其他（亿元）	497	650	825	421	241

图 2－1　“十三五”时期以来交通建设实际完成投资情况

（一）公路运营养护支出持续升高

公路建设投资未来重点在国家高速公路和农村公路。从类型来看，公路主要由高速公路、普通国道省道和农村公路组成。根据国家综合立体交通网规划（见表 2－1），到 2035 年国家综合立体交通网实体线网包括公路 55 万公里左右，其中国家高速公路 16 万公里左右、省级高速公路 9 万公里左右、普通国道网 30 万公里左右。2020 年末国家高速公路里程 11.3 万公里，与 2035 年目标相差 4.7 万公里。2020 年末普通国道里程已经达 37.07 万公里，能够基本覆盖 2035 年国家综合立体交通网的需求。另外，根据《农村公路中长期发展纲要》，到 2035 年农村公路网络水平显著提高，总里程稳定在 500 万公里左右。2020 年末农村公路里程 438.2 万公里，与目标里程差距为 61.8 万公里。

表 2－1　全国公路规划目标及完成情况　　单位：万公里

规划目标	2020 年底	2030—2035 年	建设任务
公路网总里程	519.81	580	60.19
高速公路建成里程	16.1	25	8.9
其中：国家高速公路	11.3	16	4.7
省级高速公路	4.8	9	4.2
普通国道	25.77	30	4.23

2006—2020 年公路固定资产投资不断提高（见图 2－2），15 年间投资总规模达 21.85 万亿元，其中高速公路 11.2 万亿元、普通国道省道 6.13 万亿元、农村公路 4.52 万亿元。在这一时期内，公路总里程新增 326.76 万公里，其中高速公路新增 12 万公里、普通国道省道新增 168.06 万公里、农村公路新增 146.7 万公里。

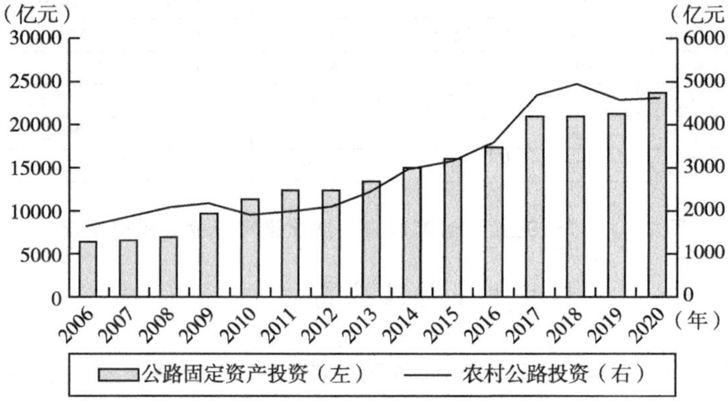

图 2－2　2006—2020 年公路固定资产投资情况

预计“十四五”期间公路建设投资总规模仍将维持在 10 万亿元，“十五五”及“十六五”期间投资规模将有所下降，进入以存量项目维护为主的时代。

对于高速公路运营养护情况，“十四五”时期，国家高速公路里程将达 13.8 万公里，按每公里平均养护经费和运营管理支出 32.6 万元和 36.2 万元测算，2025 年国家高速公路的养护费用将达 449.9 亿元，运营管理费用达 499.6 亿元。到 2035 年，国家高速公路里程将达 16 万公里，养护费用和运营管理费用分别将达到 521.6 亿元和 579.2 亿元。

对于普通国道省道经营养护环节，2020 年普通国道省道养护资金需求共计 4049 亿元，其中普通国道 1896 亿元（日常养护 226 亿元、预防养护 121 亿元、修复养护 1549 亿元），普通省道 2153 亿元（日常养护 264 亿元、预防养护 141 亿元、修复养护 1748 亿元）。尽管未来 15 年内，普通国道省道的里程数量相对稳定，新增投资需求较小，但是随着时间推移，普通国道省道陆续进入大修阶段，修复养护的资金需求将会迅速增加。

对于农村公路的养护保养环节，2020年农村公路养护资金需求共计2014亿元，其中日常养护199亿元，修复养护为1762亿元。2020年底农村公路里程438.23万公里，到2035年农村公路里程将稳定在500万公里。据此测算，届时每年公共财政对农村公路养护的资金需求将达2298亿元。

（二）水运投资稳步提高

未来15年，水运建设投资目标重点在建设高等级内河航道和世界一流港口。水运建设包括内河和沿海两个部分。根据国家综合立体交通网规划，到2035年国家综合立体交通网实体线网包括“四纵四横两网”高等级航道2.5万公里左右，沿海主要港口27个，内河主要港口36个。2020年末全国高等级航道（三级及以上）里程1.44万公里，与2035年目标相差1.1万公里。根据《关于建设世界一流港口的指导意见》，到2035年，全国港口发展水平整体跃升，主要港口总体达到世界一流水平，若干个枢纽港口建成世界一流港口。

2016—2020年水运固定资产投资总规模达到1.86万亿元，其中沿海建设总投资为1.19万亿元，内河建设总投资为0.67万亿元（见图2-3）。与此同时，内河高等级航道通航里程新增0.58万公里。利用简单算数平均方法，每公里高等级航道需投资1.16亿元。根据建设目标计算，2021—2035年内河建设投资总规模预计达到1.23万亿元，为过去15年的1.8倍；沿海建设投资规模预计将有所下降。

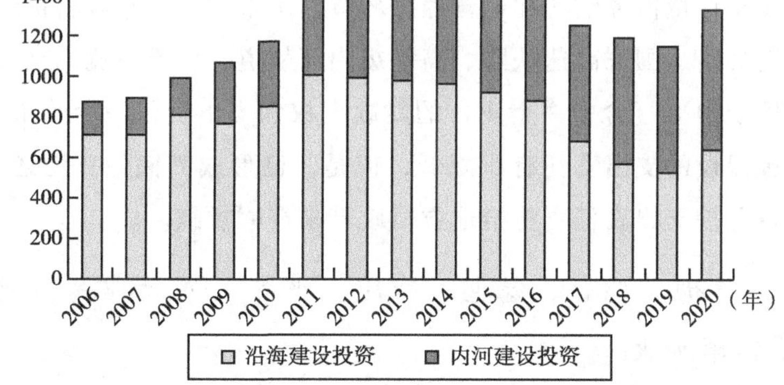

图2-3 2006—2020年水运固定资产投资情况

三、交通强国背景下资金需求的阶段性特点

（一）“运营养护”环节成为交通运输业发展的保障重点

交通运输业正在从“增量发展”转向“存量发展”，从以新建交通基础设施为主转向以存量交通基础设施高质量运营养护为重点。一方面，根据上面量化评估分析，目前我国公路、铁路、水运和民航等综合立体交通网络已经基本形成，未来15年交通基础设施投资总规模预计为25万亿元，较过去15年（2006—2020年）投资总规模（34.6万亿元）有所下降。另一方面，庞大的综合交通网络的管理、养护、运营等成本持续提高，不仅需要财税政策保障，也需要金融创新拓展资金渠道。对于公益类交通基础设施，随着农村公路网不断延伸完善，在持续助力乡村振兴战略的同时，对各级财政资金的保障能力提出更高的要求。对于市场化交通基础设施，随着高速公路、铁路、内河航道、港口和民航机场等不断“阔网提量”，项目自身经济效益趋于分化，对于部分项目的财政补助和金融政策支持十分重要。

（二）中央建设投资支出责任趋于提高，地方受债务约束财政支出压力较大

通过梳理交通强国战略第一阶段的“建、管、养、运”全链条任务目标，对照交通运输领域中央与地方财政事权和支出责任划分改革方案，中央在交通基础设施建设投资方面的支出责任仍相对较重，地方财政的支出责任压力更多在于存量债务偿还和运营养护环节。未来15年的建设目标主要集中于国家高速公路、国家高速铁路、高等级内河航道、世界一流的港口和机场，这大部分属于中央（含中央企业）的财政事权和支出责任。尽管未来地方交通基础设施建设的支出责任有所降低，但是，已形成高额债务偿还及庞大交通网的运营养护支出责任仍将给地方财政带来严峻挑战。

（三）贯彻“综合、绿色、智能、平安”四大理念，交通科创资金政策需求加大

从“交通大国”迈向“交通强国”的关键在于交通运输的高质量发展，

现有的综合立体交通体系要更加安全、便捷、高效、绿色和经济，这就需要科技创新核心驱动。在交通强国战略中，加强交通基础研究和应用基础研究、攻克交通运输关键核心技术、推进交通基础设施数字化、加强前沿技术和颠覆性技术研发、促进新技术与交通运输融合发展等目标需要大量资金投入和政策支持。交通科技创新是科技与交通的交叉领域，其投融资特点不同于交通基础设施建设，应打造多元化、多渠道、多层次的交通运输科技投入体系。

第四节　收费公路政策改革趋势

一、收费公路政策调整要点

2015 年 7 月交通运输部就《收费公路管理条例》（修订征求意见稿）公开向社会征求意见。随着近年来，国家财税体制、投融资体制等改革深入推进，收费公路发展的环境又发生了深刻变化。面对新形势，经深化研究，2018 年 12 月，交通运输部重新向全社会公开《收费公路管理条例（修订草案）》。修订的主要制度包括以下几个方面。

（一）提高收费公路设置门槛，建立收费公路发展刚性控制机制

一是明确新建的收费公路只能是高速公路，停止新建收费一级、二级公路和独立桥梁、隧道。二是严格控制收费公路规模，要求各省级人民政府应当科学合理确定收费公路的建设规模，向社会公开相关信息，充分听取意见建议，并向国务院交通运输主管部门备案。公路项目的审批或核准部门按照收费公路规模进行立项审批或核准。三是明确车辆通行费收入无法满足债务利息和养护管理支出需求的省份不得新建收费公路，防止盲目投资建设，实现收费公路良性发展。

（二）明确偿债期限和经营期限确定原则，防范政府债务风险

明确政府收费高速公路项目偿债期限应当按照覆盖债务还本付息需求的原则合理设置，防范政府收费高速公路债务风险。明确经营性公路项目经营期限按照收回投资并有合理回报的原则确定，一般不得超过 30 年，对于投资

规模大、回报周期长的收费公路，可以超过30年，有效吸引社会资本投资收费公路建设。

（三）完善政府收费公路“统借统还”制度，加快政府债务偿还

一是将统借统还的主体由省级交通主管部门修改为“省、自治区、直辖市人民政府”。二是将现行《收费公路管理条例》规定的“统一贷款、统一还款”修改为“统一管理”，具体包括统一举借债务，统一收费机制，统筹偿债来源，统一支出安排。三是将统借统还的范围限定为“偿债期届满的政府收费高速公路、经营期届满由政府收回的高速公路以及处于偿债期的政府收费高速公路”。通过统借统还模式，降低融资和运营成本，提高管理效率，增强政府偿债能力，加快债务偿还，降低债务风险。

（四）建立养护管理收费制度，保障高速公路可持续发展资金需求

明确省、自治区、直辖市人民政府行政区域内所有政府收费高速公路债务偿清的，按照满足基本养护、管理支出需求和保障通行效率的原则，重新核定收费标准，实行养护管理收费，保障养护管理资金需要，保持路网运行平稳。

二、收费公路政策趋势研判

梳理收费公路相关政策，结合国家《收费公路管理条例（修订草案）》修订要点，研判未来收费公路政策发展趋势。

（一）“两个体系”是未来公路发展主基调

采取“收税”与“收费”并行的方式，兼顾和保障不同用路群体的权益，向公众提供可自由选择的差异化公路通行服务。今后，占公路总里程97%左右的非收费公路是主体，实现全国范围的通达，由一般公共预算保障其建设、养护、管理及改扩建等资金需求。占公路总里程3%左右的以高速公路为主的收费公路是补充，采取收取车辆通行费的方式，向公众提供高效率、高水平的通行服务。

（二）高速公路长期收费将得到政策支持

未来高速公路将秉持“长期限、高品质”的收费理念，政府收费公路中的高速公路不再规定具体的收费期限，按照用收费偿还债务的原则，以该路网实际偿债所需时间为准确定偿债的收费期限；特许经营的高速公路的经营期限按照收回投资并有合理回报的原则确定，一般不得超过30年，但对于投资规模大、回报周期长的高速公路，可以约定超过30年的特许经营期限。政府收费高速公路在政府性债务偿清后，以及特许经营高速公路经营期届满后，其养护、管理资金可以由公共财政负担，也可按满足基本养护、管理支出需求和保障效率通行的原则继续实行养护管理收费，以解决高速公路养护费用的问题，保证高速公路提供高品质的通行服务。因此，未来高速公路的收费政策将是长期稳定的，也为企业投资高速公路提供了稳定的政策环境。

（三）社会资本参与收费公路建设面临更多机遇

对于政府收费公路投资，因除公共财政资金投入外，将统一采取发行地方政府专项债券方式筹集，用通行费偿还，但受政府财政资金和地方政府专项债券发债额度的限制，此类收费公路的规模将会比较小。相应地，为政府特许经营收费公路（特别是高速公路）提供了广阔的发展空间，包括国内外经济组织通过依法投资建设（包括采用政府和社会资本合作模式）或者依照规定受让公路收费权两种模式。此外，政府特许经营，将更加强调契约精神，一方面公路经营者的合法权益将会得到更为有效的保障，另一方面政府也将更加强化监管，公路经营者将致力于提高公路通行服务水平，提供高品质的通行服务。

第五节　新能源汽车发展趋势分析

一、新能源汽车发展现状

我国新能源汽车行业在过去几年内经历了飞速的发展，正在从萌芽期向成长期迈进。当前，由于科技和产业变革，新能源汽车已经成为汽车产业转型升级的中坚力量。

（一）新能源汽车保有量

随着我国经济的快速发展，人民的生活质量不断提高，我国的汽车保有量也不断增加，但能源短缺和环境污染的问题仍然存在，为了兼顾能源安全与环境保护的需求，发展新能源汽车成为一个重要的途径，在政策的大力推动下，新能源汽车产业迅速发展，截至2021年上半年，我国新能源汽车保有量达603万辆，其中纯电动汽车保有量达493万辆，占新能源汽车保有量的81.76%。2016—2021年上半年我国新能源汽车保有量情况如图2-4所示。

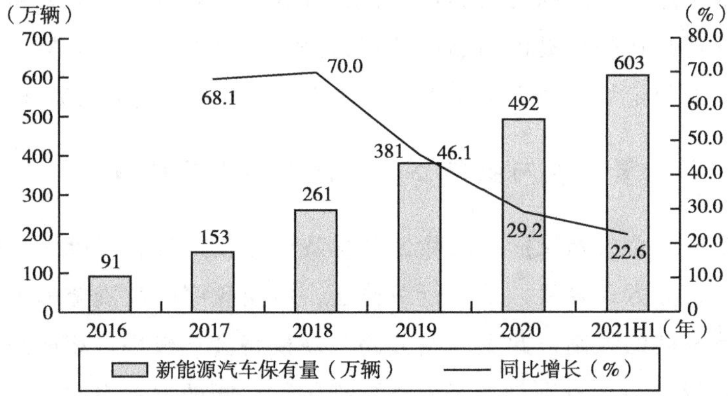

图2-4　2016—2021年上半年中国新能源汽车保有量情况

资料来源：根据中国汽车工业协会、智研咨询的资料整理得出。

我国新能源汽车保有量占汽车保有量的比例逐年攀升，2021年上半年中国新能源汽车保有量占汽车保有量的2.07%，较2016年的0.47%增长了1.59%，未来将继续保持增长。2016—2021年上半年中国新能源汽车保有量占汽车保有量的比例走势如图2-5所示。

（二）新能源汽车产量

在国家政策的大力扶持下，我国新能源汽的产业规模正在逐渐扩大，而新能源汽车也凭借着自身不断进步的技术水平，获得了消费者和相关企业的认可和支持，2020年我国新能源汽车产量达136.6万辆，较2019年增加了12.4万辆，同比增长9.99%，2021年上半年我国新能源汽车产量已完成

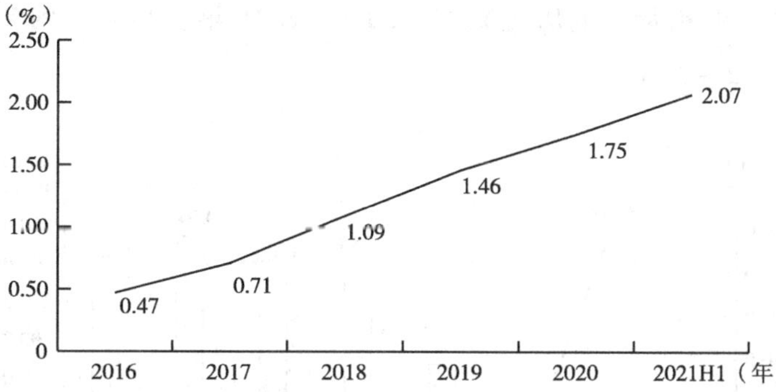

图 2－5　2016—2021 年上半年中国新能源汽车保有量占汽车保有量比例走势

资料来源：根据中国汽车工业协会、智研咨询的资料整理得出。

121.5 万辆，同比增长两倍，刷新历史纪录，在当下能源危机日益加剧和碳中和新时期，传统汽车行业正在加速趋向新能源汽车方向发展。在今后长远发展时间内，新能源汽车将逐步成为人们日常出行重要应用工具。2014—2021 年上半年中国新能源汽车产量统计如图 2－6 所示。

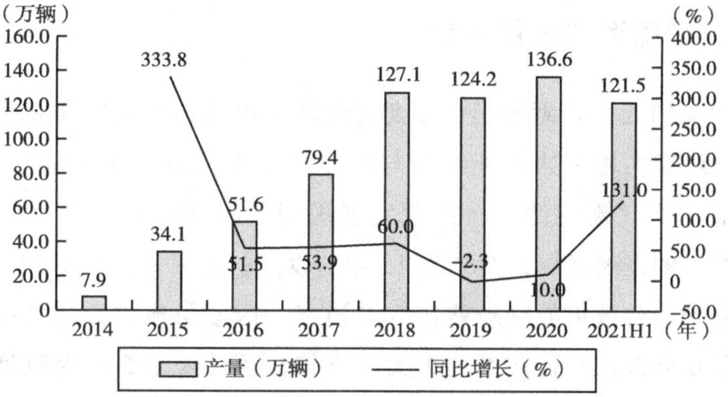

图 2－6　2014—2021 年上半年中国新能源汽车产量情况

资料来源：根据中国汽车工业协会、智研咨询的资料整理得出。

（三）新能源汽车销量

在我国新能源汽车产量增加同时，销量也在不断增长，2020 年我国新能源汽车销量达 136.7 万辆，较 2019 年增加了 16.1 万辆，同比增长 13.35%，

2021 年上半年中国新能源汽车销量已完成 120.6 万辆，同比增长两倍，已达到 2019 年全年的销量，创历史新高。2014—2021 年上半年中国新能源汽车产量情况如图 2－7 所示。

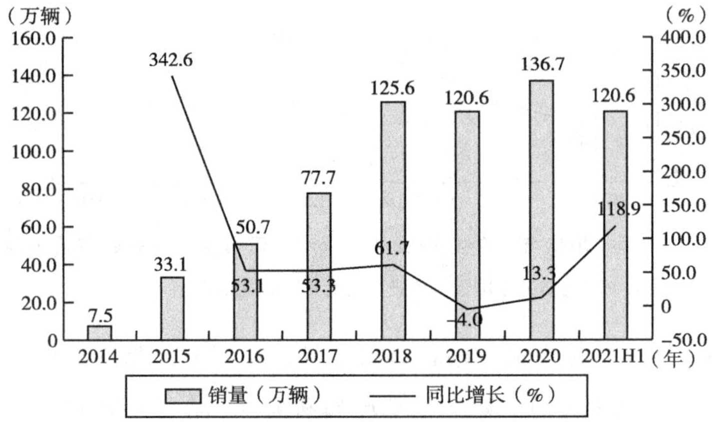

图 2－7　2014—2021 年上半年中国新能源汽车销量情况

资料来源：根据中国汽车工业协会、智研咨询的资料整理得出。

二、新能源汽车支持政策

我国“十四五”规划中明确提到聚焦新能源汽车等战略性新兴产业、在氢能等产业组织实施未来产业孵化与加速计划等。2020 年 10 月，国务院常委会会议通过了《新能源汽车产业发展规划（2021—2035 年）》，明确了未来新能源汽车的发展目标，为未来 15 年的发展打下了坚实的基础。同时，地方层面也纷纷出台政策鼓励新能源汽车消费。国家与地方的政策体系逐渐成形，给予了新能源汽车行业发展极大的支持，预计未来 5 年内政策扶持将仍然发挥不可或缺的作用。

近年来，国家陆续出台了一系列扶持培育政策，新能源汽车发展迅猛。特别是在“碳达峰、碳中和”大背景下，今年上半年国家相关部门先后出台诸多政策，有力促进了上半年新能源汽车的大涨，降低了新能源企业的进入门槛，提高了产品要求，完善了强制性标准，延长了新能源汽车财政补贴。2020 年以来国家对新能源汽车的相关支持政策如表 2－2 所示。

表 2-2 国家对新能源汽车的支持政策

发布时间	发布单位	政策名称	主要内容
2020 年 4 月	工业和信息化部等 4 部门	《关于完善新能源汽车推广应用财政补贴政策的通知》(财建〔2020〕96 号)	将补贴政策实施期限从 2020 年底延长至 2022 年底，补贴标准方面：2020—2022 年原则上分别在上一年基础上退坡 10%、20%、30%，城市公交等公共领域 2020 年不退坡，2021—2022 年分别在上一年基础上退坡 10%、20%。技术指标方面：2021—2022 年原则上保持总体稳定
2020 年 4 月	财政部等 3 部门	《关于新能源汽车免征车辆购置税有关政策的公告》(财政部公告 2020 年第 21 号)	自 2021 年 1 月 1 日至 2022 年 12 月 31 日，对购置的新能源汽车免征车辆购置税。免征车辆购置税的新能源汽车是指纯电动汽车、插电式混合动力(含增程式)汽车、燃料电池汽车
2020 年 4 月	国家发展改革委	《关于稳定和扩大汽车消费若干措施的通知》(发改产业〔2020〕684 号)	将新能源汽车购置补贴政策延至 2022 年底，并平缓 2020—2022 年补贴退坡力度和节奏，加快补贴资金清算速度。加快推动新能源汽车在城市公共交通等领域推广应用
2020 年 9 月	财政部等 5 部门	《关于开展燃料电池汽车示范应用的通知》(财建〔2020〕394 号)	将对燃料电池汽车购置补贴政策，调整为燃料电池汽车示范应用支持政策，对符合条件的城市群开展燃料电池汽车关键核心技术产业化攻关和示范应用奖励，形成合理布局
2020 年 12 月	财政部、工业和信息化部、科技部、国家发展改革委	《关于进一步完善新能源汽车推广应用财政补贴政策的通知》(财建〔2020〕593 号)	2021 年新能源汽车补贴标准在 2020 年基础上退坡 20%，对公共交通等领域车辆电动化，城市公交、道路客运、出租(含网约车)、环卫、城市物流配送、邮政快递、民航机场以及党政机关公务领域符合要求的车辆，补贴标准在 2020 年基础上退坡 10%；从 2021 年 1 月 1 日执行；对补贴的技术门槛不变
2021 年 2 月	国务院	《关于加快建立健全绿色低碳循环发展经济体系的指导意见》	推广绿色低碳运输工具，淘汰更新或改造老旧车船，港口和机场服务大巴、城市物流配送、邮政快递等领域要优先使用新能源或清洁能源汽车，要加强新能源汽车充换电等配套基础设施建设
2021 年 3 月	第 13 届人民代表大会会议	《中华人民共和国国民经济和社会发展第十四个五年规划和 2035 年远景目标纲要》	展望 2035 年，我国将基本实现社会主义现代化，广泛形成绿色生产生活方式，碳排放达峰后稳中有降，减少碳排放

续表1

发布时间	发布单位	政策名称	主要内容
2021年3月	工业和信息化部	《2021年工业和信息化标准工作要点》	要大力开展电动汽车和充换电系统、燃料电池汽车等标准的研究与制定；推进动力蓄电池回收利用等相关标准研制；根据技术进步和产业快速发展、融合发展的需求，修订电动汽车、锂离子电池等标准体系建设指南或路线图
2021年3月	国家发展改革委等28部门	《加快培育新型消费实施方案》	为适应新能源汽车和寄递物流配送车辆需求，完善充电电源配置和布局，加大充电桩（站）建设力度。鼓励充电桩运营企业适当下调充电服务费
2021年4月	国家能源局	《2021年能源工作指导意见》	按照“源网荷储一体化”工作思路，持续推进城镇智能电网建设，推动城镇电动汽车充换电基础设施高质量发展，加快推广供需互动用电系统，适应高比例可再生能源、电动汽车等多元化接入需求
2021年5月	科技部	《国家重点研发计划》“信息光子技术”等“十四五”重点专项2021年度项目申报指南的通知	坚持纯电驱动发展战略，夯实产业基础研发能力，解决新能源汽车产业“卡脖子”关键技术问题，突破产业链核心瓶颈技术，实现关键环节自主可控，形成一批国际前瞻和领先的科技成果，巩固我国新能源汽车先发优势和规模领先优势，并逐步建立技术优势。专项实施周期为5年
2021年5月	生态环境部	《关于加强自由贸易试验区生态环境保护推动高质量发展的指导意见》	鼓励将老旧车辆和非道路移动机械替换为清洁能源车辆。公共交通、物流配送等领域新增或更新车辆，鼓励使用新能源或清洁能源汽车。各自贸试验区加快交通枢纽、物流园区等建设充电基础设施，完善车用天然气加注站、充电桩布局
2021年6月	国家机关事务管理局、国家发展改革委	《“十四五”公共机构节约能源资源工作规划》	“十四五”期间规划推广应用新能源汽车约26.1万辆，建设充电基础设施约18.7万套。同时，推动公共机构带头使用新能源汽车，新增及更新车辆中新能源汽车比例原则上不低于30%；更新用于机要通信和相对固定路线的执法执勤、通勤等车辆时，原则上配备新能源汽车；提高新能源汽车专用停车位、充电基础设施数量，鼓励单位内部充电基础设施向社会开放

续表 2

发布时间	发布单位	政策名称	主要内容
2021 年 6 月	工业和信息化部	《2021 年汽车标准化工作要点》	加快战略性新兴领域汽车标准研制，持续完善传统汽车与基础领域标准以及开展绿色低碳及智能制造相关标准研究。特别是在新能源汽车领域，工作重点主要包括强化电动汽车安全保障、聚焦燃料电池电动汽车使用环节、支撑换电模式创新发展以及支撑电动汽车绿色发展等

除了国家层面对新能源汽车的支持政策以外，各级人民政府政府也纷纷出台文件，加大新能源汽车推广应用力度及产销规划布局。以 2020 年为重要时间节点，全面推动新能源汽车发展，对新能源汽车的新车购置补贴、小客车指标和公共出行车辆指标等均出台了相关政策。表 2－3 展示了部分省市的相关政策。

表 2－3　　部分省市对新能源汽车的支持政策

序号	省市	政策内容
1	北京市	2025 年前，将培育 5～10 家具有国际影响力的氢燃料电池汽车产业链龙头企业，京津冀区域累计实现氢能产业链产业规模 1000 亿元以上，力争完成新增 37 座加氢站建设，力争实现氢燃料电池累计推广量突破 1 万辆，氢燃料电池汽车全产业链累计产值突破 40 亿元，建设“氢进万家”智慧能源示范社区
2	天津市	到 2022 年，力争至少建成 10 座加氢站、打造 3 个氢燃料电池车辆推广应用试点示范区；累计推广使用物流车、叉车、公交车等氢燃料电池车辆 1000 辆以上；建成至少 2 个氢燃料电池热电联供示范项目； 依托滨海新区临港、空港片区，以提升氢能应用示范和产业创新为核心，打造氢能应用先行区、京津冀氢能供给集散枢纽、燃料电池集成创新基地
3	上海市	提出积极推进电动汽车充电设施布局，3 年内新建 10 万个电动汽车充电桩，建设 45 个左右出租车充电示范站，积极引导公用、专用充电设施接入市级平台，强化对充电设施的科学管理和高效使用，支持新能源汽车发展
4	山东省	健全完善制氢、储（运）氢、加氢、用氢全产业链氢能体系，加快形成“中国氢谷”“东方氢岛”两大高地，打造山东半岛“氢动走廊”
5	浙江省	杭州、宁波、嘉兴、湖州等地区形成一定规模的氢产业集群。到 2025 年推广氢燃料电池汽车 1000 辆以上，重点突破高比功率车用氢燃料电池电堆等一批关键共性技术等

续表

序号	省市	政策内容
6	海南省	提出2030年“禁售燃油车”的目标； 除特殊车辆外，新增及更换公务用车100%使用新能源汽车；除保留部分应急车辆及新能源汽车无法满足使用需求情况外，全省新增及更换的公交车辆100%使用新能源汽车；全省新增及更换的巡游出租车中使用新能源汽车比例达到80%以上，新增网约车100%使用新能源汽车
7	安徽省	执行两部制电价的电动汽车集中式充电设施用电免收基本电费至2025年底，港口岸电运营商执行工商业单一电价、不收基本电费
8	贵州省	在六盘水、贵阳、毕节、黔西南等地开展氢加工、氢燃料电池等应用试点，推动氢能全产业链示范项目建设
9	福建省宁德市	全市新增和更新执法执勤用车70%以上采用新能源汽车。全市新增和更新出租汽车100%使用新能源汽车；网约车使用新能源汽车比例较上年有所提高；分时租赁汽车100%采用新能源汽车。全市公交车100%实现纯电动化
10	山东省济南市	网约车平台公司应确保每批次所提交申请车辆中，纯电动车辆的比例不低于80%

三、新能源汽车发展趋势

从国家层面来看，新能源汽车行业的发展以2025年、2030年和2035年为关键节点，设立了产业总体发展的里程碑。根据《节能与新能源汽车技术路线图2.0》和《新能源汽车产业发展规划（2021—2035）》，我国2025—2035年的新能源发展目标如表2－4所示。

表2－4　我国2025—2035年新能源汽车发展目标

类型	2025年	2030年	2035年
新能源汽车	新能源汽车占总销量20%左右	新能源汽车占总销量40%左右	新能源汽车成为主流占总销量50%以上

从现实情况来看，在“碳达峰、碳中和”的背景下，我国实现碳中和的根本性措施是实现能源生产清洁化和能源消费电气化，新能源发电、汽车电动化将成为我国实现“碳中和”的主要抓手。

预计到2025年，新能源汽车保有量将超过2500万辆，销量占比大致在 15% ~25%；2030 年保有量会超过 8000 万台，销量占比 30% ~40%；2035 年保有量会超过 1.6 亿辆，销量占比 50% ~60%，纯电动车占比在 90% 以上；基于消费市场选择，预计 2050 年纯电动汽车、新能源汽车年销量占比将分别达到 62.4% 和 70%。新能源汽车将在 2050 年成为市场的绝对主流。

第三章
交通运输投融资理论方法解析

在国家不断深化投融资体制改革的背景下，各地交通运输投融资工作开展了大量实践和探索，但同时也面临一些问题，包括财政事权划分改革后的事权下沉、地方财政资金保障不到位、局部地区基础设施过度超前、过度市场化和过度资本化现象凸显等。这些问题的反思和解扣，需重新回归到交通基础设施的经济属性和投融资相关理论。本章重点在于剖析公路水路交通基础设施的经济属性，对有关理论归纳总结，追本溯源，为公路水路交通基础设施开展可持续投融资提供方向。

第一节　习近平总书记关于交通运输重要论述

党的十八大以来，习近平总书记高度重视交通运输工作，多次围绕“交通先行”作出一系列重要论述，强调“要想富，先修路”不过时；经济要发展，国家要强大，交通特别是海运首先要强起来；城市现代化，交通要先行；等等。2021 年 10 月习近平总书记在第二届联合国全球可持续交通大会上的主旨讲话，赋予了交通运输新的使命任务，内涵丰富、寓意深远。

一、赋予了交通运输新的时代内涵

习近平总书记指出，交通是经济的脉络和文明的纽带；交通成为中国现代化的开路先锋。这些重要论述，从历史和现实的维度深刻阐释了交通在人类社会发展中的重要作用，深化了我们党对交通的认识。交通运输是国民经济的基础性、先导性、战略性产业和重要的服务性行业。当好中国现代化的开路先锋，必须坚持“与世界相交、与时代相通”，顺应世界现代化发展潮流，符合我国现代化发展特征，加快实现交通运输现代化，着力建设规模巨大、保障有力的交通运输系统，提供普惠优质、人民满意的交通运输服务，拥有软硬兼备、世界前列的交通运输实力，形成绿色低碳、创新引领的交通运输方式，构建交通天下、互联互通的交通运输网络，实现人享其行、物畅其流。

二、赋予了交通运输新的战略定位

我们党始终高度重视发展交通运输事业，注重发挥交通运输在经济社会发展和国家现代化建设中的先行引领作用。早在 1948 年，毛泽东同志在谈到恢复和发展工业生产、农业生产时指出，“首先是解决交通运输和修理铁路、公路、河道的问题”。1954 年，周恩来同志在第一届全国人民代表大会上所作的《政府工作报告》中明确提出，“如果我们不建设起强大的现代化的工业、现代化的农业、现代化的交通运输业和现代化的国防，我们就不能摆脱落后和贫困，我们的革命就不能达到目的”。1986 年，邓小平同志在视察天津时指出，“日本人说搞现代化要从交通、通信上入手，我看有道理”。在我们党团结带领中国人民踏上实现第二个百年奋斗目标新征程的重要时间节点，习近平总书记提出“交通成为中国现代化的开路先锋”，集中反映了我们党对交通运输发展规律的新认识。当好中国现代化的开路先锋，要求交通运输在行动上冲锋在前、能力上适度超前、发展上率先突破、作用上先行引领，为国家现代化建设提供更加有力的支撑、更加坚强的保障、更加有益的探索。

三、赋予了交通运输新的历史使命

一代人有一代人的使命。新民主主义革命时期，我们党团结带领中国人民，浴血奋战、百折不挠，建立了新中国，实现了交通运输事业从受制于人到自主发展的转变。社会主义革命和建设时期，面对国外长期技术封锁，党领导交通运输事业实现若干零的突破，初步形成交通运输体系，实现了从“自主”走向“自立”，为建成交通大国打下重要基础，为中华民族“站起来”提供了坚实支撑。改革开放和社会主义现代化建设新时期，面对交通对经济社会发展的瓶颈制约，党领导交通运输事业加快发展，基本建成交通大国，有效解决了交通运输“够不够”的问题，实现了从“自立”到“自足”的跨越，有力支撑了中华民族“富起来”。中国特色社会主义进入新时代，以习近平同志为核心的党中央推动交通运输在“自足”的基础上向“自强”迈进了一大步，正在加快建设交通强国，努力当好中国现代化的开路先锋，为支撑中华民族“强起来”不懈奋斗。

现代化建设是一个长期的历史过程。推进交通运输现代化，不是要另起炉灶再搞一套，而是要从现代化的角度去深刻理解、贯彻落实交通强国战略，围绕构建现代化综合交通体系，以实现交通基础设施现代化、技术装备现代化、运输服务现代化、行业治理现代化和人才队伍现代化为重点领域，以推进交通运输智慧化、绿色化、一体化、人本化、共享化、全球化为重要路径，以深化改革、创新驱动、开放合作为动力，确保以更高标准完成《交通强国建设纲要》和《国家综合立体交通网规划纲要》确立的目标任务，走出一条中国式交通运输现代化道路。

第二节　公路水路基础设施经济属性分析

一、公路基础设施的经济属性

（一）公路具有公共产品的本质属性

公路具有公共产品的本质属性。在一定条件下，由于公路的拥挤度不同和收费许可的设定，部分公路基础设施（如高速公路）又表现出一定的商品属性，具有可经营性。

1. 公路具有公共产品的特性

公路从本质上讲符合经济学“公共产品”的定义，应该属于公共产品的范畴。首先，一般意义上公路具有显著的消费非竞争性，在未达到拥挤状态之前，增加一个通行者不会增加生产成本，即边际生产成本为零，同时，任何一个公路使用者都不会对其他使用者发生影响，即边际拥挤成本为零；其次，公路的自然属性决定了其不能被分割成许多可以买卖的单位，为不同的人所占有和消费；最后，公路具有非排他性，对于除封闭公路之外的一般公路而言，公路由国家所有，任何使用者都不能以拒绝他人的使用。

对于公共产品而言，政府供给公共产品的效率要比市场高，因此从公路发展历程来看，至今世界各国绝大部分数量的公路都是由政府投资建设和管理的。

2. 公路是重要的基础设施

这体现在经济与社会两个层面。

从经济层面看，这主要包括三个方面的含义：一是公路提供的产品和服务，是其他生产部门赖以进行生产的基础性条件；二是公路所提供的产品和服务是其他生产部门生产和再生产时所必须的投入品；三是就价格构成而言，公路提供的产品和服务的价格构成了其他部门产品或服务的成本。因此，公路提供的产品或服务的性能和价格的变化，必然会对其他部门产生连锁效应。

从社会层面看，首先，公路可以改善人民生活，缩小地区差距、城乡差异，对于构建和谐社会具有重要作用；其次，公路对于加快军事反应速度、保证国家安定团结、巩固国防和抢险救灾具有特殊作用。

3. 公路具有强正外部性

外部性在现代社会中是比较常见的现象，无论什么时候，只要某个生产者或者某个消费者的行为对其他生产者和消费者产生了影响，而受影响者没有因损害而得到补偿或因受益而付出代价，那么就存在外部性或者外部效应。根据这种影响对他人的有利和不利，将其划分为正外部效应和负外部效应。

公路的强正外部性决定其具有很强的社会公益性，它为整个社会生产和消费提供“共同生产条件”和“共同流通条件”，是国家的重要公共工程。公路的这种外部效益特性，也意味着公路完全依靠私人供给是无法实现或者低效率的，这是政府必须介入的主要原因。

4. 公路具有自然垄断性

自然垄断特性是指，由于存在资源稀缺性或规模经济特性，使提供单一物品或服务的企业形成独家垄断或者寡头垄断的概率很高。由于公路建设必须占用一定的经济走廊和土地，必须按照政府统一规划进行建设，因此具有资源稀缺性特征，所以具有自然垄断特性。如果完全任由私人提供，则其存在滥用垄断地位谋取高额利益的可能。

综上所述，从本质上讲，公路是典型的公共产品，应该完全由政府投资建设和管理，供愿意使用的任何公民使用，这是公路基础设施不变的本质属性。从满足社会发展的需求和提高综合社会经济效益出发，建设和管理公路基础设施在世界各国都是政府的重要职责。

（二）高等级公路具有一定的可经营性

1. 高等级公路并非纯公共产品

部分公路具有竞争性和排他性，体现了一定的私人产品特征。首先，公路消费的非竞争性是在一定程度内的。公路消费有一个拥挤点，即所谓适应交通量，当公路上的车流量低于适应交通量时，消费具有非竞争性，路上行驶的车辆对其他车辆不产生影响。当车流量高于这个拥挤点时，公路消费就具有了竞争性，每增加一辆车，都会影响到其他车辆的行驶质量。所以说，公路消费的非竞争性是有条件的，只有在所提供的通行能力充足的前提下，公路消费才具有完全的非竞争性。其次，从技术角度来讲，某条公路要做到排他是完全可行的，如全封闭收费公路，就可以将不支付通行费的车辆排除在使用者之外。然而从排他成本来讲，不是所有的公路排他都具有经济上的可行性。例如农村公路，由于车流量小，里程长，如果实行全封闭收费，排他成本将远远高于排他所获的收益，这样的公路不具有排他的条件，是非排他性的公路。相反，对于一些车流量较大的高等级公路，如果实行收费，其排他成本会低于排他收益，具有经济可行性，这类公路就具有排他的可能。

2. 高等级公路存在级差效益

不同等级公路之间的服务水平具有显著的差异，高等级公路具有运行速度快、安全与舒适性好、运输时间和成本节约明显等优点，这种优势即为级差效益。正是由于级差效益的存在，使公路使用者情愿放弃免费使用低等级公路，而选择支付通行费使用高等级公路，从而使高等级公路可以在所有者与使用者之间进行“直接买卖交易”，而这种级差效益是私人投资愿意投入公路建设的前提条件和诱因。

非竞争性的改变、排他性的出现、级差效益的存在，使公路基础设施，尤其是全封闭高等级公路在一定时期内表现阶段性的部分商品属性成为可能和必需。

二、港口基础设施的属性分析

（一）港口的特性分析

1. 港口一般特性

第一，港口作为国家公共基础设施，为全社会提供产品和劳务，具有基础性产业的特征：投资规模大、建设周期长、自然垄断性强、建成后对其他产业的产品需求量相对较小、其产品或劳务数量和价格变化对国民经济其他产业影响相对较大。第二，港口具有间接的社会贡献，产生的经济效益不仅体现在行业自身的利税上，所有涉及的运输对象其经济效益与基础设施建设都有密切关系。第三，港口基础设施从投入产出的时效性衡量，具有一定的滞后性。大规模的资金投入，产生经济效益往往要比其他投入要来得慢，这一特性由港口经济活动派生于社会经济所决定。第四，港口对于空间、地域和时间具有极强的依附性，即不可挪用性，巨额资本一旦投入很难挪作他用，具有资本沉淀性特征。第五，港口具有公共和企业性复合性特性，这一特征引起了大众对于港口基础设施投资主体的探讨。

2. 港口的不同类别

港口设施分为两类，即公共基础设施和经营性基础设施。公共基础设施是指为一个港口内多个经营企业使用的基础设施（如公用的航道、锚地、防波堤、道路等）；而经营性设施则指为某一港口经营人所使用的设施（如生产性泊位、作业浮筒、仓库、堆场、机械、设备等）。

对于港口中的进港航道、防波堤、港池、锚地、浮筒、航标、道路等设施，其功能在于为港口创造了必不可少的条件，投融资活动具有完全的社会公益性特征，即其投资是获得社会效益而不是以直接经济效益为目的，投资额巨大但不能获得直接的投资回报。从投资主体来看，由于其投资效益为整个社会所共享，所提供的公共产品，一般企业和个人是没有能力也不会愿意来承担其投融资活动的，其投资主体必然是政府部门，属于公共性基础设施。

而对于与港口企业经营有关的装卸机械、设备、仓库、堆场等设施，其投融资活动主要体现在直接的经济效益、投资回报较高等特点。从投资主体看，由于其主要是为投资的直接经济效益所驱使，民间资本可以进入的领域，投资主体一般是企业或个人。但政府要为企业和个人投资确定导向政策，因为这类项目不同于一般产业，从对整个社会经济的影响、对国防的影响、对国家国际收支平衡的影响出发，国家应给予相应的低息的政策性贷款等支持政策。

对于码头等设施是为港口提供了经营基础，其投资活动部分体现了社会效益，部分体现为经济效益，投资规模相对巨大，具有一定的垄断性质，能够取得一定的投资回报。从投资主体看，由于其投资兼有盈利性和公益性双重特性，其融资活动既不能由政府全部包揽，也不能由民间资本独立承担，需要实行投资主体多元化。另外，码头等设施在沿海港口和内河港口之间的经济属性表现了很大的差异。

（二）港口的属性界定

港口通过对货物收取装卸费、堆存费等而获得经济收益，因此港口是典型的准公共产品。但对于港口的不同组成部分，产品属性又不尽相同。港口的支持系统、公用航道、锚地、防波堤、疏港道路等设施排他性弱，为公共产品；港口装卸设备、库场等经营性设施排他性较强，为私人产品；港口的码头泊位等为准公共产品。港口作为准公共产品，由于货物无法逃避收费，且港口可以通过调整收费标准保证成本的回收，因此港口的商品属性相对较高。特别是一些经营效益较好的码头，如集装箱码头和可自由定价的外资码头，港口的商品属性得到了充分的体现。

三、航道基础设施的属性分析

（一）航道的特性分析

与公路、港口等基础设施相类似，航道建设需要巨额的资金投入，具有显著的资本密集特征。同时，航道建成以后很难挪作他用，因而具有较强的资产专用性和成本沉没性。航道建设还必须进行一次性大规模投资，零星的投资往往无效或者不经济，具有投资的不可分性。

航道具有正外部性，而且很难向这些非航道使用者索取回报以阻止其效果外溢。因此，如果不从社会的角度来考虑对水运基础设施投入的回报，就会影响投资收益和投资积极性。

航道具有公共产品特性，在目前的情况下，航道比较完全地具有非竞争性和非排他性。航道对所有船舶所有人开放，无论船舶所有人是否支付费用都能使用这种服务。排他性收费即使在技术上是可行的，也会因为成本过高而失去意义。同时，在一定的限度内，航道提供服务的边际成本极小或者为零。即在一条不拥挤的航道上多增加一艘船行驶，不会给其他船舶运行造成困难，也无须对航道加宽。

（二）航道的属性界定

航道的收费排他成本太高，而且会牺牲太高的社会效益和丧失竞争力，不能像高速公路那样较自由地设卡收费，使它的商品属性（私人产品特征）无法转换为经济效益，体现的是公共产品属性和完全的社会效益，因此航道是典型的公共产品。但由于航道上的航运枢纽具有发电收益，船闸可以向船舶收取过闸费，因此航运枢纽和船闸等通航设施是准公共产品。

第三节　公共财政与公共物品理论

1998 年底，全国财政工作会议正式提出“建立公共财政基本框架”。党的十五届五中全会明确提出，“逐步建立社会主义市场经济要求的公共财政框架”。党的十七大进一步明确了完善公共财政体系的基本目标，党的十八大对完善公共财政体系提出了明确要求。作为以公益性为基本属性的交通基础设施，如何适应并利用好我国的公共财政体系，对今后发展至关重要。

一、公共财政基本特征

公共财政是指政府在市场经济条件下提供公共物品和公共服务的分配活动与分配体系。现代公共财政是建立在市场经济条件下，从市场失灵出发界定公共部门经济活动范围和职能的政府财政，其核心是满足社会公共需要。公共财政主要有以下基本特征。

（一）公共性

公共财政的职能范围是以满足社会公共需要为口径界定，凡属于或可以纳入社会公共需要领域的事项，财政就必须涉足。公共财政的公共性主要体现在财政运行目标的公共性和财政支出活动的公共性两个方面。

（1）财政运行目标的公共性，是指把满足社会公共需要作为组织国家财政活动的主要目标或基本出发点。这是现代市场经济条件下财政运行的基本取向，也是国家财政活动应遵循的基本边界或指导性原则。

（2）财政收支活动的公共性。国家坚持“取之于民，用之于民”的原则，国家财政支出安排主要集中于国家政权机构运转、社会公共基础设施建设、国防和科教文卫发展需要、生态环境的保护与治理、社会福利和社会保障制度建设等社会公共需要或公共性支出方面。而且，在一定的经济发展阶段或发展时期，还应把满足这些公共支出需要的适应性程度或水平作为组织国家财政收支活动的重要边界，以及衡量财政收支规模适当与否的一个重要标志。

（二）规范性

财政是国家职能的重要体现，是国家政权的物质或财力基础。从本质上讲，财政职能是国家职能，是由政府的事权范围决定的。而在现代市场经济条件下，政府的各项事权则往往是通过立法程序来规定，通过相关的法律来加以明确界定的。因此，由国家职能特别是政府事权所决定的财政行为或财政活动，往往也具有规范性特点。

（三）弥补市场失灵

对具备共同消费性质的公共产品（或服务），难以通过市场机制实现有效供给的，公共财政必须弥补。

（四）非营利性

在市场经济条件下，政府行动的动机不是也不能是取得相应的报偿或盈利，而只能追求公共利益。即使有时提供的公共物品或服务活动也会附带产生数额不等的收益，其基本出发点或归宿仍然是满足公共需要，而不是盈利。

公共财政涵盖的范围主要有：行政管理、国防、外交等国家安全事项和政权建设；教育、科技、公共卫生等公共事业发展；水利、交通、能源等公益性基础设施建设；对经济运行进行必要的宏观调控等。

二、公共财政的职能

目前国内学术界关于公共财政的基本职能的研究成果，概括起来有五项：一是支持经济体制创新的职能；二是管理国有资产的职能；三是建立财政投融资管理体系的职能；四是调节收入分配的职能；五是稳定经济和促进经济发展的职能。

但也有些专家学者认为，提倡在中国实行“公共财政”者的本意是让财政退出竞争性资源领域，是符合社会主义市场经济要求的，但结合当前实际，有些问题也值得商榷：其一，主张财政退出竞争性投资领域是对的，但不能不考虑我国当前实际，我国经济在相当长的时期内仍处于发展中阶段，面临着艰巨的结构性调整任务，而实行市场经济国家的经验证明，结构性调整不可能靠市场自发来实现，只有发展财政的资源配置职能才是最佳的途径。其二，所谓竞争性领域也应作具体分析，诸如钢铁、煤炭、化工、铁路、民航以及高新技术等支配国民经济命脉的基础产业部门，既具有垄断性，又具有一定的竞争性，在我们这样一个资本市场不发达的国家，也只能通过发挥财政的配置资源的职能，才能得到加速发展。其三，我国竞争性部门的大中型国有企业，过去和现在都是国家财政收入的主要来源，这些企业的出路是实行股份制改造，面向市场，但这需要一个过程。在当前形势下，尚需要财政投入资本金或实施某些优惠政策给予支持。

三、公共财政政策管理

公共财政这只“有形之手”通过财政收支发挥作用。财政收入包括税收、非税收入、债务收入、国有资产收益收入等形式。各国由于政治经济制度、经济结构、财政制度等诸多方面存在差异，财政收入形式也不尽相同，但其主要财政收入形式都是税收，而非税收入因国而异。财政支出是政府满足公共需要的一般性支出，包括购买性支出和转移性支出。购买性支出是政府日常政务活动和国家投资所需的商品和服务的支出；转移性支出是对经济主体单方面的货币或实物授予，是政府的非市场性再分配活动。其包括社会保障支出、财政补贴支出、公债利息支出、国际组织捐赠支出和对外援助支出等。

多样化的财政收支形式决定了公共产品的多种投融资渠道。世界各国公共产品的财政融资渠道主要有税收、非税收入、各种基金、国债和地方公债、中央对地方的转移支付以及政府贷款融资等。公共产品提供和生产最终以财政支出形式出现，财政支出分为项目支出和经常性支出。

公共财政管理体制规范的是各级政府之间、国家与市场之间以及同级政府各财政职能机构之间的职责分工和财政分配关系，其核心内容是划分财政收支范围和管理职权，实质是关于财权、财力、事权的集中与分散的制度安排。

四、政府与市场的关系

（一）市场“看不见的手”起决定性作用

市场是市场经济运行的载体；市场是商品生产者之间、生产者与消费者之间的全部经济关系所依赖和维系的载体；市场是商品交换关系的总和，是商品经济条件下各种经济关系的集结点。市场的竞争机制，促进了社会的进步和经济的发展，减少了资源配置的浪费，提高了经济的效率；正是由于这种机制的作用，产生了鼓励先进、鞭策落后、优胜劣汰的市场效应。在市场经济条件下，市场规律应当在资源配置中发挥决定性作用。2013 年 11 月，党的十八届三中全会通过的《中共中央关于全面深化改革若干重大问题的决定》将市场在资源配置中的“基础性作用”修改为“决定性作用”，首次提出“使市场在资源配置中起决定性作用和更好发挥政府作用”。

（二）政府调控弥补市场失灵

由于受到许多因素影响，市场机制不能充分得到发挥，在某些领域出现“市场失灵”。政府的主要职能是提供公共产品，活动于市场失灵的范围和领域内。

由于对公共产品乃至市场失灵认识上的差异，经济学者对政府职能有着不同的表述，世界银行在《世界发展报告——变革世界中的政府》（1997）中进行了总结与归纳，提出了可供参考的政府职能的范式。按照这类划分方法，将政府职能分为“最小职能”“中型职能”和“积极职能”三种情况，如表3－1所示。

表3－1　　不同职能条件下政府的作用

分类	解决市场失灵			
最小职能	提供公共产品			促进社会公平
	国防、法律与秩序、财产所有权、宏观经济管理、公共医疗卫生			保护穷人、反贫困、消除疾病
中等职能	解决外部性	规范垄断企业	克服信息不对称	提供社会保险
	基础教育、环保	公共事业法规、反垄断政策	保险金融法规、消费者保护	再分配性养老金、家庭补贴、失业保险
积极职能	协调私人市场			再分配
	促进市场发展			资产再分配

随着我国市场经济体制逐步完善，公共财政体系必将取代原有的生产建设型财政（计划财政），在公共财政框架下，政府的目标应有所为有所不为，有退有进，即退出市场可以充分发挥作用的领域，进入市场失灵的领域，彻底改变当前政府存在的“错位、缺位、越位”。而交通基础设施等公共产品正是政府及财政“有所为”的重要领域。

五、公共财政分权理论

（一）公共产品受益范围不同

依据受益范围，公共产品可以划分为全国性公共产品和地区性公共产品，反映在它们不同的外部效益上。前者是中央政府供给的，具有全局性的公共产品，如国防、外交等；后者一般而言是指一定区域内的公共产品，包括城市基础建设、地方治安等。

（二）公共财政有层级差异

根据受益范围的不同，在公共财政框架下，对中央政府职能及供给公共物品的范围和地方政府职能及供给公共物品的范围，应遵循分职治事原则。也就是说，对于全国性公共产品，由中央政府及其财政供给是最优选择。第一，中央财政具有规模经济优势，对于全国性公共产品如国家高速公路网络、大型交通枢纽等，可以做到统筹兼顾、统一规划，发挥“集中力量办大事”的优势；第二，中央政府可以协调跨地方公共产品供给，如跨省的河流、公路的建设、管理，由中央财政提供具有优势；第三，在分权的地方政府之间财政、信息沟通渠道不完善，转移支付渠道尚不通畅之际，中央财政可以通过直接投入少部分关系国计民生的地方性公共产品，带动地方政府投入，起到“四两拨千斤”的作用。

对于地区性公共产品，由地方政府及其财政供给是最优选择。第一，中央政府对地方利益知之甚少，由其提供地方公共产品，既存在很大的交易成本，而且由于无法兼顾地方偏好而导致无法满足各地不同需求；第二，中央政府提供地方公共产品，各地方政府必然会争取中央政府在当地公共产品的投入，由此催生“放饵钓鱼”现象。

第四节　事权划分与“受益原则”的分权理论

一、事权及支出责任

事权是指一级政府在公共事务和服务中应承担的任务和职责，它规定了各级政府承担社会经济事务的性质和范围。事权划分是政府职能在各级政府间进行分工的具体体现，也是财政分权管理体制的基本内容和制度保障。事权划分既有同一级政府中各部门间的横向配置，也有不同层级政府间的纵向配置。而支出责任是指一级政府履行事权的财政支出保障。

事权是权力和责任的统一，是进行政府间支出责任划分、财权配置和财力分配的基本依据，也是管理体制架构设计的基础。各级政府事权的划分，不仅要明确某项事权的整体归属及其在各级政府之间的责任的分担，还涉及该项事权的决策、管理与执行、支出和监督等具体职责分工。虽然事权并不完全等同于支出责任，[①] 但是由于支出易于量化，一般倾向于用支出责任反映和衡量事权。合理的政府间事权和支出责任划分是形成合理的行政秩序、市场秩序和社会秩序的基本前提，是推进国家治理体系和治理能力现代化的重要内容和必然要求。

二、一般原则

政府间事权划分要充分考虑公共产品和公共服务的属性。事权划分本质上是关于公共物品和公共服务的供给问题，从公共物品的属性出发，政府间事权划分需考虑以下两方面。

一是受益范围。按照受益范围的不同，公共物品可分为全国性公共物品、跨区域性公共物品和地方性公共物品两大类。通常上，受益范围不同的公共产品应由不同的政府来提供。全国性公共产品（如国防军队、外交、宪法制定、基础性科学研究、重大基础设施等）应该由中央政府来提供，才能在全国范围内实现资源的高效率配置。跨区域性公共产品涉及不同区域或者不同地方政府，需要由上一级政府甚至中央政府统筹协调；或者由某一地方政府负责，由上一级政府或者中央政府提供补贴。而地方性公共产品一般直接由本地政府提供。

二是规模和效率。公共物品由哪一级政府提供，除考虑受益范围的大小外，还要根据其特点从提高规模效益的角度决定。

政府间事权划分的一项主要理论是“受益原则”的分权理论，该理论主要由美国学者埃克斯坦（O. Eckstein）提出。埃克斯坦认为，应当根据公共产品的受益范围，有效地划分各级政府的职能，并依此作为分配财权的依据。他认为应按公共商品受益范围来确定分担其供给成本的辖区范围，使成本分担的地理边界与受益范围大体一致，以实现公共商品的成本与受益在地理范围上的内在化。据此，全国受益的公共商品由中央政府供给，地方受益的公

① 通常来讲，当述及财政活动和政府公共收支时，多使用“支出责任（expenditure responsibility）”；当论及政治统治和政府强制时，多使用“政府权力（government power）”。（冯兴元．地方政府竞争［M］．南京：译林出版社，2010.）

共商品由地方政府供给。那些有益于全体国民的公共产品应当由中央政府来提供。另有一些公共产品虽然只惠及某一阶层或某些人，但因对全社会和国家的发展至关重要，也要由中央政府提供，如对适龄儿童的义务教育、对特困地区和受灾地区的专项补助等。但是，为了维护局部利益，地方政府也应具有一定的职权和财力。

我国学者冯兴元在2005年发表的《我国各级政府公共服务事权划分的研究》文中进一步提出了“地方优先”的原则。即在事权的划分时，始终从较低级政府开始，由较低级政府承担支出责任。如果存在外部性，则由来自上级政府的财政补贴予以支持。如果不可行，则考虑由上一级政府直到中央政府。

政府间事权划分应坚持一些基本原则，国内外学者均有过相关论述。英国学者巴斯特布尔（Bastable）曾提出关于事权划分的三个原则。宋立于2007年在“各级政府事权及支出责任划分存在的问题与深化改革的思路及措施”文中提出了受益、管理效率等六大原则。孙开于2004年出版的《多级财政体制比较分析》一书中也提出了有关原则。结合中国转型期的政治经济体制特点，政府间事权划分应统筹考虑以下主要原则。

一是事权法定原则。事权法定是众多国家的普遍做法。即使初期事权的划分不甚完善，也可以逐步调整。而如果事权划分始终存在于上下级政府的文件或者讨价还价中，那么事权划分将始终没有科学合理的框架。这里包括两个层面问题：第一，要加快各级政府事权划分的法治化进程，构建包括宪法、预算法及各项单向法律法规在内的法律体系。第二，根据我国国情，应该尽量使事权分配细化，可以采取法律列举的方法，具体规定中央与地方政府的各自事权和支出责任以及中央和地方政府的共有事权和支出责任。

二是财力事权匹配原则。要根据因事定财的原则，在合理划分各级政府事权基础上，加快调整中央和地方的财政税收关系，从而保证地方的基本财力，特别是解决落后地区县乡政府财力不足问题。同时要进一步完善财政转移支付制度，构建体现公平和效率的转移支付体系。

三是受益范围原则。根据公共物品和公共服务的受益范围确定中央和地方之间的事权和支出责任划分。一般意义上，全国性受益的公共产品由中央政府提供，仅地方一定区域受益的公共产品由地方政府提供，跨区域的公共产品由上一级政府承担。

四是因地制宜，统筹协调原则。我国国土面积幅员辽阔，经济发展水平存在明显的地区差异，各级政府的财力状况也是千差万别，在事权的划分上必须考虑本区域内的实际情况再予以决定。因此，要统筹考虑各地财力状况和公共品供给效率，要给各省一定的自由裁量权，因地制宜地确定事权划分和支出分担的具体形式，不能一概坚持上级优先或者本级优先。

五是分工负责，各司其职。不论从公共服务的效率还是从政府职能的履行角度，各级政府都应该有各自的主要事权和支出责任，在具体的职能分工上都有侧重。在职能履行上，我国中央和各级地方政府也要形成决策、执行、监督分工负责的格局，特别是在某些公共服务的筹资和支出方面，需要明确责任，建立支出责任的共同分担机制。

以上事权划分主要原则和“受益原则”的分权等理论为我国推进实施交通运输领域财政事权与支出责任划分改革工作提供的基本的思路和方向。

三、事权履行的主要方式

在事权明确的前提下，各级政府通过什么样的方式来履行各自事权的问题，也是政府为适应社会对于服务型政府的要求而完善和自身形式的问题。具体来看，事权履行主要有四种方式。

（一）事权主体直接提供

事权主体不仅负责决策，而且在各地成立相应的分支机构，负责具体的执行，直接向社会提供公共服务。这种方式的优点在于管理高效、统一，权责明晰，执行顺畅；缺点主要是需要比较庞大的公共机构和人员。

（二）委托管理方式

这种方式主要可以分为两类：一类是事权主体制定政策，负责决策，而具体的执行委托其他公共部门承担，所需经费全部由事权主体承担。另一类是事权主体一方制定基本方针，把握宏观方向，而具体的政策以及执行委托另一方承担，所需经费根据事权分担情况主要由受委托方自行筹集，委托方视情况和具体项目会给予专项补助，这一类适合共同事权。这种方式的优点在于，机构精简，资源整合利用高；缺点主要是权责不够明晰，不利于将跨区域的公共物品作为一个整体来管理，另外受到受托方干预也可能较多。

（三）特许经营方式

特许是指政府不直接生产某种服务，而将服务的生产授予具有一定资格的企业或非营利组织，由后者在许可的范围内生产特定的服务，同时政府对服务的价格和质量实行监管。特许经营的优点是，可以通过引进民间资金和利用市场机制，有效解决在基础设施建设中出现的资金短缺或运营效率低下等问题，以促使公共利益最大化。这种模式的缺点主要是如果监管措施不到位，将直接影响服务的质量和效率。

（四）政府购买服务方式

政府购买公共服务是指政府将由自身承担的为经济社会发展提供的公共服务事项交给有资质的社会组织来完成，并定期按照市场标准相互建立提供服务产品的合约，由该社会组织提供公共服务产品，政府按照一定的标准进行评估履约情况来支付服务费用。政府购买服务通常适用于事务性事项，这种模式的优点是有利于节约成本，比较灵活，但如果制度不完善、评估机制不到位，将影响到服务的质量。

四、中央和地方政府之间的委托代理关系分析

委托代理理论兴起于20世纪60年代，其后经济学家在该领域的研究越来越多，委托代理理论也被广泛地应用于其他领域。

委托代理理论是制度经济学契约理论的主要内容之一，主要研究的委托代理关系是指一个或多个行为主体根据一种明示或隐含的契约，指定、雇佣另一些行为主体为其服务，同时授予后者一定的决策权利，并根据后者提供的服务数量和质量对其支付相应的报酬。授权者就是委托人，被授权者就是代理人①。

中央与地方政府事权关系以及由此产生的财权关系，具备构成“委托—

① 冯勤超．政府交叉事权及财政激励机制研究［D］．南京：东南大学，2006.

代理”关系的三个要件：存在着既定的信息结构、契约关系和利益结构。中央政府作为委托人，地方政府作为代理人与之构成“委托—代理”关系。

从信息结构看，中央政府对某一交叉事权负责，它的目标是制定一系列规范、政策，进行宏观管理，以实现公共产品的有效配置和社会总福利的最大化；地方政府负责执行中央的决策（当然，根据中央对地方政府分权程度的大小，地方政府可能拥有一定程度上的决策权）。地方政府了解本地区居民的偏好，进而确定公共产品的需求状况，相比之下，中央政府对需求的了解要少得多。也就是说，地方政府处于信息优势，中央政府处于信息劣势。

从契约关系看，在交叉事权领域，地方政府的财政支出主要通过中央政府的转移支付来实现，通常中央会以专项拨款的形式，给予地方政府相应的资金来履行事权。

从利益结构看，中央政府为了使相关政策得到良好的实施，会提出较多的优惠政策，如授予地方一定的调整税率的权力，增加税收返还额度，减少对地方政府的监督，增加地方政府执行中央政策的自主性和灵活性等，从而激励地方政府尽心尽责地工作，使政策得以良好的实施，社会福利达到最大化。与此同时，地方政府选择自己的行为，实现自身利益的最大化。但是中央和地方政府之间的委托代理主要存在以下几方面问题。

（一）“委托缺位”和“代理越位”

这是中央与地方政府在事权划分中存在的问题，主要表现在：一是委托缺位问题。即中央政府应该委托地方政府的事项没有授权给地方，导致地方政府出现问题时总是以无某项管理权限为借口来推脱责任。二是代理越位问题。政府事权与政府职能是对应的，如果政府有职能而无相应的事权，则要么职能无法履行，要么为履行职能政府只能越权行事，从而事实上拥有相应的事权，地方政府代理事权越位即是如此。因此，在存在利益诱导的前提下，地方政府如果没有相应的事权，很有可能会发生代理越位的现象①。

---

① 李小明．中央与地方政府的关系问题研究——基于委托代理理论的分析［J］．经济视角，2011（07）．

（二）"道德风险"和"逆向选择"

依据委托代理理论，地方政府作为代理人在契约执行过程中拥有较为明显的信息优势，在这种情况下，如果没有有效的信息获取渠道和监管措施，作为代理一方的政府很容易发生道德风险和逆向选择问题。道德风险，一般指代理人借事后信息的非对称性、不确定性以及契约的不完全性而采取的不利于委托人的行为。从中央和地方的关系来讲，中央政府将事项委托给地方以后，往往不能直接从地方政府那里了解到具体的行动信息，只能通过外部的一些变量来了解到地方政府的行动，而这些变量是由地方政府的行动和一些不确定因素共同决定的，因此委托人所了解到的信息也只是不完全信息。

逆向选择，一般是指代理人利用事前信息的非对称性等进行的不利于委托人的决策选择。对于逆向选择问题，由于委托人不清楚代理人的类型，从而造成委托人在进行政策制定时，只能是按照代理人提供的信息进行选择，这往往会造成政策的执行会偏离政策委托人的意愿。从中央和地方政府关系的角度来讲，地方政府往往占有大量的信息，中央政府在制定政策的时候，往往不清楚哪个方案是最优的，是最有可能实现地方发展的，因此会造成效果最差的但是能够给地方政府带来额外"收益"的政策成为现实的选择，最终会导致中央政府的利益以及国家的发展受到损害。

（三）"委托人目标多元化"和"缺乏退出自由"

中央和地方政府之间的委托代理关系在具有一般的委托代理关系的特征的同时，还具有特殊性。首先，委托人目标的多元化。获利行为并不是中央政府的唯一目标，在追求经济发展、经济稳定的同时，中央政府也要兼顾社会公平。缩小贫富差距，资源和环境保护等各种发展目标也是其考虑的因素。这往往会造成中央政府获取信息更加困难，因为，指标越多，测量起来就越复杂，地方政府的投机行为越会加大，况且有些指标是无法量化的。其次，委托人不能自由退出委托代理合约。由于现实中中央政府与地方政府之间"委托—代理"关系的必然性，使委托人在没有找到合适的代理人的情况下，有时不得不接受一个不满意的代理人。

综上所述，如果中央事权公路全部委托或者部分事项委托地方政府执行，为了有效解决中央与地方政府的委托代理关系中出现的“代理”问题，必须完善相应机制。具体来说，可以通过科学划分中央与地方政府间的公路事权，完善双方的权责机制，加强“契约”签订前后的协调沟通机制，树立“重复博弈”的思想，合理设计激励和监督约束机制，从而有效避免前述问题，最大限度地实现双方的利益。

第五节　公路按里程征税的理论基础

一、亚当·斯密的公共产品理论

亚当·斯密是古典经济学派的代表人物，主张自由经济主义，亚当·斯密认为国防及司法行政两方面所必需的公共设施和公共工程由政府提供外，其他设施和工程应主要由个人或少数人出来创办或维持，自由竞争和市场是公共产品存在的前提或基础，利润原则是确定一项产品应由公共提供或市场提供的判断标准。亚当·斯密就公共产品的资金来源提出了“平等、确实、便利和最小征收费用”的税收四原则，具体到如何筹措公共工程和公共设施的建筑费和维持费，亚当·斯密提出受益者付费的观点。他指出，车辆通过公路或桥梁，船舶通过运河或港口，如果按照其重量或吨数的比例缴纳通行税，那么就可以说恰恰按照其所加于各该公共工程的损耗比例支付维持费，要维持这些公共工程，没有比这更公平的方法。

从亚当·斯密的观点，可以发现其认为政府的职责或者义务应当限定在最小范围内，主张避免政府过多干涉公共产品的管理，而应尽量发挥市场和私人部门在公共产品管理中的作用。对于公共产品的资金来源，提出了受益者付费（税）的观点，即某项具体的公共产品供给，其资金来源应当与享受此项公共产品而直接受益的纳税人相挂钩，从而体现税负的公平和效率。例如，从亚当·斯密非常有名的兰格多克运河案例可以看出，收取的通行税没有纳入政府统一的税收资金管理而是作为运河维护的专项支出，便于纳税人接受的同时，也保证了资金使用的有效性。因此，遵循亚当·斯密理论，公路里程税收入主要取之于用路者，而用之于公路养护和建设，既体现了税收的公平，易于纳税人接受，而专项性支出用途也有利于保证足额的资金专项用于公路养护和建设，避免地方政府挪作他用。

二、保罗 · A. 萨缪尔森的公共产品理论

保罗 · A. 萨缪尔森是新古典综合学派的代表人物，其经济学理论融合了凯恩斯的宏观经济理论与传统的新古典微观经济理论。对于公共产品的范围及其管理，萨缪尔森提出了自己的观点。萨缪尔森把纯公共产品的概念定义为“每个人对这种产品的消费，都不会导致其他人对该产品消费的减少”。他从物品是否具有竞争性这一特性来界定其是否属于纯公共产品的。在此基础上，萨缪尔森提出了公共产品的局部均衡理论，即不同消费者愿意为公共产品支付的价格是不同的，但不同消费者支付不同的价格却可以获得相同数量的公共产品，所以在公共产品的供给中，消费者的“理性”行为是隐瞒自己的真正效用，企图做免费搭乘者。对于公路这一公共产品的提供也存在免费搭乘者的现象。用路者的使用频率和直接受益程度是不同的，愿意为之付出的成本价格也存在很大的不同。在2008年燃油税改革之前，公路养护成本通过统一缴纳养路费的方式进行专项支付，但没有区分用路者的使用频率；改革后则通过缴纳燃油税并且采取专项支出的方式，根据用油量支付公路养护成本，从而尽可能降低免费搭乘者现象的影响，保证税负的公平性。但是随着汽车能耗的降低特别是新能源汽车的蓬勃发展，燃油税既无法排除免费搭乘者，也无法准确地区分用路者的使用频率。因此，从税负公平减少“免费搭乘”的角度，公路里程税比燃油税有更大的优势。

三、布坎南的公共产品理论和税收理论

公共选择学派是美国在20世纪60年代以后逐步兴起的一个新自由主义经济学流派，其主要的特征就是利用经济学的方法研究广泛的非市场决策的政治问题。布坎南是公共选择学派的主要代表人物，建立了“俱乐部”公共产品理论模型，并以之为基础建立其税收理论。

布坎南的税收理论是研究税收对作为“投票人—纳税人—受益人”为一体的个人所做决定产生的影响。其中为了分析直接税对个人决策的影响，布坎南设计出一种税收制度模式，通过这一模式更直接表述纳税人所缴纳的税额与他所得到的收益之间的密切联系。如果改变这一模型中的某些条件，就

会使纳税人所缴纳的税额与他所得的收益之间的联系越来越松散，而且税收制度越复杂，个人在集体选择中所面临的决策成本也会越高。布坎南设计这一模型的本意是要求个人在作出决策时，对所缴纳的税额与他所得到的收益之间的关系是直接和清晰的，容易获得“纳税人—投票人—受益人”的一致同意。

借用布坎南的“俱乐部”理论和税收理论，公路作为一项公共产品，也同样存在公路产品的供给规模与用路者规模的最优均衡的问题。用路者规模扩大的同时必然引起公路使用频率的增加，进而需要扩大公路养护产品的供给。这将意味着提高里程税或燃油税税率而使用路者需要支付更多税额，并且导致两种可能性：一种是提高里程税税率的情景下，所增加支付的税额与自己所得到的收益是直接相关的，双方的信息相对称，那么纳税人将容易接受税金的提高；抑或纳税人通过降低使用车辆频率减少税金支出改变公众的出行行为，进而减少公路养护产品供给，在长期过程中，达到公路产品和用路者的均衡规模。另一种是提高燃油税的税率，那么由于“搭便车”现象的存在，燃油税税率的调整与公路养护支出的联系被弱化，纳税人容易产生抵触情绪，对政府的决策投以“否决”票。

第六节　基础设施全生命周期理论

生命周期（life circle）是指事物从形成、成长、成熟逐渐到衰弱、灭亡的全过程。这一概念应用越来越广泛，既可以用于描述生物体，又可以抽象描述自然界和人类社会各种客观事物的发展规律。该理论最早被用来分析产品生产技术的变化，随着这一思想的不断成熟，它被广泛应用于政治经济、生态环境、工业技术、社会等众多领域，其中，应用较为成熟的有产品生命周期、行业生命周期、需求生命周期等。经过不断演化，该理论还和可持续发展思想不谋而合。

基础设施全生命周期，是指基础设施从项目识别设计到建设运营，直至最终报废的全过程，通俗的理解就是“从摇篮到坟墓（Gradle - to - Grave）的整个过程”。在基础设施投融资层面，基础设施全生命周期理论更多用于交给私人资本、社会资本投资建设的政府和社会资本合作（PPP）项目中。

PPP项目的生命周期，涵盖了项目实施的各个阶段，即项目识别、准备、采购、建设、运营和移交各环节，也就是从项目规划、立项直至项目特许经营期结束的全过程。PPP项目全生命周期中的每个子环节都至关重要，它们维持并影响着项目的整体运转。

在社会对基础设施需求下，全生命周期理论是指在市场经济下技术交易所存在的策划、谈判、建设、经营等一系列过程，该理论适用于基础设施投融资，即指在项目决策、准备、投资、建设、运营整个环节都需要把项目涉及的各项资金收入支出做好测算、预判及平衡，进而在项目决策阶段能够制定一个适用于项目实际特点的科学合理的投融资结构和交易结构，在项目投入建设运营阶段，做好项目收支预算，合理把控债务偿还等各类风险，确保项目在全生命周期内资金安全、风险可控。

第四章
典型国家交通运输投融资经验借鉴

本章对美国、日本、英国、德国、法国等发达国家的实践经验做法进行跟踪分析，提出发达国家交通运输投融资经验及对我国的经验启示。

第一节　美国公路信托基金制度

联邦信托基金是美国联邦为具有长远目标的项目而建立的资金保障机制，是联邦预算管理的一项重要制度安排。信托基金主要的收入来源是特定的专项税收，信托基金专门用于指定的项目或用途，并遵循量入为出的支出原则。至今美国有150种左右的信托基金，大约占据联邦预算40%的份额。

公路信托基金根据1956年《公路税收法案》设立，是联邦政府专门用于公路建设的信托基金。和其他信托基金一样，公路信托基金是依法建立起的一种资金保障机制，确保州际和国家公路系统建设、养护等资金需求。公路信托基金的收入来源主要是公路使用者税，主要包括燃油税、轮胎税、卡车拖车税等。公路信托基金对于美国公路发展，尤其是州际公路的建设和发展起到了至关重要的作用。

一、公路信托基金设立原因

（一）基金设立的背景

公路信托基金设立前，联邦政府对公路项目的投入，主要由财政一般预算资金提供。1916年的《联邦公路授权法案》，开启了美国政府对国家公路建设的政府责任序幕。1930年后，美国处于第四次经济危机低谷，罗斯福总统执行新政，为建设公路从国家财政增拨了大量资金。1938年联邦政府提出建设总长度约为4.1万英里的跨区域公路系统（州际公路）的设想。由于第二次世界大战，公路投资工作于1941年中止，后又于1946年重新开始。

“二战”后，美国经济强劲增长、城市化进程迅速，而公路由于车辆的迅速增加、车速的提高、人口膨胀及道路设计跟不上时代要求，开始大量出现拥堵、安全方面的问题。同时也暴露了由财政提供一般预算资金投资公路的弊端：不仅无法保证资金额度，更为重要的是其不具有长期性、稳定性，与公路事业发展的长期性相矛盾。在此时期，美国提出建设贯通大陆的州际公路计划，由于财政预算支持能力有限，加之公路项目建设成本上升，建设资金不足，到1953年底仅完成计划中4.1万英里公路的1%。1956年《州际和国防公路计划法案》获得通过，为州际和国防公路建设筹集资金的问题愈加迫切。

（二）被否决的三种方案

面对州际和国防公路建设的筹资困境，在采用信托基金之前，国会曾考虑和否决了三种方案：普通税收、通行税和债券。

1. 普通税收

轮胎制造商、汽车联合会和石油行业，坚持公路系统建设所需资金应由普通税收收入提供。理由是公路通过经济增长和改善交通使整个社会受益。但当时这些行业没有足够的力量通过一个庞大的公路计划而不增加特别的税收。

2. 通行税

在20世纪50年代，通行税成为美国许多州公路系统建设的主要资金来源，因此通行税筹资成为一个重要的备选方案。但反对者称通行税影响经济效率，并且当时美国的法律规定公路免征通行税。此外联邦公路管理局认为利用通行税为横穿大陆的公路系统筹资在管理上是不可行的，同时通行税还遭到了汽车协会和许多西部州和地方官员的反对。

3. 债券

1955年，一个总统特别委员会建议组建一个新的联邦公路公司，通过发行30年期债券为州际公路建设筹资。债券由联邦燃油税和轮胎税的收入偿还。债券筹资方案优点：一是不需要增加税收；二是政府债务的最高限额不会因此而增加，因为公路债券将记在一个独立的公司名下。但国会最终否决了这一建议，原因是建立一个独立的联邦公路公司会削弱他们对项目的控制权，另外立法界认为债券融资的建议对联邦预算制度构成了威胁。

（三）信托基金解决方案

法律制定者追求这样一种财政设计：一是能够锁定公路支出；二是避免负债筹资；三是保持国会对项目的正常控制，只有信托基金满足所有这些条件。信托基金充分体现了使用者付费的公平原则，既可保障公路建设的专款专用，也可以使资金安排在国会的控制之下。

1956年国会通过了《联邦资助公路法案》（*Federal Aid Highway Act*）和《公路税收法案》（*Highway Revenue Act*），设立了联邦公路信托基金（Highway Trust Fund，HTF）。由此改变了过去由一般财政资金投资公路项目的做法，并提出规划州际、国防公路系统和制定设计标准，明确按9∶1的比例由联邦和州共同承担州际公路的建设费用，计划建设连接有5万人口以上城市、服务于全国约6.8万公里的公路网。同时车辆相关税收从总税收中独立出来，其中约70%的车辆相关税收收入用于公路建设。

1957年州际和国防公路系统正式投资建设。此后美国进入了公路尤其是高速公路建设和大发展时代。公路信托基金成立后，加大了对公路投入力度。在州际公路投资中，联邦投资份额由50%提高到90%，联邦每年在公路项目的投资由基金设立前年均25亿美元增长到1956年的120亿美元，实际增长380%。

二、信托基金制度遇到的挑战

1956年公路信托基金设立伊始，就受到了政治家、利益集团的关注和“垂涎”。同时，信托基金似乎建立了一个公路“自治”的财政系统。因此，公路信托基金一直受到来自各方的挑战。这种挑战试图从两方面削弱公路信托基金的“专用”和融资上的“自治”：一是把信托基金的收入转移到非公路的用途；二是降低信托基金自主支出的程度。最终，虽然挑战者赢得了几个暂时的胜利，但信托基金的基本结构却得以保留，甚至在州际公路建设完成后仍然得以保留下来。

（一）利益集团和观念的挑战

1. 航空委员会

美国退伍军人航空委员会，是第一个试图分享公路信托基金“一杯羹”的集团。航空委员会提出，从公路信托基金中提取部分资金用于小型机场建设，这样可以通过延伸航空的范围促进国家经济发展。最终航空委员会的提议没有被采纳。针对此，1970 年经尼克松总统提议、国会批准设立了航空信托基金（AATF）。

2. 联邦劳动部

根据 1956 年的公路授权法案，联邦劳动部负责州际公路建设中的工资制定和管理工作。劳动部提出，由于州际公路建设给他们的管理增加了工作量，要求从公路信托基金中每年提取 36.5 万美元作为人员工资和办公经费。最终经过国会的反对与妥协，要求提取的经费由 36.5 万美元降到了 20 万美元。联邦劳动部成功地分享了公路信托基金的“一杯羹”。

3. 环境保护运动

20 世纪 60 年代，美国兴起的环境保护运动把州际公路建设与破坏自然环境、空气污染联系在一起。城市居民抗议公路建设使房屋所有者不得不搬迁，还干扰了商务活动和当地社区。“环境保护运动”使包括芝加哥、旧金山和西雅图在内美国大城市的公路建设停了下来。

4. 公共交通

到 20 世纪 70 年代早期，公路信托基金的未来似乎越来越不确定。在一场将信托基金开放到其他交通用途的运动中，公共交通的支持者与环境保护主义者、市民组织联合起来。公共交通的支持者宣称：公共交通的支出将缓解交通拥堵，使公路使用者受益。尼克松总统支持立法给予各州使用部分信托基金建设城市公共交通的权利。总之，公路信托基金制度在 20 世纪 70 年代初在新观念和众多问题的压力下破碎了。

经过激烈的争论，国会于 1973 年勉强批准了一项措施，允许城市将 10% 的公路信托基金用于城市公共汽车和轨道交通。1982 年，国会批准并且由里根总统签署的一项法案，在增加的每 5 美分燃油税中拿出 1 美分创建一个公共交通专用账户（在公路信托基金账户内），另外 4 美分留给公路系统。这次燃油税的提高能使公路支出在 1983—1985 年间增加 44%。总之，公路信托基金在利益集团和观念的挑战下，通过制度重新设计，不仅渡过难关，而且更加兴旺发达了。

5. 地下储油罐泄漏基金

1986 年，国会通过了《固体废料处理法案》(*Solid Waste Disposal Act*)，将燃油税每加仑提高 0.1 美分，设立了地下储油罐泄漏信托基金（Leaking Underground Storage Tank Trust Fund）以解决地下储油罐石油泄漏问题。

（二）政府的挑战

1956 年以来，公路信托基金制度方面一个连续不断的主题是：总统内阁要求收回被信托基金结构所否定的灵活性。

1. 企图挪用

甚至“公路信托基金之父”艾森豪威尔总统也发现公路信托基金的僵化刻板是一件令人讨厌的事。当他的内阁试图用燃油税的一小部分支付为公路项目计算联邦规定的工资成本时，公路使用者组织激烈地抱怨，国会只好终止了这种做法。肯尼迪和约翰逊的内阁提出把信托基金用于公共土地公路和用燃油税进行公路美化两项类似的企图也被国会否决了。

2. 强制扣留

当这些温和的财政控制的行政手段失败后，总统们转向了更强硬的政策：扣留。1966 年，约翰逊内阁为控制越南战争造成的通货膨胀冲击而拒绝支付先前承诺的 11 亿美元的公路基金。内阁司法部部长声称：公路信托基金与普通拨款没什么两样，总统有权利扣留。但国会不这样认为，当时的参议院商务委员会主席陈述道：这些基金存放在财政部是为了保持信用，从某种意义上说它们不是政府的基金，而是人民的基金。

尼克松执政时期，关于扣留的论战进一步升级。1972 年，作为向国会争取财政权力活动的一部分，尼克松撤销了 25 亿美元的公路基金。一些民主党参议员被尼克松的行为激怒，起草法律文件挑战总统扣留公路基金的权威。美国第八地区巡回法院 1973 年作出裁决，内阁的确违反了法律，国会取得了重大胜利。1974年颁布的《国会预算和扣留控制法案》使扣留的时代终结。

3. 预算控制

在1974年《国会预算和扣留控制法案》立法过程中，没有任何迹象表明国会要削弱公路信托基金的自治性。事实上，国会还有意使公路信托基金不受法案的限制。但新法案的实施无意中提供了一种程序，使拨款委员会能够对信托基金的支出水平进行控制。结果是新法案限制了每年公路建设的投资总额。

（三）燃油税转为一般预算的行为

由于在越南战争中耗费了大量资源，美国联邦政府预算自20世纪70年代开始逐步陷入赤字泥潭，1974年以后情况更加恶化，1974年美国联邦财政赤字为61.35亿美元，占当年GDP的0.4%，1984年就达1853.67亿美元，占当年GDP的4.8%。为了控制巨额财政赤字，国会在1985年制定了《平衡预算和赤字控制法》，仍然未能有效控制联邦赤字的增加。

为了应对不断增长的联邦赤字，1990年11月布什总统签署了《预算综合调整法》（*the Omnibus Budget Reconciliation Act of* 1990），首次改变了专项税收原则，将增加的5美分燃油税中的一半纳入了财政一般预算，用于削减财政赤字。1993年克林顿就任总统，更为彻底地打破了过去的惯例，把4.3美分的燃油税增加收入全部纳入了财政一般预算，用于削减财政赤字。4年后经济好转，1997年立法将这4.3美分划回给公路信托基金。

此外，1990年的《预算执行法案》（*Budget Enforcement Act*）对公路信托基金的完整性产生了更大的破坏。该法案把联邦预算分成了两部分：自主支出（由年度支出上限控制）和法定支出和收入（由分期付款规则控制）。公路信托基金的支出属于自主支出，因此受到支出上限的限制，而其收入则由分期付款规则控制。

（四）国会的关键保护作用

美国国会保护公路信托基金以避免行政挪用的能力与其他国家中专用的道路基金的经历形成了鲜明的对比：在法国1952年也建立了一个专用的公路基金——道路投资准用基金，接受一部分汽油税。但强大的财政部很快就将它的收入用于其他项目。

英国1909年建立了道路基金接收“被抵押的”燃油和机动车辆税。但此后的财政部部长们不断挪用该项基金，财政大臣Winston Churchill抨击这种把公路使用者和政府绑在一起的主张，认为显然是“荒谬的”。汽车使用者组织和议会成员激烈反对这些举措，但财政部对财政力量的垄断使他们无法采取有力行动。英国道路基金最终被废除。

总之，行政部门总是试图挪用专用的公路基金而立法机关力求阻止他们，这是再寻常不过的事了。对美国公路信托基金而言，不同之处在于立法机关有能力保护基金的基本结构。

三、信托基金制度的完善

（一）冰茶法案ISTEA

20世纪90年代初，州际公路建设基本完成。在公路信托基金的存废上曾引发激烈的争议。后来，由于庞大的公路养护与公路安全需要进一步改善，1991年国会批准了《陆路多式联运效率法案》（ISTEA），将公路信托基金继续保留下来，并被赋予新的用途与使命：由原先的主要投向于公路建设，逐步转变为公路建设与养护、安全条件改善、支持陆路运输发展等领域。

（二）续茶法案TEA-21

1995年国会批准《国家公路系统设计法案》，规划了包括州际公路在内的25.9万公里公路作为“国家公路系统”，并由联邦资助。1998年美国高速公路里程已达88727公里，约占全国公路总里程的1.4%。1998年6月国会批准的《21世纪运输衡平法案》（TEA-21）提出：不仅要在公路、桥梁方面进行投资，还将在公共运输系统、联合运输和智能运输系统等先进技术领域投资。

以上两部法案使公路信托基金得以延续，法案内容也从投资公路建设，转向重视资金使用绩效，强化更加安全、减少拥堵、提高交通可靠性等更加丰富的发展内涵。

（三）露茶法案 SAFETEA－LU

2005 年布什总统签署《安全、可靠、灵活、高效的运输衡平法案：留给使用者的财产》（SAFETEA－LU）。与之前相比，公路信托基金在运作目标上有了新的变化：提供充足的公路养护管理资金，确保公路系统保持良好的服务水平；充分重视对公路交通安全的改善。

（四）MAP－21

2012 年奥巴马总统签署了《在 21 世纪中前进法案》（MAP－21）。MAP－21 不仅提出了交通发展所需资金，更重要地是为联邦投资公路建立了国家绩效目标：安全、基础设施条件改善、拥挤减少、系统可靠性、货物运输与经济活力、环境可持续性、减少项目交付的延误等。

四、信托基金收支情况

（一）主要税源

公路信托基金设立之初，收入来源被定位在公路使用者税领域，主要包括：燃油税、轮胎税、内胎税、胎面胶税、卡车拖车税、重车使用税等。此后，相关税种、税率作了一些局部调整。当前计入公路信托基金的税收主要包括：燃油税、轮胎税、卡车拖车税以及重车使用税。公路信托基金成立后，其筹资能力在不断扩大。2018 财年，公路信托基金总收入达 434.5 亿美元，是 1957 年设立初的 28.6 倍，其中燃油税收入占比超过 80%，为公路信托资金的主要资金来源。

从账户构成看，公路信托基金由公路账户和公共交通账户两个账户构成（见表 4－1），其中公路账户收入 379.3 亿美元，公共交通账户收入 55.2 亿美元，分别占比 87.3% 和 12.7%。

表 4－1　　　　2018 财年公路信托基金账户资金情况

账户名称	金额（亿美元）	相比上一财年变化
一、公路账户		
（一）期初余额	414.43	－19.4%

续表

账户名称	金额（亿美元）	相比上一财年变化
（二）收入	379.28	5.0%
1. 税收收入	372.65	4.4%
2. 利息收入	5.43	93.0%
3. 其他收入	1.20	-6.0%
（三）转移		
1. 转给公共交通账户	17.00	44.7%
2. 从公共交通账户转入	0.66	28.4%
（四）费用支出	451.32	0.3%
（五）期末余额	326.05	-21.3%
二、公共交通账户		
（一）期初余额	148.50	-16.5%
（二）收入	55.25	2.5%
1. 税收收入	53.22	0.7%
2. 利息收入	2.03	99.0%
3. 其他收入	—	0
（三）转移		
1. 转给公路账户	0.66	28.4%
2. 从公路账户转入	17.00	44.7%
（四）费用支出	101.07	7.0%
（五）期末余额	119.02	-19.9%

注：2018 财年具体包括 2017 年 10 月至 2018 年 9 月。

（二）支出用途

公路信托基金主要投资州际公路和国家公路系统，并通过国会批准的联邦投资计划来实现。公路信托基金的支出由公路预算授权决定，大多采取“合约授权”的方式。信托基金的年度支出很大程度上取决于年度对“合约授权”的支出限额，支出限额通常在拨款法案中确定。公路信托基金公路账户资金投资公路和多式联运项目，具体包括公路项目、公路安全项目和运输安全项目三大类，并且主要投资公路项目。

2018 财年，公路信托基金共计支出 552.4 亿美元，其中公路账户支出

451.3 亿美元，公共交通账户支出 101.1 亿美元，占比分别为 81.7% 和 18.3%。

五、联邦资助公路项目管理及监督

（一）联邦资助公路项目的特点

公路信托基金资助项目（FAHP）的范围和联邦出资情况，随着时代变迁和公路发展的不同阶段，均在不断变化。1916 年美国国会批准的《联邦资助公路法案》，主要资助农村邮政公路建设。1921—1956 年的 30 多年间，联邦主要资助州际、县际和城市公路建设。1956 年以后，联邦主要资助的对象转移到州际公路建设上。到 20 世纪 90 年代后，随着州际公路建设的基本完成，联邦资助又转向了州际公路、国家公路系统以及多式联运项目的建设、改善和提升等领域。

此外，联邦出资比例也在不断发生变化。1952 年批准的《联邦资助公路法案》规定，联邦出资 50%。1954 年的《联邦资助公路法案》规定，联邦出资 60%。1956 年的《联邦资助公路法案》规定，联邦对州际公路建设的出资为 90%。目前，联邦的出资比例通常为 80%（州际公路为 90%）。

从以上分析可看出：联邦资助公路项目（FAHP）中的绝大部分，其所有权和行政管理权归属于州和地方，联邦只是承担财政事权（支出责任）。经过百年的发展和实践，联邦资助公路项目（FAHP）逐步形成了三个主要特征：一是联邦负责出资，州和地方负责执行；二是联邦并不全部出资（目前联邦出资 80%，其中：州际公路项目出资 90%），需要州和地方配套资金；三是联邦资金全部用于建设支出，州和地方负责管理机构运行支出和项目日常维护支出。

（二）联邦资助公路项目的管理

美国法律规定，联邦资助公路项目（FAHP）的管理职责，由联邦交通运输部履行。联邦交通运输部根据法律规定，将其承担的管理职责授权联邦公路局具体履行。实践中，联邦公路局主要履行资助项目的决策权和全面监督权，部分职责由联邦公路局委托州交通厅代为履行，但联邦公路局承担管理的最终责任。同时美国法律规定，联邦公路局不得将决策权委托给州交通厅。即联邦资助公路项目（FAHP）的管理职责，由联邦公路局和州交通厅共同承担。

在联邦资助公路项目（FAHP）的管理中，审批权和监督权是核心职责。在这两项核心的职责中（特别是审批权），如何界定委托州交通厅的职责范围，经历了一个漫长的演变过程。在最近的法律修订中，美国国会认识到：将更多的工程领域的审批权委托给州交通厅承担是必要的；同时，不断强化联邦公路局的监督职责也非常重要。

最新修订的《美国法典第23卷：公路篇》规定，联邦公路局可委托州交通厅承担部分工程领域的审批职责，具体包括：设计，计划、规范和概算（PS&E），合同签订、检查验收等领域6项审批职责。对于不涉及审批的事项，联邦公路局可委托州交通厅代表其组织开展工作、执行其决策部署。

同时，为避免混乱和出现潜在法律问题，《美国法典第23卷：公路篇》要求，联邦公路局和各州交通厅之间要签订委托协议，明确双方的职责范围，并要求制订一份明晰的责任清单。

为了指导和规范委托协议签订行为，2014年3月联邦公路局制定了：《委托协议签订指南》（*Federal – Aid Highway Program Stewardship and Oversight Agreement Guidance*），《委托协议范本》（*Stewardship and Oversight Agreement Template*）和《责任清单范本》（*Project Action Responsibility Matrix*）。2015年3月至6月，联邦公路局与各州交通厅重新签订了联邦资助公路项目（FAHP）的委托协议，并制定了翔实而又明晰的责任清单。

（三）联邦资助公路项目的监督

1. 联邦公路局的监督职责

联邦公路局全面履行资助项目（FAHP）的监督职责，对联邦资金使用管理的有效性和合规性负最终责任，对项目运行负最终责任。任何法律都不能免除其监督职责，联邦公路局有权对全国所有资助公路项目，随时介入和全面开展调查。具体监督内容和措施包括以下5个方面。

（1）项目监督。开展项目评估和审查，评估和审查项目管理程序和管理措施的合规性，旨在识别项目风险、查找问题。其中，项目审查是一项重要的监督措施，通常也包括财务方面的审查。

（2）财务监督。通常采用一个叫“财务完整性审查和评估（FIRE）”的计划、内部审计和专项审计等方式，审查财务管理和内控体系的完整性、资金使用的合规性，旨在避免资金浪费、滥用和欺诈行为。

（3）工程监督。通常采用一个叫“工程合规性评估（CAP）”的计划、工程检查等方式，对州交通厅采用的工程管理体系进行（年度）审查（从立项到竣工的各个阶段），对工程管理和实施的合规性进行审查，确保工程管理和实施的有效性。此外，联邦公路局要对工程造价、工程承包以及建设成本节约等情况进行定期评估。

（4）风险管理。采用风险管理体系，识别和化解（项目、财务、工程）管理中的潜在风险。

（5）对州交通厅履职情况的评估。通常从项目管理、财务管理和工程管理等多领域进行评估。

2. 州交通厅的监督职责和报告制度

州交通厅主要对辖区内资助项目（FAHP）的工程领域履行监督职责。监督范围：其承担的审批事项和委托地方机构承担的项目。监督内容：工程管理与实施，程序化、事务性工作等。

此外，州交通厅要定期向联邦公路局报告其履职情况，分季度报告和年度报告。报告主要包括：成本、预算、质量控制情况；项目实施风险、进度计划执行情况；竣工项目审计情况；相关政策执行情况。

3. 监督和服务机构设置

为有效履行监督职责和方便服务，联邦公路局在全国各地区设置了驻地办事处、区域办公室和技术服务中心等机构。

（1）驻地办事处。联邦公路局驻地办事处，对州的公路规划、建设和维护等方面实施监督和指导；与州交通厅合作，确保国家公路（桥梁、隧道）的安全和现代化、支撑经济增长和环境可持续发展；开展技术研发，提高公路系统的绩效。

驻地办事处为联邦资助项目（FAHP）的实施，提供最直接的监督和服务，主要包括：规划编制，项目前期工作，技术转让，公路用地、公路安全、交通运行，环境保护，公民权利，设计施工，工程协调等。联邦公路局在全国共设立了52个办事处（其中：50个州各设1个，哥伦比亚特区1个，波多黎各地区 1 个）。每个办事处与州交通厅同处一个城市，通常为州府城市。

此外，联邦公路局与联邦公共交通局共同在费城、纽约、芝加哥和洛杉矶设立了 4 个城市办事处，作为驻地办事处的分支机构，为地方、州和城市的其他联邦机构提供政策指导和信息交流等服务。

（2）区域办公室。联邦公路局核心管理层包括：局长、副局长和行政执行主任。区域办公室是行政执行主任办公室的派出机构，负责对辖区内的驻地办事处实施监督和指导。

目前，联邦公路局在美国的北部、南部、中部和西部地区设置了 4 个区域办公室。其中：北部区域办公室设在巴尔的摩（马里兰州）、南部区域办公室在亚特兰大（佐治亚州首府）、中部区域办公室在马特森（伊利诺伊州）、西部区域办公室在盐湖城（犹他州）。

（3）技术服务中心。联邦公路局在亚特兰大（佐治亚州首府）、巴尔的摩（马里兰州）、莱克伍德（科罗拉多州）、马特森（伊利诺伊州）和旧金山（加州）5 个地区设立了技术服务中心，通过技术支持和培训，为驻地办事处、州交通厅等提供技术服务。

技术服务中心内设 12 个技术服务组：工程建设服务组、环保和征地服务组、岩土工程技术组、桥梁结构技术组、路面材料技术组、水利技术服务组、规划和运输技术组、安全设计服务组、运营管理服务组、财务服务组、空气质量服务组、公民权利服务组。

第二节　日本收费公路债券模式

一、日本收费公路债券发行主体

日本在收费公路发展过程中一直坚持政府主导的管理模式，创建了收费公路法定机构，大体经历了两个发展阶段。

（一）道路公团模式

1956 年，日本制定《日本道路公团法》，由中央政府投资成立日本道路公团。道路公团是以建设和管理收费公路为主要业务的非营利特殊法人（独立行政法人），是执行政府决策和规划的独立运作的机构，受国土交通省领导和监督。为有效筹集和利用民间资金，促进高速公路发展，日本相继成立4个道路公团，日本的国家高速公路网基本都是依托这四家道路公团建成的。

（二）资产持有及债务偿还机构模式

2005年10月，日本对道路公团的建设、管理和收费职能进行企业化改革，按区域设置六家相互独立的国有收费（高速）公路特许运营公司；颁布《日本高速公路资产持有及债务偿还机构法》，成立“日本高速公路资产持有及债务偿还机构”（以下简称“机构”），全面承接四家道路公团的公路资产管理和履行债务偿还职能，实现日本全国收费公路的统贷统还。该机构是公益性的独立行政法人，法定目标是在2050年还清日本所有收费公路债务（包括新建续建所发生的债务）。

二、日本收费公路债券发行规模

2015年10月以来，机构为履行职责，通过发行债券进行融资和偿还债务，至2018年财年末累计发行600次，发行规模共计19050.07亿日元，发行的债券分为政府担保债券和财投机关债券两大类。

（一）政府担保债券

政府担保债券由中央政府担保发行，2015财年至2018财年累计发行380次，发行规模共计15164.36亿日元①，约占机构发行债券总规模的80%。

1. 发行期限

机构发行的政府担保债券包括2年、4年、5年、7年、10年、15年、20年、30年和40年等9种不同的期限（见表4-2）。其中：10年期债券发行规模最大，为10650.31亿日元，占比70.2%；第二是20年期债券，发行规模为2338.60亿日元，占比15.4%；第三是30年期债券，发行规模为924.56亿日元，占比6.1%；40年期及2~7年期债券发行规模较小，分别为157.12亿日元、900.39亿日元，占比分别为1.1%、5.9%。由此可见，机构

① 按照2019年3月22日日元汇率水平进行折算，即100日元=6.0429元人民币，以下同。

发行的政府担保债券期限以10年期和20年期为主，30年及以上、2~7年期限的债券发行规模较小。随着机构债务结构不断好转，资本结构日趋合理，近年来40年期债券所占比例在不断提高。

表4-2　　2005—2018财年政府担保债券期限结构

期限	发行规模（亿日元）	发行规模占比（%）	发行次数（次）
2~7年	900.40	5.9	19
10年	10650.31	70.2	160
15年	193.37	1.3	7
20年	2338.60	15.4	123
30年	924.56	6.1	56
40年	157.12	1.1	15
合计	15164.36	100.0	380

2. 发行规模

机构自2005年成立以来，每一财年都发行一定规模的政府担保债券（见表4-3）。其中：2006—2014财年年度发行规模较大，基本保持在1100亿日元~1500亿日元，这与机构成立后的大范围调整（2005—2008年）、经济危机的影响（2008—2011年）和东日本大地震后的重建（2011—2014年）等有着密不可分的联系。2015年以来，年度发债规模减少，基本保持在600亿日元~800亿日元，充分说明日本收费公路改革取得了阶段性的成果，债务规模不断减少，债务结构日趋合理，运营状况不断改善。

表4-3　　2005—2018财年政府担保债券年度结构

财年	发行规模（亿日元）	发行规模占比（%）	发行次数（次）
2018	681.34	4.5	36
2017	794.64	5.2	36
2016	577.70	3.8	36
2015	755.97	5.0	30
2014	1172.32	7.7	28
2013	1441.84	9.5	27
2012	1381.41	9.1	27
2011	1111.89	7.3	28

续表

财年	发行规模（亿日元）	发行规模占比（%）	发行次数（次）
2010	1244. 84	8. 2	29
2009	1100. 41	7. 3	26
2008	1446. 07	9. 5	22
2007	1500. 45	9. 9	23
2006	1323. 40	8. 7	22
2005	632. 08	4. 3	10
合计	15164. 36	100. 0	380

（二）财投机关债券

财投机关债券采用市场融资模式，受央行全程监督，抵押担保手续完备，市场化程度高，分为国内债券和国外债券两种，2005 财年至 2018 财年累计发行 220 次，发行规模共计 3885. 71 亿日元，约占机构发行债券总规模的 20%。其中，国外债券仅 2009 年在新加坡证券交易所发行过一次，规模为 500 亿日元，期限为 30 年，年利率 2. 85%，与公路资产持有及债务偿还机构发债总量、次数相比，影响较小。

1. 发行期限

机构发行的财投机关债券包括 2 年、4 年、5 年、6 年、10 年、15 年、17 年、20 年、30 年、32 年、35 年、39 年和 40 年等 13 种不同的期限（见表 4 - 4）。其中：10 年期债券发行规模最大，为 1177. 04 亿日元，占比 30. 3%；第二是 40 年期债券，发行规模为 803. 71 亿日元，占比 20. 7%；第三是 20 年期债券，发行规模为 723. 58 亿日元，占比 18. 6%；第四是 2 年期债券，发行规模为 501. 56 亿日元，占比 12. 9%；第五是 30 年期债券，发行规模为 395. 81 亿日元，占比 10. 2%。4 年期、5 年期、6 年期、15 年期、17 年期、32 年期、35 年期、39 年期债券发行规模较小，分别为 163. 16 亿日元、35. 26 亿日元、18. 13 亿日元、36. 26 亿日元、12. 09 亿日元、6. 04 亿日元、6. 04 亿日元和 6. 04 亿日元，占比分别为 4. 2%、0. 9%、0. 5%、0. 9%、0. 3%、0. 2%、0. 2%和 0. 2%。由此可见，机构发行财投机关债券的期限以 2 年期、10 年期、20 年期、30 年期和 40 年期债券为主，其他期限债券发行规模相对较小。

表 4 – 4　　2005—2018 财年财投机关债券期限结构

期限	发行规模（亿日元）	发行规模占比（%）	发行次数（次）
2 年	501.56	12.9	13
4 年	163.16	4.2	9
5 年	36.26	0.9	3
6 年	18.13	0.5	1
10 年	1177.04	30.3	64
15 年	36.26	0.9	5
17 年	12.09	0.3	1
20 年	723.58	18.6	50
30 年	395.81	10.2	30
32 年	6.04	0.2	1
35 年	6.04	0.2	1
39 年	6.04	0.2	1
40 年	803.71	20.6	41
合计	3885.71	100.00	220

2. 发行规模

机构自 2005 年成立以来，每一财年都发行一定规模的财投机关债券（见表 4 – 5）。2005—2013 财年年度发行规模均超过 310 亿日元，2014—2017 财年年度发行规模较少，基本保持在 80 亿日元 ~ 300 亿日元之间。

表 4 – 5　　2005—2018 财年财投机关债券年度结构

财年	发行规模（亿日元）	发行规模占比（%）	发行次数（次）
2018	183.34	4.7	24
2017	213.92	5.5	19
2016	80.86	3.3	8
2015	120.86	3.1	20
2014	287.04	7.4	27
2013	344.45	8.9	20
2012	356.53	9.2	20
2011	314.23	8.1	16
2010	356.53	9.2	9
2009	318.94	8.2	12

续表

财年	发行规模（亿日元）	发行规模占比（%）	发行次数（次）
2008	356.53	9.2	13
2007	368.62	9.5	14
2006	320.27	8.2	12
2005	142.01	3.7	6
合计	3885.71	100.0	220

三、日本收费公路债券发行利率

政府担保债券的年利率为 0.608%，财投机关债券的年利率为 0.445%（2009 年发行的国外债务利率较高，为 2.85%），并根据市场情况有所调整。债券到期一次性还本付息。其中：利息计算采用半年复利模式，对投资方起到了一定的补偿作用，但与较长的发行期限相比，利率水平仍然很低。低利率的主要原因如下。

（一）债券信誉高

中央政府直接担保，采用的还款模式、发行规模等在日本都是独一无二的。即使发生自然灾害等意外情况，政府仍会给予支持，即由政府兜底（日本《机构法》中有相应的法律条款）。

（二）等同于国债

机构发行债券的模式设定等方面均与国债相同，充分体现了国家意志，可视同为国债。

（三）低风险

高速公路收入由国家统一调控、调配，并不断增长，机构和特许运营公司的运营风险较小。

（四）手续完善

发债手续完全依法合规，日本银行关于发行类似相关债券的担保条件等规定都经过充分论证并严格执行，极大地降低了债券风险。

（五）高速公路运营状况不断改善

伴随着六大特许运营公司经营效率提高，机构的债务置换等措施的效果不断凸显，还款压力逐步减轻，日本高速公路的资本运营体系向好的方向发展。

四、日本收费公路债券资金用途

机构发行债券募集资金主要用于以下用途。

（1）新建高速公路。

（2）整修、翻新现有高速公路。

（3）偿还现有债务。截至 2018 年 3 月，机构剩余的有息债务规模从 2005 年的 2.26 万亿日元减少至 1.65 万亿日元，减少 0.61 万亿日元，减幅达 27%，由此可见，机构通过发行债券置换存量债务，优化了债务结构，有效控制了债务风险。

第三节 政府和社会资本合作模式

一、美国 PPP 模式应用

社会资本在美国公路项目上一直都有举足轻重的作用，自 19 世纪到 20 世纪上叶，在收费交通基础设施的建设、营运等方面社会资本方一直都参与其中，并承担了大部分的工作。在 20 世纪末，为了鼓励社会民间资本对公路建设的投入，联邦政府出台了《国家高速公路法》，支持各州设立州基础设施银行以支持公路 PPP 的发展。1998 年，联邦政府颁布《交通基础设施融资和创新法案》，规定社会私人资本方可以向交通运输部申请贷款担保，担保额上限为该项目成本的 33%，这极大地促进了民间资本投入。2005 年，联邦政府出台《安全、可靠、灵活、高效的运输公平法案：留给使用者的财产》，支持以发行债券的形式为 PPP 项目融资，上限是 150 亿美元，同时该法案重新支持高速公路的收费制度，用于新建公路或者现存公路的维护等工作。

2014 年，联邦公路管理局出台《收费公路 PPP 模式特许经营同核心指南》，详细规定了各州如何开展 PPP 模式的运营。2015 年，奥巴马政府为保障 PPP 模式的更好发展提出了“高资质公共基础设施债券”，对原有公共活动债券 PABs 的限制进行了拓宽（包括发行上限、到期日、利率和最大替代限额方面的限制），同时新债券的融资范围扩展到公路运输、机场港口等项目。

美国各州在 PPP 立法和管理机制上也在不断创新。以得克萨斯州的立法创新为例，2003 年，得克萨斯州众议院颁布法案，提出一些新的措施促进交通运输项目尤其是 PPP 项目的发展，具体包括：一是成立区域移动局，为一个或几个郡（县）通过跨区域方式来满足交通运输需求。二是扩大州政府公路收费的权限。得克萨斯州的立法提供了更为广泛的收费权。支持通行费收入和政府资金一起共同融资用于公私合作的收费公路项目，允许签订通行费协议（影子收费）。这意味着地方政府部门或私人部门可以利用自有资金对公路进行改善，州政府根据使用公路的车辆数量给予偿还。三是签订综合开发协议，法律还许使用综合开发协议采用“设计—建造”（Design - Build，DB）模式建设公路，综合开发协议包括项目设计、建设、融资、土地征用、公路运营和养护。

在美国 PPP 模式实际的应用过程中，社会私人资本方在其中起到了巨大的作用。以弗吉尼亚州斯塔福德县的 I - 95 快速车道为例，该项目的发起人和借款人都是弗吉尼亚交通部。该项目的“设计—建造”合同于 2018 年秋季授予，采用“设计—建造—财务—运营—维护（DBFOM）通行费特许权（68 年）”的合同方式，成本包括开发和建设、融资、储备账户和应急费用 4.87 亿美元，以及 2.77 亿美元的许可费买断付款和 6590 万美元的额外付款给 VDOT，用于分享“设计—建造”和开发成本节约，共计 8.299 亿美元。其资金来源为私人活动债券（PAB）2.77 亿美元（2.62 亿美元本金加上原始发行溢价）和私募股权出资高达 5.529 亿美元，私人资本占据了全部的资金来源。

结合国内 PPP 模式在交通领域的发展历史和现状，以及美国社会资本在交通领域的应用发展，得出以下经验启示：一是完善 PPP 领域的相关法律，明确法律主体的权利义务，确立风险分担机制，确立非竞争性条款，推动 PPP 项目公开透明，保障社会私人资本方的利益，加强 PPP 模式合同履约管理，确立纠纷解决机制等；二是平等对待各类市场主体，充分“撬动”社会资本参与项目“全生命周期”，并根据实际情况调整项目中社会资本投入比例；三是可由私人承担对公益性交通基础设施的管理和维护，并根据道路的使用情况提供补偿；四是加强不同区域间的交通管理机构合作，加快落实财政事权划分和支出责任划分。

二、法国特许经营制度

法国的高速公路，城内部分免费、城际部分收费，经济落后地区的高速公路免费。在高速公路收费问题上，法国按照“谁使用，谁缴费”的原则，实施分段计价收费。法国收费高速公路属于国家，由国家按固定期限承包给独立公司（特许经营公司）负责融资、建设、维护和运营，并由国家收取车辆通行费。截至2014年底，法国境内的高速公路中90%为实施特许经营的收费公路。

（一）法国特许经营的产生与演变

1. 起步阶段

为满足高速公路建设需要，法国于1955年颁布了旨在建立收费公路体制的《高速公路法》。该法规定，可将高速公路特许经营权授予一些“半公半私”的混合型经济公司，由这些公司通过长期借贷方式筹资建设高速公路，国家采用有偿预付款、保证金和合作经营等方式给予支持，特许经营公司收取通行费用以偿还贷款和预付款。该法规定，在特许经营公司建立之初，政府机构必须持有公司多数股份。因此，国营是这一时期高速公路特许经营制度的主要特征。

1955—1963年，政府向5家公司授予了高速公路特许经营权。这些公司均为混合型经济公司，资本不多，并归地方政府所有，主要由高速公路项目所在地区的合作经营企业、当地公共机构和储蓄与委托银行集团组成。公司的作用只限于收取通行费和财务管理，公路建设和养护实际仍由国家负责。1955—1970年，法国共修建了约1000公里的高速公路，使高速公路总里程达1125公里。

2. 发展阶段

1969年底，法国对1955年的《高速公路法》进行了修订。规定政府可向任何被授予高速公路特许经营权的公司提供担保。法律修订的目的是吸引更多私人资本，加快高速公路建设。这次法律修订的主要变化是：在建设和管理高速公路方面给予特许经营公司以真正的权力，各公司都建立了自己的经营管理机构，有了自己的施工队伍。国家专门负责高速公路建设的规划，项目确定后由特许经营公司负责执行前期工作、工程施工、运营管理和养护。

在这种政策环境下，4家私人资本的高速公路公司成立：科菲集团、罗纳-阿尔卑斯高速公路公司、巴黎东洛林高速公路公司和巴斯克海岸高速公路公司。

3. 成熟阶段

特许经营制度在很大程度上改变了法国高速公路发展落后的面貌，但特许经营公司也背负了巨额债务。同时，众多分散的特许经营公司，因受建设成本成倍增长、运营管理费用不断攀升、交通量增速下降和收费标准实际下降等因素影响，其财务状况不断恶化，而且越是新建项目的特许经营公司，其财务状况的恶化越严重。

为此，法国于1982年决定改革特许经营制度。改革措施包括：一是收购亏损的私营特许经营公司的股权，将其转为半国有公司，即利用国家担保解除其财务危机。原来的私营公司中，只有科菲集团由于财务状况较好仍得以保全私营性质。二是建立一个公共组织即法国高速公路管理机构，由它统一持有各个半国有性质的特许经营公司的国有股权，以实现资金在公司间调配。三是逐步推行全国统一的收费标准。

这次改革，转变了法国政府的高速公路管理理念，即从重视单一高速公路项目的赢利能力，转变到重视一家特许经营公司所有项目的财务平衡，并最终转变到重视整体高速公路特许经营事业的综合平衡。

目前，法国的高速公路特许经营公司，分为半国有性质的混合型公司和私有性质的公司两类，它们在特许经营制度框架下筹集资金，建设养护和经营高速公路网。

（二）法国特许经营项目投资管理

资金来源。法国在高速公路建设管理上，实行特许经营制度。法国的高速公路建设，主要由特许经营公司负责，通过收取车辆通行费来建设和运营高速公路。特许经营高速公路项目建设的资金来源，主要有四种方式：一是发行长期建设债券；二是借贷集资；三是政府补助资金，但比例不大；四是私人资本。

管理机构。在法国中央政府中，法国公共工程、运输和旅游部，经济、财政和预算部，规划和区域发展部三个部门负责管理特许经营高速公路，作为授予特许经营权的机构履行以下职责：制订建设计划；执行前期工程和制定整体技术框架；依照特许经营法律，对特许经营公司进行全面监督，特别是前期工作、批准收费费率和服务水平的监督。

在特许经营制度下，国家对高速公路项目拥有管理和调控职能。法国公共工程、运输和旅游部下设的公路与公路交通局为执行机构，其主要职责包括：一是代表政府与特许经营公司签订高速公路特许经营合同；二是制定相关法规、制度、标准和规范；三是制订高速公路规划；四是审批初步设计；五是监督工程质量和运营服务水平；六是制定收费政策和标准，监督审计经营情况；七是任命特许经营公司董事长；八是协调建设贷款、给予贷款担保和补助建设资金。

在特许经营制度下，高速公路建设资金依然纳入国家计划管理。法国经济、财政和预算部下设的经济与社会发展基金委员会，对高速公路项目的财务收支状况进行研究和分析预测，旨在确定项目贷款规模。

第四节　车辆里程税探索实践

一、传统道路筹资机制及其面临的困境

长期以来，各国在公路基础设施建设和养护的资金筹集上，普遍采取的是遵循“受益原则”，对机动车和燃料征税并专款专用于道路建设和养护的机制。例如美国联邦政府于 1956 年设立了公路信托基金，将四项专门税收，

联邦汽车燃油消费税、卡车购置税、轮胎消费税和年度重型车辆使用税的资金集中用于高速公路、桥梁等公共设施的建设和维护。各州更是从1919年起就陆续开征燃油消费税，很多州也对车辆征收注册费，这些收入都专项用于本州的公路基础建设和维护。日本从1953年开始对公路建设实行特定税源制度，相继将汽油税、汽车质量税、汽车购置税等税收作为公路发展的专门税源，其中：汽油税100%用于国家财政道路专用资金；汽车质量税收入的3/4作为国家财政道路专用资金，剩余的1/4作为地方财政道路专用资金；道府县征收的汽车购置税则部分由道府县自身用于道路建设，部分转交给市町村用作道路费用的财源；道府县征收的轻油获得税属于道府县用作有关公路的费用，以及对公路法规定的指定市划拨用作有关公路费用的专门财源。加拿大各省（地区）对燃料消费税实行专款专用。2010年，魁北克省建立了道路和公共交通基础设施基金，来源主要包括大部分的燃料税收、司机的执照和交通登记费；在《天然气税责任法案》下，马尼托巴省将所有省级公路天然气和柴油税收入用于省级公路、高速公路和交通系统，将所有联邦燃料税的新的分享部分用于市政道路、高速公路和基础设施。不列颠哥伦比亚特别立法规定，与直辖市共享汽油和动机燃油税。根据大不列颠哥伦比亚运输管理局法案，许可性立法允许市级的汽油税用于城市交通融资。在温哥华地区的运输服务方面，大不列颠哥伦比亚省投入15分/升用于资助运输联线在道路和桥梁的维护以及公共交通的运营。在维多利亚区域交通服务区，大不列颠哥伦比亚省投入3.5分/升用于公共交通。在全省范围内，大不列颠哥伦比亚投入3.5分/升用于大不列颠哥伦比亚交通融资管理局对重大交通项目的资助。在很长一个时期内，以使用税为公路建设筹资的机制运行得很顺畅，但随着时间的推移，各国的这一筹资机制也都面临着收入不足的困境，且问题越来越严重。困境主要来自两个方面。

首先，燃油消费税的税制设计没有充分考虑通货膨胀率的影响，导致其收入增长落后于基础设施支出需求。各国在燃油消费税的征收上实施的都是从量定额计征的方式，税收无法自动与油价上涨挂钩，导致其实际购买力不断下降。要实现税收的增长与支出需要的匹配，只能采取提高单位税额的做法，由于政治阻力的原因，这一做法在各国普遍难以推行。美国联邦燃油消费税自1993年以来已经没有调整过。自2008年以来，联邦公路信托基金已经入不敷出，2019 年该基金的支出为 456 亿美元，而税收和利息收入仅为 389 亿美元。国会预算办公室预测，到 2022 年该基金余额将降至零，且未来 10 年的收支总缺口将达 1950 亿美元。据测算，如果要完全消除自 1993 年以来通货膨胀的影响，2021 年的燃油消费税税率需要提高将近 100%。美国各州同样面临这一问题，虽然各州情况不同，且大多数州在近 10 年内都不同程度提高了本州的燃油消费税税率，如宾夕法尼亚州于 2014 年将本州汽油消费税的税率提高到全美国最高的 58.7 美分/加仑，但该州交通运输部门的预算缺口仍在不断扩大。与美国类似，日本最后一次提高汽油税税率也是在 1993 年，此后提高汽油税税率的提案一直遭到各方的坚决反对。相比之下，欧洲各国提高燃油消费税的做法更为普遍，但近些年来也遭受着普遍性的民众反对和政治抵制。例如英国在 20 世纪 90 年代仍采取指数化调整的方式，每年将燃油消费税提高 5%，但很快就取消了这一政策。法国于 2018 年提高燃油税，最终引发“黄马甲”抗议运动，严重冲击了经济发展和社会安全，最后法国政府被迫取消加税计划。总的来看，在多重压力下，定期提高燃油税税率的做法难以推行，从而导致了燃油税难以消除通货膨胀的影响，实际购买力在不断下降。

其次，从长期来看，燃油消费税的税基也在不断萎缩。随着各国电动车和节能车辆的逐渐普及，燃油消耗量也在逐步下降，从而消除了道路使用和燃油消耗之间的关联性，破坏了燃油税作为普通公路主要资金来源机制的可持续性。特别是各国为履行巴黎气候协定公约中的碳减排目标，纷纷公布了碳达峰和碳中和的时间节点，在汽车领域也制定了相应的零碳排放的目标和时间节点，这实际上就意味着停售燃油车，全面普及电动车的目标。例如 2016 年 4 月和 5 月，荷兰、挪威两国相继宣布将在 2025 年全面禁止传统燃油车的销售；2016 年 10 月，德国通过 2030 年停售燃油车的提案；2017 年 7 月，英国和法国也宣布将于 2040 年全面停售燃油车；2020 年 11 月 18 日，英国政府正式公布了“绿色工业革命十点计划”，其中提出将在 2030 年前停止销售汽油和柴油新车；2021 年 8 月 7 日，美国通过总统行政命令，计划在 2030 年实现当年新车销售中零排放汽车（包括纯电动汽车、插电式混合动力汽车和燃料电池汽车）占比达到 50% 的目标；欧盟基于《欧洲气候法》提出的减排目标（到 2030 年将温室气体净排放量在 1990 年水平上减少至少

55%），要求自2035年起在欧洲销售的新车应实现零排放目标，也就是停售燃油车。

里程税的优势。美国经济学家认为，距离收费是一种更高级别形式的使用者付费。虽然燃油税经常被认为是一种使用者付费，但燃油税更容易被理解为使用者付费的代理，因为燃油税并不直接对应着基础设施消费的数量（里程）。基于里程收费有两个特别的优点：一是所有的道路使用者都必须付费，而目前采用电池、燃料电池或其他替代技术作为动力的车辆能够使用公路但并未缴纳燃油税。二是这种机制更能够反映出使用基础设施特定路段更充分的成本支出，例如对城市公路等繁忙路段可以设置较高的收费标准。收费标准可以随着时段、路况水平，或者反映一些路段拥堵状况其他措施，给予驾驶员一些价格信息，鼓励他们改变出行方式以避免拥堵或错过高峰时段，甚至可以减少对新建或改扩建公路的需求。美国国会金融委员会认为，从长远来看，联邦政府为公路交通项目提供资金最切实可行的方式，是更为直接的基于行驶里程（可能考虑的其他因素如每天的时段、公路类型、车重和车辆节能情况）的使用者付费制度，这种制度比间接地采用燃油消耗的收费更有效率。联邦基于车辆行驶里程的收费，可以为公路信托基金提供收入，或者替代燃油税，或者与燃油税并行。经济委员会认为，基于里程的使用者付费制度，能够也应该用这种方式进行设计，制度要保护使用者的隐私和公民自由。合并交叉的收费，比如能够使路网更加受益，实现社会公平的目标，并不会妨碍各州之间的商议，并支持减少碳排放目标，更为重要的是这种价格机制的广泛使用，包括收费税率的制定，能够更有效地刺激对路网的使用。通过减少一天里拥堵时段转移到另一个模式，反过来也能够更有效地促进投资。

二、加利福尼亚州公路里程税试点情况

基于里程的付费在美国交通运输行业已经有很长的历史，有些州采取了对大卡车收取重量和距离费，也包括行驶的距离。2021年3月26日，美国交通部长皮特·布蒂吉格在接受采访时表示，白宫方面正在权衡，不排除会通过征收车辆里程税作为拜登推出的美元基建计划资金来源。目前美国的里程税进程尚停留在试点阶段，其试点包括俄勒冈、加利福尼亚、内华达、肯

塔基、马萨诸塞等州。

在加利福尼亚州，燃油税的征收负担了维护和运营加州交通网络所需的大部分费用。但是由于汽车燃油效率的逐步提升以及电动车的消费模式转型，加州面临税收不足以维持2.5万亿美元经济活动的挑战。在继续依赖燃油税的税收模式背景下，推进政策促使车辆提高燃料效率、促进车辆里程减少的趋势使燃油税可持续收入模式的长期可行性得到质疑。

加州交通局于2016年7月正式启动道路收费试点工作。根据交通委员会的建议，道路收费试点计划包括了5000辆志愿者车辆，并在此基础上对他们进行培训，志愿者车辆将报告行驶里程，支付模拟道路费，以及对整个试点计划提供反馈意见。

参加试点的车辆来自加州各方面，包括各种客运车辆、机构和商业车队，以及首次参加的商业卡车车队。为了收集大量有效的观点，试点项目寻求尽可能全面代表加州不同的人口、地理和社会经济，包括来自不同地区（农村/城市/郊区）、收入水平、种族和民族、性别的参加者。加州交通局从超过10000辆车的志愿者库中邀请5000辆车的志愿者加入试点。

2016年6月，志愿者被邀请成为试点参与者，提供了充足的时间完成志愿者到参与者的转换过程，包括选择客户经理、选择里程报告方法和设置在线账户。www. CaliforniaRoadChargePilot. com上提供了可供选择的比较，并提供了一个直接链接到账户管理门户网站，参与者可以在那里建立自己的在线账户。

（一）账户管理

根据交通委员会的建议，在部署道路收费试点计划时，为参与驾驶员提供了商业客户经理的选择。商业客户经理（CAM）被雇用来管理试点参与者的账户，收集行驶里程数据，生成和开具模拟发票。此外，还使用了一个州级账户管理器（CalSAM）来模拟一个州级的道路收费功能。

从政府和参与者的角度来看，道路收费账户管理与其他在线零售或公用事业账户服务没有什么不同。CAMs和CalSAM的特点是由一个安全的网络门户来显示信息，如路费和付款。CAMs还为一些参与者提供增值服务，如智能手机应用程序、行程记录、车辆健康和电池监测、司机安全评价和碳排放。

（二）里程的报告方法和数据收集

建立道路使用收费机制的基础，是每个司机报告在指定期间的道路使用量（或行驶里程）。试点项目提供了一系列的里程报告选项，从传统申报（不需要报告任何个人信息）到高科技申报（有或没有基于位置的服务）。这些报告选项被分为两大类：手动和自动，并为自动方法提供额外的技术选择。

1. 人工报告选项

（1）时间许可证：参与者预先支付固定时间内的不限量驾驶。

（2）里程许可证：参与者预先支付固定的里程数。

（3）仪表盘收费：参与者定期报告行驶的里程数，并支付自上次里程表报告以来所行驶的里程数的费用。

2. 自动报告选项

（1）无地点的自动报告：参与者利用没有位置确定技术的选项，如 GPS。

（2）具有一般位置的自动报告：参与者避免为不收费的旅行支付路费，如在州外行驶，或在私人道路上行驶。这些方法包含位置确定技术，但只通过一个被称为地图匹配的过程报告一般的位置，一旦系统能够准确地将旅行归类为可收费或不可收费，就会删除精确的位置信息。

（三）自动报告运用的技术

如上所述，自动报告的方法提供了各种报告技术。技术咨询委员会（TAC）建议测试的选项包括：具有或不具有定位服务的车载诊断（OBD－Ⅱ）插件设备、具有或不具有定位意识的智能手机应用程序、车载远程信息处理技术（在车辆中内置测量和报告技术），以及专门为重型商用卡车设计的电子记录仪。

1. 插件设备

插件设备是一种插入车辆数据端口的电子设备，更正式的名称是车载诊断（OBD－Ⅱ）端口。它使用无线技术将里程信息传输给客户经理。这种插入式设备通常为司机提供一系列具有增值服务的附加功能，如记录出行记录。

2. 没有位置功能的智能手机

该试点部署了智能手机应用程序，通过司机每月提交一次的车辆里程表图像来衡量里程，其中包括一系列安全功能，使欺诈行为很容易被发现。

3. 配有一般位置的智能手机

这是一个通过专有算法来测量里程的应用程序，该算法使用可用的数据（GPS 定位数据、Wi－Fi 信号和其他数据）来确定司机何时驾驶车辆，使用位置数据来测量行驶里程。作为该算法的备份，驾驶员要求参与者每月在智能手机应用程序中提交一次里程表图像。

4. 车载远程信息处理

该处理将技术集成到车辆中。这一选项允许将一系列车辆数据传输到该汽车制造商运营的基于互联网的系统，如福特的 Sync 或通用的 OnStar。

5. 商用车里程表

这是一种安装在商业卡车上的设备，用于测量行驶距离，以支付道路费用。这些装置为商用车辆车队的经营者提供一系列服务，例如车队监控。

（四）隐私保护

在 SB1077 法案隐私要求的基础上，TAC 制定了额外的隐私规定，三种不同的保护隐私方法：治理、问责制和隐私保护条款。

（1）治理方法是一种整体方法，依赖于应用高级隐私保护原则来管理整个道路收费项目生命周期的所有决策：设计、实施、运营、独立评估、关闭和报告试点项目活动。

（2）问责制方法要求一名独立评估人员根据一套具体的隐私保护标准，评估道路收费试点项目的表现，类似于绩效审计。

（3）隐私保护条款方法主要通过示范隐私保护条款来设计、实施和运营道路收费试点项目。

为推行这项试验计划，TAC 已将所有有关隐私的建议纳入一份道路收费隐私政策文件内，并在报名前与所有志愿者分享。道路收费隐私政策明确规定，参与者的人口统计信息只用于试点目的，这有助于决策者更好地理解道路收费如何根据不同的地方以不同的方式影响人们的出行。

（五）数据安全

在这个数字时代，加州人希望他们的数据是安全的，尤其是在政府项目中。然而，维护个人身份信息和数据的安全仍然是一个挑战。维护系统安全以保护个人数据和信息，需要根据国际最佳做法设计和管理数据安全。试点根据金融行业网上交易的行业标准，采取了具体的数据安全措施，包括数据访问的认证和授权、数据修改通知、数据屏蔽、加密和存储、数据传输、ISO网络安全要求和数据的破坏。为了向参与者提供额外的保障，TAC 建议由第三方专家完成对所有参与试验数据收集的实体的安全验证。这种独立的安全性验证确保了客户经理和里程报告供应商拥有安全的系统，降低了任何数据泄漏的可能性。

（六）试验过程

参与里程税试点后，在选择了账户经理、里程报告方法后，参与者开始驾驶。客户经理通过安全的无线网络收集里程和燃料消耗。手动方式则是定期读数。每月模拟发票的生成，根据报告的行驶里程，提供在道路收费系统中所支付的费用与估计的燃油税支出进行比较。此后，每个参与者通过在线钱包提交了一份模拟的道路收费支付。

（七）独立评估

根据 TAC 的建议，聘请了一名第三方独立评估员，根据 TAC 制定的标准评估试验项目的表现。独立评估者的任务是测量试验期间收集的数据，收集试验参与者的态度和经验信息。独立评估者邀请所有参与者完成至少三个调查：开始时、中间点和结束。总的来说，参与者的满意度很高，从试验开始到结束，对道路收费的了解程度都有所增加。调查结果显示，86% 的参与者对里程报告满意，74% 的参与者对试点选择的客户经理表示满意，62% 的参与者选择了一种基于位置的里程报告方法。

（八）重点关注

道路收费试点的参与者在 9 个月的试点期间驾驶里程超过 3700 万英里，

在试点过程中取得了多项第一。

（1）在9个月的试验期间，维护了5000多辆参与车辆；

（2）演示了6种报告和记录方法；

（3）提供各种技术选项，包括无技术和高科技选项；

（4）首次包括重型商用车。

根据四大试点原则（可行性、复杂性、安全性和可接受性），以下是在制定、实施和评估道路收费试点方案过程中的观察结果。

1. 试点参与

道路收费试点项目代表了加州各个驾驶群体的车辆，包括各种各样的乘用车、代理和商业车队、家用车辆和商业卡车。为了收集大量有效的观点，试验寻求加州人口、地理和社会经济的综合代表，包括来自不同社区（农村、城市和郊区）的参与者、收入水平、种族和民族、性别，以及不同的年龄层。最难从志愿者转变为参与者的目标是农村、低收入等群体。

2. 第三方供应商

道路收费试点项目成功地研究了利用第三方供应商（客户经理）提供记录和报告行驶里程所需服务和技术的可行性。

关注点：客户经理为试点参与者提供了灵活的服务，并展示了提供其他增值功能的能力，从而增强了用户体验。在试点期间，政府没有直接与供应商签订合同，降低了政府面临的风险，但同时降低了政府确保实现绩效目标的能力。

3. 里程报告方法

试点参与者可以根据自己独特的需求和兴趣选择各种手动和自动的里程报告和记录方法。

关注点：提供多种选择会引起参与者一定程度的关注。特别是，关于里程报告方法和注册期间可用的技术选项的沟通和说明的清晰度。在试验结束时，大多数参与者对他们选择的方法感到满意。

4. 隐私和数据安全

如前所述，隐私和数据安全对立法机构、CalSTA、TAC和加州交通局至关重要。TAC建议的私隐及资料保护条文，确保试点参与者向试点组织者提供的资料是安全的。

关注点：在整个试验过程中，没有出现数据泄露或数据安全问题。然而，不应忽视数据安全的重要性，任何未来的系统都应努力超越安全标准。根据参与者的反馈，在驾驶员隐私和数据安全方面，总体满意度为78%。由于样本量较小，与整个州的驾驶人口相比，很难依靠这些结果来反映所有加州驾驶员的看法。

5. 参与者的看法

整体参加者满意程度较好，整体认可率达85%，退出率仅为4%。

关注点：一些调查结果表明，参与者认为公路收费比现行的燃油税更公平，但在实施前还需要进一步的研究。此外，超过90%的参加者表示愿意参加未来的道路收费示范活动。

6. 每英里费率

为评估道路收费的有效性，交通咨询委员会建议设立收入中性比率，以模拟道路收费。根据这一方向，在试点部署之前就制定了一个税率，取五年平均燃油税，除以整个加州车辆每加仑的平均英里数。因此，驾驶员使用的费率定为每英里1.8美分。

关注点：虽然这一比率反映了基于加州车辆平均水平的收入中性比率。与参与试点的车辆样本相比，模拟道路收费率并非收入中性。这是由于试点样本车辆每加仑的平均英里数高于全州平均水平。在制定费率时，没有办法预测实际参加试点的车辆构成。

7. 技术

所有测试的里程报告选项都在一定程度上起到了作用。

关注点：手动选项提供了最高程度的隐私和数据安全性，但很可能是最难执行的，在某些情况下，如关于里程表读数，管理成本可能会很高。在自动化方法中，插件设备是最可靠的选择。然而，随着新技术的出现，当采用道路收费方案时，这种方法可能会过时。技术上更先进的智能手机应用方法，包括定位服务和车载远程信息处理，显示出巨大的前景，但它们都需要进一步完善。

随着车载远程通信成为标准设备，这种记录和报告道路收费的方法有可能成为一种性价比高的选择。然而，有许多问题仍需要解决。

（1）在现有的车辆中，通过远程信息处理技术，只有有限数量的制造商可以访问收集到里程数据。在参与道路收费试点计划的制造商中，车主被要求订阅远程信息服务，在某些情况下，车主需要承担费用。

（2）要求车主向客户经理提供登录凭证，以访问里程数据。这在很大程度上是因为车辆软件并不存在于车辆中，因此需要客户经理通过第三方供应商，通过云计算或基于互联网的计算，直接从制造商那里提取里程数据。

（3）目前测试的配置不允许持续传输位置数据，因为查询车辆建立连接和确定位置，以验证外州或私人道路里程的自动里程豁免需要高频率。目前，试点过程中使用的这种查询方法的成本太高，不适用于全州范围的系统。

这些问题的解决需要与汽车制造商和监管机构密切协调和合作，以确保道路收费计划所需的数据和服务标准化并随时可用。

（九）下一步工作

道路收费试点项目成功地测试了这一潜在收入系统的关键要素——道路收费的功能、复杂性和可行性。然而，一些问题仍然没有得到解答，这就需要对加州实施道路收费的机制和政策问题进行进一步调查。

1. 随油自动付费

未来，加州交通局将与联邦公路管理局合作，调查公路收费系统随油自动付费的可行性。虽然在道路收费试点项目中测试的里程报告方法都是可行的，但它们无法与现行燃油税征收程序的简单性、成本效益和公众接受度相抗衡。加州交通局认识到有必要调查一种复制当前用户体验的道路收费机制，因此正在着手研究一种随油自动付费模式，这种模式可以比其他测试方法降低管理成本。这种方法可以获得更大的公众接受度，届时，道路收费将以现收现付的方式进行评估。如果这项研究产生了一个或多个潜在随油自动付费方案，下一步将继续与联邦公路管理局合作，对这一里程报告方案进行有限的论证。

2. 税收

在道路收费试点项目中，通过模拟发票和付款模拟收入的收取。但实际没有经过流入州税收系统的测试，而是通过制度分析进行了审查。根据道路收费计划的设计，可能会有许多政府机构（部门）参与税收征收过程。

3. 车载远程通信

随油自动付费研究解决了内燃机里程收集问题，但新能源汽车的激增需要一种新的收集里程数据的方法，如车载远程信息处理。越来越多的汽车制造商在其新车上提供车载远程信息处理，行业分析人士预计，到2020年，大多数新车将采用车载远程信息技术。开发一个道路收费计划，允许通过车载远程信息技术收集里程数据，将为完全摆脱燃油税、过渡到里程税提供解决方案。

4. 技术协作

随着技术的不断发展，各个联邦机构（部门）、联邦和州实体、学术界以及私营部门的参与将有助于协调新兴技术和道路收费。由公共和私营部门代表组成的技术合作组织将确保在制订和发展道路收费计划时考虑最新技术，为该计划的未来发展提供框架。

5. 组织注意事项

道路收费计划的实施不会一蹴而就。在进行全州道路收费计划时，需要对众多变量进行深思熟虑的考虑。

首先要研究的问题之一是道路收费方案的组织设计。有许多机构（部门）受到从燃油税向道路收费的潜在过渡的影响。尽早确定实施机构（部门）对于协调、发展和向全州道路收费计划过渡至关重要。

根据道路收费试点项目期间收集的信息，以及对制定和采用新的运输收入机制的复杂性的认识，在2025年之前实施道路收费项目可能存在问题。考虑到法规的制定，机构的协调，供应商的采购、系统的设计和测试，公众的接受程度，实施日期应在2025年以后。

加州目前有3400多万辆注册车辆。确定未来从燃油税向道路收费过渡的阶段和时间，需要仔细考虑成本和风险。目前有许多过渡场景，方式从保守到非常激进。

（十）小结

随着加州的车辆变得更加节能，减少对化石燃料的依赖。这些进步需要政府重新审视如何为交通基础设施提供资金的问题。在最初制定政策时，燃油税方法是一个公平的收入体系，一般是由于车辆具有相当的燃油消耗率。

然而，随着更省油的车辆进入加州车队，燃油税的限制变得更加明显。随着燃油效率的不断提高，以及更多新能源汽车进入市场，加州车队的平均燃油效率将全面提高。继续将交通建设资金建立在燃油消耗的基础上并不是一个长期的、可持续的选择。建立一个基于道路实际使用而不是车辆燃油消耗的交通筹融资机制，可以为未来几十年提供一个公平和可持续的交通筹资机制。

然而，在考虑从燃油税向道路收费过渡之前，仍需要评估存在的很多障碍。在一个完全透明的过程中，有目的的研究、深思熟虑的规划和具体的应用，将有助于将采用任何新的交通筹融资机制所带来的风险降到最低。

三、其他州和国家公路里程税探索情况

（一）美国俄勒冈州

俄勒冈州在2006—2010年进行了一项关于里程费的研究，有近300人自愿参加。每辆车都配备了一个GPS计量装置。当参与者在两个特别配备的加油站购买燃料时，通过无线通信报告所欠的金额。第一组司机在俄勒冈州的所有旅行中，每英里被收取1.2美分。第二组在非高峰时段收费较少（每英里0.43美分），在拥挤地区的高峰时段收费较多（每英里10美分）。研究表明，司机们确实对基于里程的定价作出了反应，减少了旅行，特别是在高峰时段。在研究过程中，为保护参与者的隐私，采取了预防措施。

在2012年开始的后续研究中，俄勒冈州回应了公众对隐私的担忧，允许司机在不同的计量技术中进行选择，包括一种消除外界确定旅行地点的能力的方法。还考虑了统一年费的问题。该试点项目于2013年3月结束。

2013年7月，俄勒冈州立法机构颁布了参议院第810号法案，指示俄勒冈州交通部在2015年前部署道路收费系统OReGO。OReGO允许多达5000名志愿者报名参加，支付每英里1.5美分的州道路使用费，而不是州汽油税。为了防止双重征税，参与者可以获得俄勒冈州道路使用费下的燃油税减免。OReGO于2015年7月1日上线，技术、账单和收款服务都是由一个商业客户经理提供的。

（二）美国爱荷华大学

爱荷华大学公共政策中心在12个州进行了基于里程的道路使用者收费研究。2008年10月至2010年6月，该中心在2600名自愿参与者的车辆上测试了GPS里程收费系统。该系统计算了联邦、州和地方管辖区的假设里程费，并定期通过蜂窝通信链路将信息上传到一个中央计费办公室。计费中心每月向参与者发送账单。研究人员发现，利用目前的技术，以里程为基础的道路使用者收费是可行的，但在现有车辆上安装充电设备可能会带来巨大的挑战。

（三）美国普吉特海湾地区委员会

2005年7月至2006年2月，该地区委员会在275个家庭的大约500辆车上安装了使用GPS技术的计量器。参与者同意在使用西雅图大都会区原本不收费的高速公路时被收取通行费。OBU根据一天中的时间显示当前道路的收费标准。经度和纬度坐标以及收费数据被定期传送到中央办公室，中央办公室从用户的账户中提取相应的金额。研究中的司机确实改变了他们的旅行行为以应对拥堵费。

（四）美国明尼苏达州

明尼苏达州测试了一个基于距离的收费系统，该系统使用带有GPS接收器和里程计量应用程序的智能手机。这些手机被安装在500辆属于自愿参与者的汽车上，测试期为三个周期，每个周期六个月。参与者在高峰期和非高峰期支付不同的费用。他们在明尼阿波利斯－圣保罗的非高峰期每英里支付1美分，在高峰期支付3美分，而在州外行驶则不收费。

（五）美国内华达州

内华达州一直在进行试点测试，使用油泵付费计划。正在开发的系统不使用GPS，而是使用连接到车辆OBU上的无线应答器，并将里程数据传输到装有油泵的无线接收器上。该信息随后被发送到一个中央办公室，该办公室根据无差别的行驶里程计算出收费。中央办公室发回里程费，并在油泵上打印出的燃油收据上注明。

（六）荷兰

2008年，荷兰通过法案，在全国范围内按行驶里程对所有车辆征税，基础税率为每公里0.03欧元，根据车辆吨位、排量及驾驶时间段的不同，每辆车的纳税额稍有变化，高峰时段出行的车辆需缴纳更多的税款。荷兰政府部门曾预测，随着路面车辆总量的减少，拥堵状况也可缓解。但是，该政策最终只是作为一项创新实验，没有真正实施。

（七）德国

德国拥有全欧洲最大的高速公路网络。数据显示，2014年德国高速路总里程达1.29万公里，公路总长达3.94万公里。由于德国高速公路的养护与扩建主要靠财政支持，如何负担这么大规模的高速公路养护费用成为德国政府头疼的问题。为减轻财政负担，德国政府开始尝试将税收融资调整为收费融资。2005年起，德国开始对重量超过12吨（含挂车）的货车征收高速公路通行费。收费标准根据行驶里程、车轴数量、排放等级而定，最低每公里12.5欧分，最高21.4欧分。到了2012年，征收范围从高速公路扩大到了四车道的普通联邦公路，而且德国也开始研究对小客车征收高速公路通行费。为确保收费效率和道路通畅，德国政府建立了基于全球定位系统和全球移动通信网络的全自动公路收费系统。这套系统由德国收费公司代替联邦政府收缴费用，并直接转交联邦财政。货运公司或货车司机需要到这家公司注册，给车辆安装定位装置。装置内存有货车重量、车轴数、排放等级、行驶路线等内容，能够接收全球定位系统信号、显示应缴费信息。货运公司根据收费公司寄来的账单按月一次性缴清费用。

（八）奥地利

针对重型商业用车，一个基于路程的道路收费系统被引入，它适用于一切种类的车辆，一切在奥地利高速公路上行驶的重量超过3.5吨的车辆。这一道路收费系统基于车辆行驶的公里数并从2012年1月1日开始按照欧盟车辆排放等级来划分和区别（考虑到生态因素），具体情况如表4－6所示。

表 4-6　　奥地利公路费详情　单位：每公里道路费（按欧元计算）

排放量分组	4 轮车	6 轮车	8 轮车及 8 轮以上的车
EURO VI	0.145	0.2030	0.4045
EURO EEV	0.150	0.2100	0.3150
EURO IV * V	0.165	0.2310	0.3465
EURO 0 to Ⅲ	0.187	0.2618	0.3927

四、税率确定

从各国试点做法来看，有四种广泛的方法来确定公路里程税的税率。

一是收入中性/替代。即设定与燃油税大致相当的里程税税率。

二是收入目标。设定税率主要是为了提高特定的收入数额，这可能是基于对道路支出的预算要求。

三是成本责任。设定税率主要是为了确保收税车辆在维护和发展道路网络的过程中基于经济原则支付公平的费用。成本责任通过将用户对道路系统施加的成本与他们为之支付的费用联系起来，使“用户付费”更进一步。

四是用户可接受性。根据用户可能接受的水平来设定税率，以平衡收入目标和公众及政治接受度。

这些方法并不是相互排斥的，因此可以将每种方法的要素结合起来。例如，收入中性意味着要达到收入目标，而收入目标可以成为成本责任方法的基础。这些方法的关键区别在于如何进行上述税率设定的各个步骤。

（一）设置收入目标

在制订反映道路基础设施成本的收入目标方面，有两种广泛的方法。

(1) 预测几年内维护和发展道路网络的预算需求，并通过对道路网络需求的工程和政策分析来满足特定的性能和政策目标（俄勒冈州和新西兰使用的方法）。

(2) 利用核心会计原则，制定一个前瞻性的成本基础，将道路网络的资本成本（包括资本的机会成本）以及管理道路网络的运营成本在几年内资本化和摊销。这种方法旨在通过计算维持路网的基本长期成本来优化路网的价值，并允许在此基础上对资本支出作出选择（一些欧洲国家采用的方法）。

这两种方法都可能只寻求从道路网络的预算成本和（或）摊销成本中的一部分，因为有其他来源的收入（如燃油税、注册费），此外从政治考虑，也无法接受收回所有成本。然而，它们确实提供了复杂的收入目标，可以用来为制定道路使用费率提供信息，可以定期修订，并提供高度透明和强大的基础，以证明长期的收入目标。

（二）预测交通量

为了达到收入目标，必须预测在俄勒冈州应缴税费的车辆在应缴税费的道路上行驶的估计总里程数。交通量预测通常是基于最近的历史数据和趋势的前瞻性预测，以及基于影响车辆行驶里程的关键输入的敏感性测试。需要考虑的因素包括：

（1）人口变化，包括人口统计学。

（2）车队的变化。

（3）对驾驶成本的投入，如燃料价格，以及经济增长。

（三）模型成本责任

在收入预测和交通量预测的基础上，可以用收入除以总里程数来计算统一税率。这种方法是最简单的方法。它假设里程税是唯一的收入来源，而且所有的目标车辆将支付相同的税率。

如果这两个假设中的任何一个不成立，那么进一步的分析可以确定应该从里程税中筹集多少比例的收入，以及如何制定区分不同类型车辆的税率。有两种进一步分析的方法。一是预测其他来源的估计收入，并确定里程税需要填补的资金缺口。二是进行成本责任研究，根据总体收入目标所涵盖的成本类型，确定应如何从各种渠道筹集收入（例如，道路维护的固定成本可能最好从非使用性的税收和收费中筹集）。

如果有许多类别的车辆需要缴纳里程税（例如，从摩托车到重型卡车），那么在不同类型的车辆之间分配成本是有好处的，这样就可以根据它们对道路网络造成的成本或从不同类别的道路支出中获得的收益来缴纳。

如果里程税的目的纯粹是取代对所有车辆的燃油税，那么就应该进行成本责任研究，按照磨损等因素的比例分配不同类型的道路支出，这样就可以按照用户付费原则来增加收入。俄勒冈州对其里程税系统采用了这种方法，这种方法在欧洲和新西兰的里程税系统中普遍使用，主要是为了帮助确定费率，使费率不会明显低于或高于可归于里程税支付者的道路成本。

表4－7介绍了新西兰对各种要素的成本分配模式的处理，说明了如何在各类车辆之间进行道路成本分配。

表4－7　　新西兰的成本分配模式对要素的处理

描述	成本分摊模型处理
不属于道路使用的固定费用，如与天气有关的磨损、行政费用和治安管理等	以同样比例分摊给所有类型车辆
提高道路网通行能力的项目费用	基于道路的占用高比例分摊给所有车辆（使用客车当量单位）
有利于特定车辆的项目费用	分摊给特定的收益车辆
基于车辆质量的基础设施的维护和更换	根据车辆基于等效标准轴质量的相对影响分摊到各种类型的车辆

（四）收入模型

无论是否采取成本责任法，重要的是进行收入建模，以准确计算一系列费率选择所产生的收入。虽然里程税取代或恢复了汽油税的收入，但税率可能会对交通需求和车辆行驶里程产生影响，无论多么小。收入模型应该采用需求弹性来确定引入里程税对行驶里程的影响。此外，可以采用敏感性测试来考虑宏观经济变化对整个车辆行驶里程的影响。从不同的税率水平建立收入模型，可以增加估计的信心。如果税率结构复杂，收入模型将需要反映不同类型车辆，甚至不同产品的不同税率。

五、小结

无论采取何种方法，都应定期审查和修订税率，以考虑到影响收入的各种因素。

（一）通货膨胀

里程税不能避免通货膨胀对收入的实际货币价值的侵蚀。可以使用一系列的通货膨胀措施，从消费者价格到道路维护和建设的成本。

（二）车辆行驶里程

如果实际行驶距离高于预测值，收入将更高，这可用于增加道路网络的支出或缓和其他因素的税率增长。如果较低，这可能需要增加税率以达到收入目标，尽管从长远来看，持续较低的车辆行驶里程水平也可能减少开发和维护道路网络的成本。

（三）收入目标/首选支出水平的变化

一系列的因素可能会影响到改变从里程税寻求的收入数额的决定，或者改变道路上的支出水平或利用其他收入来源。应修订税率以考虑到任何收入目标的重大变化。

第五节　英国公路投资管理体制

一、英国公路的发展状况

英国国土面积 24.41 万平方公里，行政区划上分为英格兰、威尔士、苏格兰和北爱尔兰 4 部分。英国公路网四通八达，分为高速公路（Motorway）、A 级公路、B 级公路、C 级公路、等外路（Unclassified）五个等级。其中：高速公路为主骨架公路（相当于我国的高速公路网）；A 级公路为干线公路（类似于我国的国省道）；B 级公路为重要地方公路（类似于我国的县乡道）；C 级公路为一般地方公路（类似于我国的村道）；等外路主要是为当地居民提供进出便利（类似于我国的村内道路）。英国 60% 的公路属于等外路。

战略公路网（Strategic Road Network，SRN），由高速公路和重要干线公路构成，涉及里程 7000 多公里，仅占英国公路总里程的 2% 左右，但却承载着全国交通量的 1/3、货运量的 2/3。战略公路网（SRN）在 1994 年以前由英国交通部直接管理，1994—2015 年由隶属于英国交通部的公路局管理，目前由一家非营利性公司 Highways England（英国政府所有）负责管理。

二、英国公路管理体制

英国公路实行中央和地方两级管理体制。中央政府直接负责战略公路网（SRN）的规划、投资建设和运营管理。其他公路由地方政府负责。

（一）中央政府的责任及机构设置

英国公路中央管理职责主要由交通部、公路局、Highways England 公司、公路监督机构和社会监督机构具体承担。其中英国交通部全面负责战略公路网（SRN）战略规划、政策制定和经费事宜，并为公路局（现在为 Highways England 公司）确定发展战略框架及资金使用计划。公路局（Highways Agency）成立于 1994 年，作为交通部的执行机构，1994—2015 年其在交通部的指导下，负责对战略公路网（SRN）实施建设、维护和管理。Highways England 公司于 2015 年成立，为法人团体，性质是有限责任公司，负责英国战略公路网（SRN）的管理职责。公路监督机构（Highways Monitor）受政府铁路和公路管理办公室（ORR）委托，负责监督与战略公路网（SRN）有关的所有事项，主要对公路投资战略符合性和公路投资计划的制订进行监督。社会监督机构（Transport Focus）作为公路用户的"观察机构"，维护战略公路网（SRN）用户的利益，为使用和投资交通服务的人员或机构提供信息支持。

（二）地方政府的责任履行

英国地方政府分为郡和区（全国共有 56 郡，342 区）两级。地方政府在公路建设和管理方面的主要职责包括：一是作为中央政府代理机构，建设和维护干线公路；二是负责除高速公路、干线公路外所有公路的建设与维护；三是制订公路项目支出计划，包括基建支出计划和维护管理支出计划。

在英格兰和威尔士，郡政府常常把公路建设的部分工作安排到区级政府完成（如拨付维护经费），由区政府进行公路维护工作。而在苏格兰，所有的工作都由郡政府完成。

三、英国公路资金来源

（一）资金供给方式的演变

英国公路的发展历史悠久，从18世纪开始便出现了由社会集团建设运营的铺装路面公路，当时英国的大部分公路由1100个社会集团进行收费经营。自1820年开始，经营性收费公路由于铁路的迅速发展而逐渐衰落，到1850年收费公路趋于结束。于是，英国开始通过政府预算资金来支持庞大公路网的建设和维护。

1909年英国将燃油税和汽车牌照税作为公路的特定财源，设立了公路开发和改善基金。1920年制定了公路法，实行国家预算拨款制投资公路建设。随后，英国设立了新的公路建设基金代替原来的公路开发和改善基金，用于公路投资。公路建设基金依旧主要由燃油税和汽车牌照税组成。

由于汽车保有量和税率的增加，公路建设基金收入逐年增加。1921年收入为950万英镑，到1928年增加到2500万英镑。而同时期的公路投资，1921年只有500万英镑，1928年为2100万英镑。1937年，英国政府将汽车牌照税从公路建设基金中“拿出”纳入一般财政预算管理。1955年公路建设基金废除。长期以来，英国政府和公众认为，公路是公共基础设施，受益者为全社会，因而公路资金应以征税的形式由全社会共同负担。

1989年英国政府出台了《通往繁荣之路》和《新措施建设新公路》两个文件，宣布允许私人投资直接建设和管理公路。此后，英国使用非政府资金建设的收费公路逐渐增多。

（二）公路发展的资金来源

目前，英国公路的资金主要来源于中央和地方税收（国税和地方税）。因此，所有纳税人都是英国公路资金的贡献者。英国税收高度集中于中央政府，国税由中央政府掌握，占全国税收收入的90%左右（包括公路税收）。地方税由地方政府负责，占全国税收收入的10%左右，是地方财政的重要来源，但不是主要来源。地方财政的主要来源是中央对地方的财政补贴。

目前英国的公路税收主要包括燃油税、车辆税、车辆保险税等。在英国，仅对一小部分特定的基础设施（桥梁、隧道、公路等）收取通行费。燃油税和车辆税是公路税收的主要组成部分，用于公路投资和其他社会支出。但燃油税、车辆税等公路税收与公路投资之间，不存在直接对应关系，即燃油税、车辆税等公路税收是非特定目的税。英国法律规定，公路税收的一部分用作公路建设资金，其他部分上缴国家财政（或地方财政）。2012 年英国的公路税收为 580 亿英镑，其中燃油税 269 亿英镑，占比达 46.4%。

四、英国公路资金管理

（一）战略公路网（SRN）资金管理

英国没有设立专门的公路基金，战略公路网（SRN）的建设和维护费用来源于国家一般财政预算资金。中央政府会定期根据国民经济发展需要和投资政策，对包括公路部门在内的国民经济各部门的预算进行计划、审议，经由英国议会批准后生效。公路预算的制定依据英国公路建设规划编制，一次确定五年的投资计划，其后可在预算总额内进行调整。

战略公路网资金拨付流程如图 4-1 所示。公路建设计划执行部门（即公路资金使用部门）是英国交通部。英国财政部按英国议会批准的拨款方案，将公路预算资金拨付交通部。英国交通部根据公路局（2015 年变更为 Highways England 公司）的支出计划，经交通大臣批准，将战略公路网（SRN）的建设和维护资金拨付公路局。公路局一方面拨款给承包商和咨询机构，用

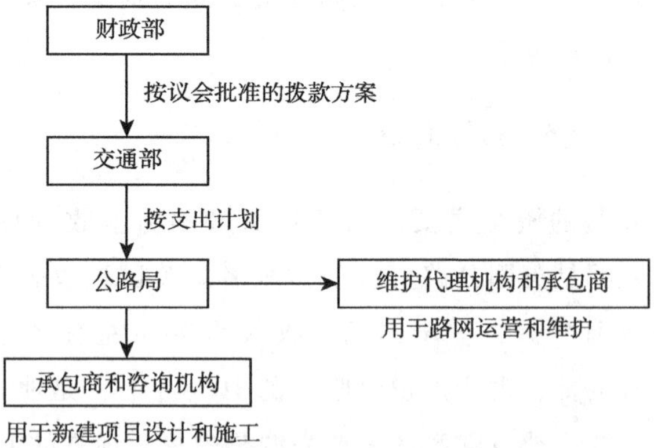

图 4-1 战略公路网资金拨付流程

于新建项目设计和施工合同支付；另一方面拨款给维护代理机构和承包商，用于路网运营和维护合同支付。

（二）地方公路的资金管理

地方公路建设和维护规划由地方政府制订、地方议会批准，其中10年期战略性规划要由中央批准。公路项目支出计划由地方交通运输部门制订，包括基建支出计划和维护管理支出计划，计划为5年期，每年需复核计划，并由中央批准。中央政府通过转移支付将资金拨付地方政府，由地方政府将资金用于支付本地公路投资和运营管理支出。

第六节　德国公路投融资体制

德国公路是由联邦远程公路、州级公路、县市级公路和乡镇级公路组成，公路总里程约65万公里，公路面积约占国土面积的4.8%。联邦远程公路包括高速公路和联邦公路，由联邦交通部管理和制订计划，但具体建设和维护会委托给州一级政府，县市级公路和乡镇级公路一般也会向州政府委托建设和维护运营。

一、公路财政资金来源

目前德国的公路财源主要由燃油税和一些为特定目的而设立的专项资金。

（一）燃油税

德国的特定财源“燃油税”是比较有名的税种。燃油税起源于1930年，1955年《交通财政法》规定燃油税作为道路建设的财源。1966年，燃油税占到道路财源的一半比重。1967年《税制改正法》提高了燃油税的税率，这一部分用于地方政府改善自身交通状况。1971年《地域交通补助法》（GVFG）及1972年《交通财政法》，再次为改善都市公共交通而增收燃油税。因此，德国是收取燃油税税费比较高的国家，税率目前为260%。同时，由于德国对普通轿车不征收高速公路通行费，因此政府所征收的燃油税收入的一部分用于高速公路的建设和管理。

与美国、日本的燃油税不同，德国燃油税的突出特点是利用对燃油征税促进对生态环境的保护。1999 年 4 月 1 日德国出台《实施生态税收改革法》，标志着德国的生态税改革正式启动。1999—2003 年，德国在原有燃油税的基础上先后 5 次对汽油和柴油加征生态税，主要用于充实养老金，并逐步下调养老保险费。为了鼓励再生能源项目以及照顾工业、农业的生产，保护弱势群体，德国政府针对不同项目或对象给予了不同的优惠政策，而对含铅和高硫汽油、柴油则实行较高的燃油生态税，从而使德国消费者更多地使用无铅、低硫燃油，清洁燃油的销售量大幅度上升。

（二）其他资金来源

1. 预算资金

2004 年德联邦政府实施《第五个关于长途公路扩建的修改法》，规定至 2015 年将投入约 800 亿欧元建设公路设施，其中优先投资 150 亿欧元新建 1900 公里高速公路，投资 130 亿欧元扩建 2200 公里高速公路。

2. 统一专项资金 VDE

1991 年，德联邦政府与前东德 5 个州联合成立德国统一长途公路规划与建设公司，总投资 91 亿欧元，在东部 5 州新建或扩建 1220 公里高速公路。

3. 经济刺激方案专项资金

德国政府从应对全球经济金融危机的两个经济刺激方案中拨款 40 亿欧元，用于道路设施建设，其中 18 亿欧元投向高速公路和联邦公路。

4. 欧盟扶持资金

2007—2015 年，欧盟根据申请情况，从欧洲地区发展基金中向德政府提供不超过 15.2 亿欧元补贴，用于在德落后地区（人均国内生产总值低于欧盟原 15 国平均值的 75%）建设高速公路、轨道交通等基础设施；成员国可向欧盟申请跨欧洲交通网项目补贴。2008 年德国两个高速公路扩建项目获批，共得到补贴 615 万欧元。

二、高速公路收费

德国是世界上最早修建高速公路的国家，于 1932 年修建了世界上第一条从波恩至科隆的高速公路。截至 2017 年，德国高速公路总里程为 1.28 万公里。

目前，它拥有仅次于中国、美国和加拿大的世界最长的高速公路网络之一。

德国对重型货车征收高速公路费，既起到了“以路养路”的效果，也推动货运结构更加合理化。2002 年 4 月，德国颁布《重型商用车高速公路收费法》，并于 2005 年 1 月起对在德国高速公路行驶的总重量 12 吨以上的货运卡车进行收费，其他车型及其余各级公路均不收费。最初费率为每公里 12.4 欧分，2007 年 9 月提高到 13.5 欧分，2009 年 1 月实施《高速公路收费标准条例》，将重型卡车按排放标准分为四类，每类根据传动轴数量分为两档收费，对满足欧 5 标准的 12 吨卡车仅征收每公里 14.1 欧分的最低费率。

德国联邦交通部表示，每辆 40 吨重型卡车对道路的损害程度是普通乘用车的 6 万倍，征收使用费标志着德国高速公路建设从税收融资向使用者融资的转变，更为公平合理，可以保障高速公路建设养护费用的来源，也会减轻公路设施的压力，推动货运结构进一步向轨道交通和水运合理转移。

2015 年 3 月，德国联邦议院通过了扩大货车道路使用费征收范围以及征收小客车道路使用费的法律草案。草案规定，自 2015 年 7 月 1 日起，针对 12 吨以上大货车的收费路段将进一步增加，新增收费路段为总计大约 1100 公路的四车道联邦公路。自 2015 年 10 月 1 日起，7.5 吨至 12 吨的货车也需缴纳道路使用费。两项新规预计每年带来额外收益 3.8 亿欧元。自 2016 年起，将针对小客车征收“基础设施建设费”，即道路使用费，收费标准视车辆大小与环保标准而定。

2016 年开始，外国车辆进入德国高速公路之前，车主需购买过路许可证，10 天的过路许可证为 10 欧元，两个月的过路许可证为 22 欧元，全年许可证依照车辆排气量不同，最多不超过 130 欧元。德国拥有轿车的公民需购买全年过路许可证，但费用将在缴付牌照税后获得补偿。

第七节 经验总结与重要启示

一、各国公路发展资金来源总结

总结来看，世界各国公路建设、养护、管理的资金来源，主要通过国家财政拨款、公路使用者税收、公路收费、社会集资、金融机构借贷款等渠道筹集。

（一）国家财政拨款

在一些不实行公路税收制的国家中，公路资金的主要来源是国家财政拨款（包括中央财政拨款、地方财政拨款和建勤方式）。苏联将干线公路的建设资金列入国家基建计划，由国家预算拨款，公路建成后交所在的加盟共和国（或州）管养，管养费列入加盟共和国（或州）的预算。意大利不将与汽车相关的税收作为公路建设的专门资金来源，而是收进国家财政，然后每年再由法律决定公路管理局拥有的国家财政中公路资金预算额，这也是国家对公路建设与养护实行财政拨款的普遍形式。

（二）公路使用者税收

大多数的欧美发达国家把公路使用者税收作为公路建设资金的主要来源。而公路使用者税收大致可以分为：①汽油、柴油及汽车轮胎、配件材料及易耗品的消费税；②汽车购置税；③车辆使用税，包括车辆登记、牌照、汽车质量（单轴及整车质量）、汽车驾驶员执照等税。其中燃油税是筹措公路建设资金的一种主要方式，在所有这些税收中所占的比重最大，一般占60%～80%。在发达国家的公路资金构成中，公路使用者税平均占公路资金总量的70%，燃油税平均占公路使用者税的70%。

（三）道路通行费收入

许多国家收费公路的建成，主要是依赖于社会资金和金融机构借贷款，所以在使用期间都向公路使用者收取公路通行费，用来偿还贷款本息和一部分股息或者红利。一般在建设费用的本息还清后，该设施停止收费，成为免费设施。也有些国家在合同收费期满后，政府通过合法程序规定延长收费期，将其收入并入公路资金用于滚动再建新的高速公路。

（四）其他来源

其他方式的资金来源主要有发行公路收益债券、公路经营权有偿转让和公路沿线服务设施特许开发收入等。公路经营权有偿转让，是对已建成的公路通过转让，使政府提前收回公路建设成本，由承让公路经营公司（或联合体）在合同期限内收费经营，合同期满后，政府收回经营权。公路沿线服务设施特许开发收入，是指政府通过一定程序给开发经营者特许权，让其在公路沿线规定范围内开发经营公路服务设施，如停车场、加油站、餐饮住宿服务业等，通过一定形式收取费用（如英国为盈利收入的30%）作为公路资金来源。

二、经验与启示

公路作为重要的基础设施，大量的资金投入是世界各国都需面对的问题。各国公路建设的投融资政策、资金来源与运用各有特点，其中一些成功的经验，值得我们在公路建设和管理中借鉴。

（一）政府在公路发展中发挥根本作用

各国政府在公路基础设施的建设和管理中都担负着制订总体规划、实施宏观调控和监督保障等重要职责，主导着公路建设和发展，这是由公路的公共基础设施属性所决定的。

各国政府将对高速道路和一般收费道路的建设、经营和维护，以特许经营方式授权给公路经营企业，尽管政府不直接参与企业的经营活动，但各国的相关法律法规都明确规定政府对收费公路具有行业宏观管理职责，各国都在政府部门中设立了专门的监督和管理机构。

（二）以公路使用者税费提供资金保证

各国交通发展的实践证明，在交通基础设施大建设、大发展的特定历史时期内充足、稳定的资金来源是十分关键的。

公路使用者税是大多数发达国家公路资金的主要来源，一般占国家公路资金支出的70%，而在其中燃油税又是首要税种，辅之以重车使用税、车辆牌照税、驾驶员执照税、车辆购置税、轮胎税等。其余不足部分（30%左右）主要由一般财政预算或收费公路所吸引的资金获得。当前，发达国家的交通使用者税费主要包括以下三个方面。

1. 燃油税

燃油税是体现交通使用者“多使用，多缴税”最为直接的方式，由于其征收成本低，效率高，成为世界各主要发达国家筹集交通基础设施建设、维护资金的主要渠道。

2. 交通工具购置税（登记费）和使用税

汽车、船舶等交通工具的购置税（登记费）以及使用税也是各主要发达国家交通基础设施资金的重要来源。

3. 其他交通工具相关税收

轮胎、润滑油、汽车配件等曾经或正作为部分发达国家课税对象，通过这些税种拓宽了税源、增加了公平性。燃油税的征收基于公路使用者多用路必然多用油，因此多交税，但这一税种无法区分重车对路面造成的更大的影响，而这可以通过对重车征收轮胎税得以弥补。

（三）直接融资成为市场化融资主渠道

与我国主要依靠贷款作为融资工具不同，由于资本市场较为发达，直接融资成为发达国家公路融资的主要渠道，其中债券尤其是长期债券占有很大比重。

在发达国家，交通基础设施建设在政府资金投入不足的情况下，基本上是以国家信用为基础，以低成本的债券融资为主。美国地方政府 1994 年发行公路债券筹资 32.2 亿美元，占全国地方政府同期公路总资金投入的 9.1%；美国州政府 1995 年发行公路债券 46.7 亿美元，占全国州政府同期公路总资金投入的 6.8%。西班牙全国收费高速公路网 1 万亿比塞塔投资中，债券的资金就占到了 41.2%。韩国公路债券已占到投资计划的 40% 左右，仅 1996 年，道路公社就发行债券达 1.6 万亿韩元（约合人民币 120 亿元）。

（四）依托级差效益适当发展收费公路

在西方国家公路建设发展史上，收费制发挥着重要的作用。目前，采用通行费筹集公路建设、养护资金的不只是发展中国家，很多发达国家也将通行费作为高等级公路建设、养护的资金来源。意大利是世界上修建收费高速公路最早的国家，收费高速公路占高速公路总里程的 85%；法国收费高速公路占绝大部分，只有 10% ~20% 的城市高速公路、城市间高速公路、联结主要港口及战略目的干线高速公路是由政府投资修建而不收费；日本的高速公路全线实行收取通行费的原则；美国部分高速公路也实行收费制度；欧洲的挪威、西班牙、瑞士、德国等也大都采取高速公路收费制度。公路通行费已经成为公路建设、维护的重要资金来源。

（五）以法律制度保障公路可持续发展

完善的法律制度是各国公路建设稳定资金来源的保障。多数发达国家都有严格的管理制度，以充分利用有限的资源发挥最大的效益，公路的规划、投融资、建设、运营、收益和监督管理方面都有一套完整和成熟的法律法规作保障。例如，美国在公路建设的资金筹措方面有《公路税收法》《联邦资助法》等；日本在筹资方面也有《道路建设特别措施法》《道路建设财源临时措施法》和《汽油税法》等。

第五章 交通运输领域财政事权与支出责任划分改革研究

2016年9月，国务院印发《关于推进中央与地方财政事权和支出责任划分改革的指导意见》（国发〔2016〕49号），要求科学合理划分中央与地方财政事权和支出责任，形成中央领导、合理授权、依法规范、运转高效的财政事权和支出责任划分模式，同时要求交通运输领域要在2017—2018年取得突破性进展，2019—2020年基本完成主要领域财政事权改革，形成中央与地方财政事权和支出责任划分的清晰框架。交通运输领域中央与地方财政事权和支出责任划分改革，是事关行业持续健康发展的重大改革事项，是理顺交通领域政府间财政关系的前提和基础，影响深远、意义重大。在此背景下，按照相关主管部门要求，交通运输部门开展了包括了交通运输领域中央与地方财政事权和支出责任划分改革方案研究制定工作。本章在对我国交通运输领域财政事权和支出责任现状进行总结的基础上，提出了财政事权与支出责任划分改革的基本思路和具体改革内容，同时分析了改革后的效果，为我国交通运输领域财政事权和支出责任划分改革提供了咨询建议。

第一节　财政事权与支出责任的内涵及关系

在讨论政府间财政关系和财税体制改革时，事权、财政事权、财权、财力、支出责任等是基本构成要素，但目前对它们的认识还存在模糊或者分歧。因此，有必要对各自内涵进行梳理，并进一步探讨相互之间的关系，便于加深对交通运输领域中央与地方财政事权和支出责任划分改革的认识和理解。

一、财政事权是政府事权的重要组成部分

针对“事权”尚未形成明确、统一的定义，但综合多方面论述，“事权”主要指一级政府在公共事务和服务中应承担的任务和职责，具有国家权力的背景，它规定了各级政府承担社会经济事务的性质和范围。清晰明确的事权划分是理顺政府间财政关系的起点。事权是进行政府间支出责任划分、财权配置和财力分配的基本依据，划分事权的前提是需要明确界定政府职能范围，处理好政府与市场、中央与地方的关系，才能保证政府事权划分的科学性和合理性。

“财政事权”是在《国务院印关于推进中央与地方财政事权和支出责任划分改革的指导意见》（以下简称《意见》）中首次提出，是指一级政府应承担的运用财政资金提供基本公共服务的任务和职责。此前在党的十八届三中全会决定中，均表述为中央与地方划分“事权”，而《意见》中表述为中央与地方划分“财政事权”，“事权”前面加了“财政”二字，两者之间存在一定区别。根据定义，“事权”的内涵更丰富，涵盖范围更广，政府间事权划分不仅涉及行政权划分，还涉及立法、司法等广义公共服务部门，而“财政事权”主要聚焦于财政管理，体现了政府提供基本公共服务的核心职责，是政府事权的重要组成部分。在推进改革过程中，两者在认识上的分歧主要在于“财政事权”是否涉及机构体制、法律法规、资产债务等调整，从政府更好地提供基本公共服务这一最终目的来看，这几方面都是财政事权履行的基本要素和环节，彼此相互支撑，缺一不可。《意见》也明确要求及时推动相关部门职责调整，适时制修订相关法律、行政法规，为更好履行政府公共服务职能提供保障。因此，改革需要整体性、系统化的考量，并根据改革条件具备情况，适时推进相关配套改革，形成政府事权规范化、法治化，而不应受限于“财政”两个字。

二、财政事权要与支出责任相适应

根据《意见》，“支出责任”是政府履行财政事权的支出义务和保障，并遵循“谁的财政事权谁承担支出责任”的原则。在事权和支出责任关系研究

方面，中国财政科学研究院白景明认为事权强调权力的归属和执行主体，而支出责任强调履行事权成本由谁承担，事权是前提，拥有什么事权就要承担相应的支出责任。对于如何保障事权履行，如何处理事权和财权、财力间的关系，不同学者持不同观点，理想状态是事权与财权、财力三者相匹配，但实际情况很难达到。实践中，三者间关系的侧重点也在不断变化：1994 年分税制改革提出“财权与事权相匹配”（强调“谁请客，谁负责筹钱”）；党的十七大报告提出“健全中央和地方财力与事权相匹配的体制”（强调“谁请客，谁必须有钱”）；党的十八届三中全会进一步提出“建立事权与支出责任相适应的制度”（强调“谁请客，谁买单”），即事权归属主体和支出责任归属主体两者要统一。政府事权的划分需要考虑各级政府的实际财政支付能力，否则支出责任根本无法得到落实。值得注意的是，“事权和支出责任相适应”并不是对“财力与事权相匹配”的替代，而是为了更好地理顺中央与地方的收入分配关系，更好地实现财力与事权相匹配的目标。具体逻辑关系如图 5-1 所示。

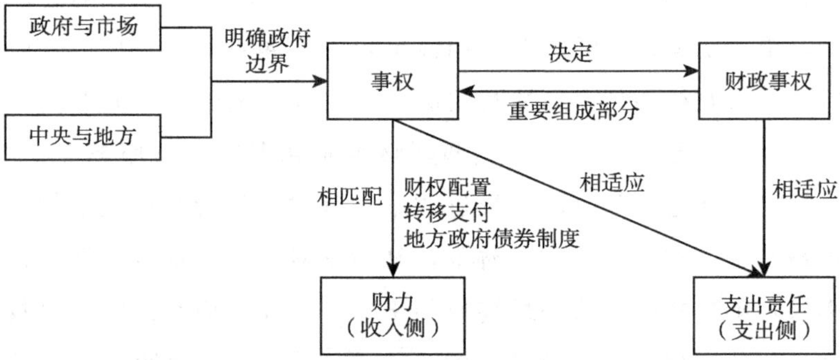

图 5-1　事权、财政事权、财力、支出责任相互关系

结合以上分析，事权无论是同财力相匹配，还是同支出责任相适应，都在强调事权与其物质保障之间的对应关系。不同的表述演变反映出决策者对财政关系与财政制度思考的深化过程，并与我国分税制改革以来面临的阶段性问题有关。更重要的是，财税体制改革在围绕事权划分展开的过程中，事权逐渐居于主导地位，财税体制改革的中心任务也由过去侧重收入转向侧重支出。党的十九届四中全会决定进一步指出，优化政府间事权和财权划分，建立权责清晰、财力协调、区域均衡的中央和地方财政关系，形成稳定的各级政府事权、支出责任和财力相适应的制度。可见，政府财政事权行为属于行政行为范畴，财政关系在政府层级间理顺的基础在于事权，其决定因素在于政府层级、事权及财力的协调以及与其支出责任的匹配。

第二节　公路水路领域财政事权划分现状

一、事权划分现状

（一）公路领域

自1958年我国公路管理体制下放地方以来，一直坚持以地方为主的管理体制。交通运输部负责行业管理，制订国道发展规划。地方政府负责公路具体建设、管理和养护，财政事权和支出责任均以地方为主，中央安排一定财政补助。道路运输实行市场化，交通运输部负责行业指导，负责汽车出入境运输有关管理工作，地方负责运输市场监管，并根据交通运输部委托，具体承担汽车出入境运输管理工作，地方承担相应的支出责任。

（二）水路领域

长江干线航道、中央水域水上安全监管和应急救助系统由中央统一管理，财政事权和支出责任都在中央，且采取垂直管理体制；国际、国境河流航道由中央委托地方管理，建设、管理和维护以中央投资为主；其他航道实行地方为主的管理体制，具体建设、养护和管理由地方政府负责，中央安排投资补助。港口采用政企分开的市场化方式运作，港口投资、运营由企业按照市场机制运作，地方人民政府负责辖区内港口公共基础设施建设，中央政府对主要港口和地区性重要港口的公共基础设施建设提供投资补助。

二、支出责任划分现状

经过30多年的不断发展，以中央交通专项税费和“贷款修路、收费还贷”“航电结合、以电促航、滚动发展”等政策为基础，逐步形成了“中央投资、地方筹资、社会融资、利用外资”的交通运输基础设施投融资模式，支撑了公路、水路交通运输基础设施建设的跨越式发展，改变了交通运输对国民经济的制约，对我国经济社会健康稳定发展作出了重要贡献。

（一）中央财政资金保障情况

1. 中央财政资金来源

中央支持公路水路交通发展的资金来源主要有车辆购置税、港口建设费、成品油消费税改革新增收入用于公路、航道养护的专项资金（以下简称“燃油税”）等交通专项费税，以及其他一般公共预算资金等。“十二五”时期，车辆购置税收入约1.27万亿元，港口建设费约0.06万亿元，中央预算内资金约0.34万亿元，燃油税收入约1.1万亿元，共计约2.77万亿元。

2. 中央财政支出方向

车辆购置税、港口建设费等中央资金主要安排用于国家高速公路、国省干线、农村公路、内河航道、港口航道、防波堤等交通基础设施建设，并支持综合运输、支持系统等领域发展。燃油税主要用于公路、水路交通基础设施养护和管理等支出，采用一般性转移支付。“十二五”时期，公路支出约1.26万亿元，沿海港口、内河航运及支持系统合计约0.11万亿元。

3. 预算管理现状

交通运输领域的中央财政预算主要采用部门预算和专项转移支付两种预算方式，其中，中央垂管的长江干线航道、中央水域水上安全监管和应急救助系统支出，按中央部门预算管理。纳入交通运输重点项目的公路、客货运枢纽、沿海港口公用基础设施、内河水运建设等，按项目法实行专项转移支付预算管理，专项用于指定项目的建设。农村公路建设等，属于按因素法的专项转移支付预算管理，资金切块用于指定领域支出。用于专项支出、普通公路养护等燃油税资金，按一般转移支付预算管理，由财政直接转移给地方。

（二）地方财政资金保障情况

除了中央交通专项税费和中央转移支付的燃油税资金以外，为支持交通运输发展，各级政府还从一般性财税收入、政府债券及其他渠道中安排部分资金用于公路、水路交通建设，但这部分资金总体规模较小。

（三）市场融资情况

为解决交通发展资金不足问题，各级政府出台一系列相关政策，积极利用社会资本参与交通运输基础设施建设、运营和管理，形成了交通运输发展多渠道融资格局。公路依托收费公路政策，吸引了大量金融机构贷款，奠定了公路融资政策基石。港口实行积极的投资开放政策，充分利用市场机制引进各类投资。鼓励和引导民资、外资参与公路、水路基础设施投资建设和经营。此外，过去为了筹集交通建设资金，地方各级政府设立了多种融资平台，为公路、水路交通基础设施进行债务性融资，缓解了地方财政压力。部分地区还积极利用土地、矿产、水电等资源，通过以地资路资航、以矿资路、以电促航等形式，支持交通建设。

第三节　改革基本原则

根据国发〔2016〕49号文有关要求，统筹考虑交通运输的行业特点、技术经济特征以及管理体制机制现状，研究确定交通运输领域财政事权与支出责任划分要坚持以下原则。

一、正确处理政府与市场的关系

合理确定政府提供交通运输基本公共服务的范围和方式，将应由市场或社会承担的事务，交由市场主体或社会力量承担。对应由政府提供的交通运输基本公共服务，明确承担财政事权和支出责任的相应政府层级。对需要政府培育的新方式、新领域、新业态，发挥好政府的引导作用。

二、充分发挥中央和地方两个积极性

适度加强中央政府承担交通运输基本公共服务的职责和能力，兼顾政府职能和行政效率，科学设计交通运输领域财政事权履行方式，激发地方政府提供辖区范围内交通运输基本公共服务的积极性和主动性，形成交通运输可

持续发展的合力。

三、体现行业特点和受益范围

依据交通网络性、国边界性、基础性特点，对体现国家主权和安全、受益范围覆盖全国，有利于全国统一市场形成的交通运输基本公共服务，由中央承担。跨省（区、市）的交通运输基本公共服务由中央与地方共同负责。地区性交通运输基本公共服务由地方负责。在交通基础设施落后地区，中央应承担更多支出责任。

四、做到支出责任与财政事权相适应

属于中央并由中央组织实施的交通运输财政事权，原则上由中央承担支出责任；属于地方并由地方组织实施的交通运输财政事权，原则上由地方承担支出责任；属于中央与地方共同财政事权，根据交通运输基本公共服务的受益范围、影响程度，区分情况确定中央和地方支出责任以及承担方式。

五、统筹改革发展与稳定

积极稳妥推进交通运输领域财政事权和支出责任划分改革，统筹推进财政事权改革与交通运输领域其他改革，处理好改革发展与稳定、总体设计与分步实施、当前与长远的关系，坚持依法合规，把握好时机节奏力度，确保改革平稳有序。

第四节　改革主要内容

按照上述总体要求和交通运输工作的特点，对公路、水路、综合交通等方面改革事项的财政事权和支出责任进行了划分，并进一步划分财政事权涉及的专项规划、政策决定、执行实施（包括建设、养护、管理、运营等）、监督评价等各项职责。

一、中央财政事权

（一）公路领域

（1）国道。中央承担国道（包括国家高速公路和普通国道）的宏观管理、专项规划、政策制定、监督评价、路网运行监测和协调，国家高速公路中由中央负责部分的建设和管理，普通国道中由中央负责部分的建设、管理和养护等职责。中央承担国家高速公路建设资本金中的相应支出，承担普通国道建设、养护和管理中由中央负责事项的相应支出。

（2）界河桥梁。中央承担专项规划、政策决定、监督评价职责，建设、养护、管理、运营等具体执行事项由中央委托地方实施。

（3）边境口岸汽车出入境运输管理。中央承担专项规划、政策决定、监督评价职责，建设、养护、管理、运营等具体执行事项由中央委托地方实施。界河桥梁、边境口岸汽车出入境运输管理由中央承担支出责任。

（二）水路领域

（1）长江干线航道。中央承担专项规划、政策决定、监督评价职责，建设、养护、管理、运营等具体执行事项由中央实施。

（2）西江航运干线。中央承担专项规划、政策决定、监督评价职责，建设、养护、管理、运营等具体执行事项视改革进展情况，逐步由中央实施。在改革到位之前，按照现行管理体制执行。

（3）国境、国际通航河流航道。中央承担专项规划、政策决定、监督评价职责，建设、养护、管理（包括航运管理）、运营等具体执行事项由中央实施或委托地方实施。

（4）中央管理水域水上安全监管和应急救助打捞。中央承担专项规划、政策决定、监督评价职责，具体执行事项由中央实施。上述水路领域事项由中央承担支出责任。

此外，公路、水路、综合交通领域中央履职能力建设，由中央承担财政事权和支出责任，主要包括相关领域中央履行行业管理职责所开展的全局性、战略性和前瞻性重大问题研究，发展战略、规划、政策、标准与相关法律法规制定，基础类、公益类国家及行业标准制定，行业监管，行业统计与运行监测，开展国际合作等事项。

二、中央与地方共同财政事权

（一）公路领域

（1）国家级口岸公路。中央承担专项规划、政策决定、监督评价职责，建设、养护、管理、运营等具体执行事项由地方实施。

（2）国家区域性公路应急装备物资储备。中央承担专项规划、政策决定、监督评价职责，具体执行事项由地方实施。上述公路领域事项由中央和地方共同承担支出责任。

（二）水路领域

（1）京杭运河及其他内河高等级航道。中央承担专项规划、政策决定、监督评价职责，建设、养护、管理、运营等具体执行事项由地方实施。

（2）沿海港口公共基础设施。中央承担沿海港口的专项规划、政策决定、监督评价职责，沿海港口公共基础设施的建设、养护、管理、运营等具体执行事项由地方实施。

（3）重大海上溢油应急处置和海（水）上搜救。中央承担政策决定、监督评价等职责，具体执行事项由中央与地方共同实施。发挥地方政府组织能力强、贴近基层、获取信息便利的优势，强化地方政府在重大海上溢油应急处置和海（水）上搜救方面的相关职责。

（4）水运绿色发展。中央承担专项规划、政策决定、监督评价职责，具体执行事项由地方实施。上述水路领域事项由中央与地方共同承担支出责任。

（三）综合交通领域

（1）运输结构调整、全国性综合运输枢纽与集疏运体系。中央承担专项规划、政策决定、监督评价职责，建设、养护、管理、运营等具体执行事项由中央（含中央企业）与地方共同实施。

（2）综合交通应急保障。中央与地方共同承担国家应急性交通运输公共服务、军民融合和国防交通动员能力建设与管理、国家特殊重点物资运输保障等职责。

（3）综合交通行业管理信息化。中央承担专项规划、政策决定、监督评价职责，建设、维护、管理、运营等具体执行事项由地方实施。上述综合交通领域事项由中央（含中央企业）与地方共同承担支出责任。

三、地方财政事权

（一）公路领域

（1）国道。地方承担国道（包括国家高速公路和普通国道）的建设、养护、管理、运营、应急处置的相应职责和具体组织实施。地方负责筹集国家高速公路建设中除中央财政出资以外的其余资金，承担普通国道建设、养护、管理、运营中除中央支出以外的其余支出。

（2）省道、农村公路、道路运输站场。地方承担专项规划、政策决定、监督评价职责，并承担建设、养护、管理、运营等具体事项的执行实施。

（3）道路运输管理。地方承担专项规划、政策决定、监督评价职责，并承担具体事项的执行实施。省道、农村公路、道路运输站场和道路运输管理由地方承担支出责任。

（二）水路领域

（1）其他内河航道、内河港口公共锚地、陆岛交通码头。地方承担专项规划、政策决定、监督评价职责，并承担建设、养护、管理、运营等具体事项的执行实施。

（2）客运码头安全检测设施、农村水上客渡运管理。地方承担专项规划、政策决定、监督评价职责，并承担建设、养护、管理、运营等具体事项的执行实施。

（3）地方管理水域的水上安全监管和搜寻救助。地方承担具体事项的执行实施。上述水路领域事项由地方承担支出责任。

(三) 综合交通领域

地方承担一般性综合运输枢纽相关职责，主要包括专项规划、政策决定、监督评价等，负责建设、维护、管理、运营等具体事项的执行实施，承担相应支出责任。

此外，公路、水路、综合交通领域地方履职能力建设，由地方承担财政事权和支出责任，主要包括相关领域地方履行行业管理职责所开展的重大问题研究、地方相关政策法规及地方标准制定，本行政区域内行业监管，本行政区域内行业统计与运行监测，应急性交通运输公共服务等事项。

第五节　改革政策效果

一、各级政府权责清晰

目前我国交通运输领域财政事权不清，财政事权和支出责任不匹配问题较为突出。一方面，国道建设养护以地方为主筹集资金，车辆购置税仅补助少量资本金；另一方面中央给予地方事权的农村公路大量补助。“十三五”时期中央车辆购置税用于普通国道建设的投资标准仅为项目造价的35%，但车辆购置税对中西部地区农村公路建设的投资补助标准超过了50%。中央与地方财政事权不清、投资责任倒挂，联动带来的地方省、市、县交通事权也存在划分不清的情况，越是下级政府越承担了过多的支出责任，而受限于资金来源有限，未建立起匹配事权的支出责任机制，造成“财权上移”“事权下沉”，影响交通运输事业健康可持续发展。

目前，交通运输领域中央与地方财政事权和支出责任划分改革方案已经出台，按照财政事权与支出责任的改革要求，2020年将完成省以下相关领域财政事权和支出责任划分改革，将形成中央领导、合理授权、依法规范、运转高效的交通运输领域财政事权和支出责任划分模式。“谁的财政事权谁承担支出责任”，实现权、责、利相统一。

二、以财政事权定支出

目前，交通运输领域中央支出由车辆购置税、港口建设费、船舶吨税等专项税费，以及部分中央预算内资金、国债资金保障，地方支出由燃油税资金、部分省级一般预算资金、地方政府债券资金保障。总体上是由交通专项资金收入规模定支出，中央和地方财政资金支出规模增长与交通专项资金收入增长直接相关。财政事权和支出责任划分改革后，将是以财政事权定支出，不再与交通专项资金收入直接挂钩。未来交通运输行业各级政府支出盘子的大小直接取决于各级政府应当承担的财政事权的大小。

三、财力更加协调

财政事权和支出责任划分改革将促使中央与地方形成合理的财力格局，为各级政府履行财政事权和支出责任提供有力保障。结合财政事权和支出责任划分、税收制度改革和税收政策调整，考虑税种属性，在保持中央和地方财力格局总体稳定的前提下，将科学确定共享税中央和地方分享方式及比例，适当增加地方税种，形成以共享税为主、专享税为辅，共享税分享合理、专享税划分科学的具有中国特色的中央和地方收入划分体系。

四、区域更加均衡

财政事权和支出责任划分改革将着力增强财政困难地区兜底能力，稳步提升区域间交通运输基本公共服务均等化水平。将从人民群众最关心、最直接、最现实的主要交通运输基本公共服务事项入手，兼顾需要和可能，合理制定交通运输基本公共服务保障基础标准，并适时调整完善。坚持人民交通为人民，把满足人民日益增长的美好生活需要作为出发点和落脚点，提高交通运输基本公共服务供给效率，中央将通过一般或专项转移支付方式，增强财力薄弱地区尤其是老少边穷地区的财力，确保相关地方政府有能力将其承担的交通运输财政事权履行到位，促进不同区域交通运输平衡发展，促进交通运输基本公共服务均等化。省级政府也将通过调整收入划分、加大转移支付力度，增强省以下政府交通运输基本公共服务保障能力。

第六节　相关政策措施建议

基于以上分析，结合交通运输发展面临的新形势新要求，为建立完善权责清晰、财力协调、区域均衡、监管有力、运转高效的交通运输财政事权和支出责任划分模式，具体建议如下。

一、进一步细化各级政府支出比例或补助标准

改革方案只是较为笼统地规定中央和地方各自的任务和职责，难以直接操作实施。需要进一步界定各改革事项具体内涵和范围，形成改革事项的明细清单，并结合交通运输五年发展规划编制和调整情况，明确各改革事项的支出比例、补助标准和补助方式，形成新的投资政策和经费保障措施，测算年度资金需求，做好财政预算安排与改革方案的衔接。

二、完善相关法律法规和配套制度

推动《中华人民共和国公路法》《收费公路管理条例》等法律法规审改工作，为改革有序推进创造法治保障。稳定车辆购置税、成品油消费税转移支付资金等交通专项资金，尽量减少优惠政策和避免专项资金使用范围的泛化，并根据交通强国建设阶段任务的不同，建立与之匹配的交通专项资金使用制度。完善成品油消费税改革转移支付资金政策，研究建立基于公路、航道养护资金需求的成品油消费税税率动态调整机制，适应清洁能源发展利用的新要求，研究探索与交通基础设施使用相挂钩的交通税费制度。尽快明确和落实好港口建设费停征后水运发展长期资金保障渠道和支持政策，建立水运发展长效资金保障机制。

三、完善公路和航道管理体制机制

由于地方承担了公路水路领域大部分事项的组织实施工作，建议完善委托管理机制，制定明晰的责任清单，明确中央与地方部门各自的职责和权限，推进管理方法、运行手段和监督程序的改革创新，保障中央财政事权履行到位。同时，针对界河航道、西江航运干线等上划为中央财政事权的事项，考虑到机构体制改革难度大，难以短时间内改革到位，建议先行承担中央支出责任，后视体制改革条件具备情况，逐步由中央直接实施。

四、建立公路水路财政事权划分动态调整机制

财政事权划分要根据客观条件变化进行动态调整。在条件成熟时，将全

国性大通道中公路水路事项全部上划为中央的财政事权，对新增及尚未明确划分的公路水路事项，根据国家全面深化改革特别是深化财税体制改革要求、经济社会发展需求、各级政府财力增长情况以及交通强国建设等客观条件变化，适时推动公路水路领域财政事权划分动态调整。

交通运输领域财政事权和支出责任划分改革是一项复杂的系统工程，不可能一蹴而就。改革需要与转变政府职能、简政放权等行政管理体制改革以及与交通运输领域现有重大改革有机衔接、整体推进。同时需要结合税制改革及地方税体系建设等进展，在保持现有财力格局总体稳定的前提下，适当增加地方税种，形成以共享税为主、专享税为辅的中央和地方收入划分体系，才能保障中央和地方履行好财政事权和支出责任。

第六章

地方政府专项债券在交通运输领域运用研究

随着财税体制改革和投融资体制改革深入推进，政府专项债券资金已经成为我国交通基础设施建设的重要融资手段，有力支撑了交通基础设施项目建设。特别是2019年以来，国家有关专项债券可作项目资本金、允许专项债券和银行贷款组合融资等政策的实施，地方政府专项债券在扩大交通运输有效投资方面发挥了更加积极的作用。本章重点对2017年以来收费公路专项债券发行使用情况进行了系统的梳理分析，总结了各省在专项债券发行使用过程中的创新经验和遇到的问题，同时提出进一步完善收费公路专项债券制度的相关政策建议。

第一节　收费公路专项债券发行情况

自2017年试点发行以来，全国共有29个省级和计划单列市政府发行使用收费公路专项债券（见图6－1），累计发行规模6573.29亿元，约占全国新增地方政府专项债券发行规模的4.0%，年均发行超过千亿元，各省（区、市）平均发行规模约230亿元。其中，浙江、甘肃、云南、广西等9省（区）累计发行规模超过平均水平，合计占全国累计发行总量的64.4%。经统计，有近1000亿元专项债券资金用作项目资本金，有效发挥了政府投资“四两拨千斤”的撬动作用，更好地发挥了专项债券拉动有效投资、稳定经济增长的积极作用。

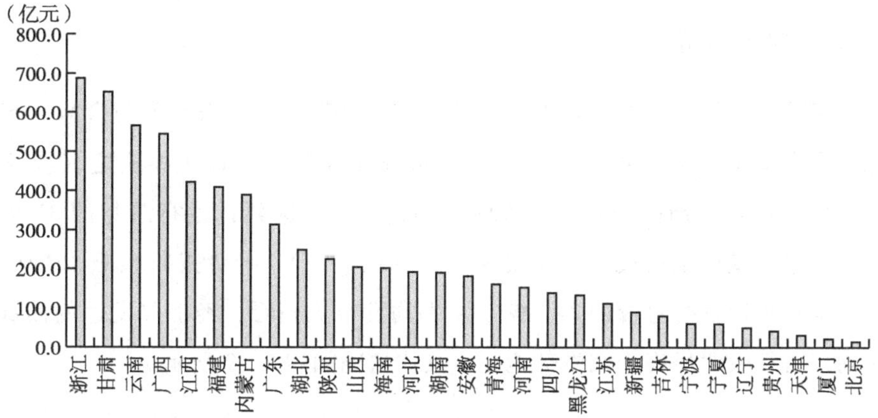

图6－1　2017—2022年各省（区、市）收费公路专项债券累计发行规模

一、省（区、市）分布

浙江、甘肃两省累计发行规模超过600亿元，分别为687.3亿元和652.2亿元，占比分别为10.5%、9.9%。云南、广西、江西、福建4省（区）累计发行规模为400亿～600亿元，占比6.2%～8.6%；内蒙古、广东、湖北、陕西、山西、海南6省（区）累计发行规模为200亿～400亿元，占比3.1%～5.9%；河北、湖南、安徽、青海等8省（区、市）累计发行规模为100亿～200亿元，占比1.7%～2.9%；新疆、吉林、宁波等9省（区、市）累计发行规模不足100亿元，占比0.2%～1.4%。具体情况如表6－1所示。

表6－1　　各省市收费公路专项债券发行规模占比

序号	发行规模	省份名称及数量（按发行规模从大到小排列）	占各省累计发行总量的比重	合计发行规模占各省累计发行总量的比重
1	600亿元以上	浙江、甘肃2个省	10.5%～9.9%	20.4%
2	400亿～600亿元	云南、广西、江西、福建4个省（区）	8.6%～6.2%	29.5%
3	200亿～400亿元	内蒙古、广东、湖北、陕西、山西、海南6个省（区）	5.9%～3.1%	24.1%
4	100亿～200亿元	河北、湖南、安徽、青海、河南、四川、黑龙江、江苏8个省（区）	2.9%～1.7%	19.2%
5	100亿元以下	新疆、吉林、宁波、宁夏、辽宁、贵州、天津、厦门、北京9个省（区、市）	1.4%～0.2%	6.8%

二、地区分布

西部地区累计发行规模最大，涉及10省（区、市），合计发行金额2867.8亿元，占全国累计发行总量的43.6%。东部地区累计发行规模次之，涉及11个省（区、市），合计发行金额2094.3亿元，占全国累计发行总量的31.9%。中部地区累计发行规模较小，涉及8个省（区、市），合计发行金额1611.2亿元，占全国累计发行总量的24.5%。从平均发行规模看，经济欠发达的西部地区平均发行规模明显高于东中部地区。具体情况如表6－2所示。

表6－2　　地方政府收费公路专项债券地区分布

区域	东部地区	中部地区	西部地区
地方政府数（个）	11	8	10
发行规模（亿元）	2094.3	1611.2	2867.8
发行规模占比（%）	31.9	24.5	43.6
各省市平均发行规模（亿元）	190.4	201.4	286.8

三、年度分布

2017年以来，全国收费公路专项债券发行规模呈现先增后减的变化趋势。其中，2017年，12个省（区、市）发行收费公路专项债券440亿元，占中央下达额度的60.3%。2018年，25个省（区、市）发行收费公路专项债券749.6亿元，占中央下达额度的80.7%，同比增长70.3%。2019年，22个省（区、市）发行收费公路专项债券1486.9亿元，占中央下达额度的70.2%，同比增长近一倍。可以看出，2017—2019年收费公路专项债券发行规模虽快速增长，但因项目融资与收益平衡要求极大地限制了地方发行积极性，中央下达额度均未得到有效利用。2020年以来，中央收费公路专项债券发行额度不再单独下达，当年24个省（区、市）发行收费公路专项债券1256.9亿元，同比下降15.5%；2021年23个省（区、市）发行收费公路专项债券1387.3亿元，同比增长10.4%；2022年22个省（区、市）发行收费公路专项债券1252.6亿元，同比增长9.7%。具体情况如表6－3和图6－2所示。

表 6－3 地方政府收费公路专项债券年度发行规模

年度	发行主体数量（个）	实际发行规模（亿元）	发行额度（亿元）	规模占比（%）
2017	12	440.0	730	60.3
2018	25	749.6	927	80.7
2019	22	1486.9	2118	70.2
2020	24	1256.9	—	—
2021	23	1387.3	—	—
2022	22	1252.6	—	—
合计	29	6573.3	—	—

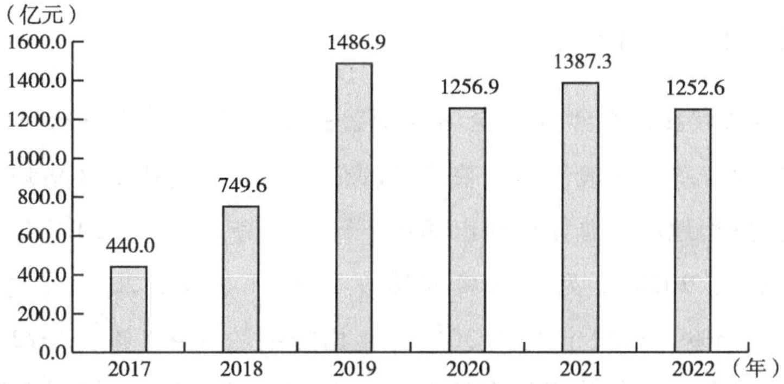

图 6－2 2017—2022 年收费公路专项债券年度发行规模

四、期限结构

从发行期限看。2017 年试点发行以来，收费公路专项债券发行期限逐年丰富，且最长期限也在不断加长，期限最短为 3 年，最长为 30 年。其中，2017 年发行期限仅有 3 年、5 年和 7 年三个品种，2018 年相比 2017 年增加 15 年一个品种，2019 年又增加了 20 年和 30 年两个品种。2020 年之后，20～30 年期限品种发行频率逐渐加大。从不同期限收费公路专项债券的发行规模和发行只数看，10 年和 15 年期占比最大，是地方政府的发行重点。

6 年时间里，29 个省（区、市）政府共发行 328 只收费公路专项债券，其中 10 年以下、10 年、15 年、20 年和 30 年期品种分别为 64 只、87 只、86 只、56 只和 35 只，占比分别为 19.5%、26.5%、26.2%、17.1% 和 10.7%；

发行规模分别为901亿元、1788.8亿元、1611.8亿元、1090.1亿元和1181.5亿元，占比分别为13.7%、27.2%、24.5%、16.6%和18%。具体情况如表6－4所示。

表6－4　地方政府收费公路专项债券期限

期限	3年	5年	7年	10年	15年	20年	30年
发行规模（亿元）	8.0	331.0	562.1	1788.8	1611.8	1090.1	1181.5
规模占比（%）	0.1	5.0	8.6	27.2	24.5	16.6	18.0
发行只数（只）	1	27	36	87	86	56	35
只数占比（%）	0.3	8.2	11.0	26.5	26.2	17.1	10.7

（一）从发行利率看

2017年试点发行6年来，全国收费公路专项债券平均发行利率水平为3.67%，较地方政府一般债券和普通专项债券高，且发达地区平均发行利率水平低于欠发达地区，总体呈现出逐年下降的趋势。其中，2017年平均利率水平为4.1%，2018年为4.02%，2019年为3.57%，2020年为3.45%，2021年为3.56%，2022年为3.30%，年均降幅约为4.1%。2022年，5年期收费公路专项债券平均发行利率为2.7%，7年期平均发行利率为2.9%，10年期的平均发行利率为2.97%，15年期的平均发行利率为3.2%，20年期的平均发行利率为3.27%，30年期的平均发行利率为3.44%。具体情况如图6－3所示。

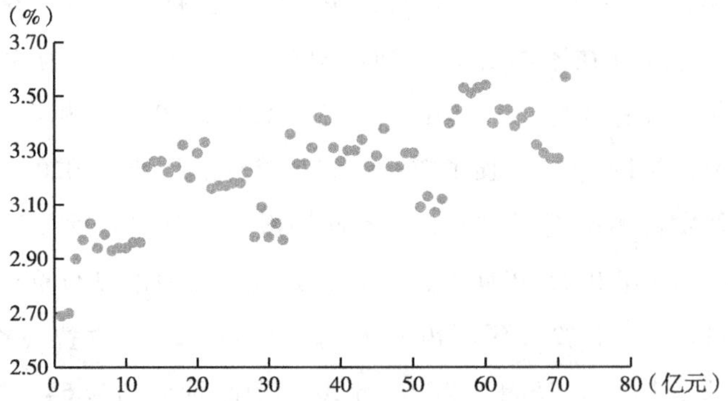

图6－3　2022年地方政府收费公路专项债券发行利率分布

（二）从付息频率看

我国收费公路专项债券分为每6个月付息一次和每12个月付息一次两种。其中，每6个月付息一次的收费公路专项债券共计264只、发行规模5596.5亿元，分别占比60.6%、72.0%；每12个月付息一次的收费公路专项债券共计64只、发行规模976.8亿元，分别占比39.4%、28.0%。具体情况如表6－5所示。

表6－5　　　　　地方政府收费公路专项债券付息频率结构

付息频率	12月/次	6月/次	合计
发行规模（亿元）	976.8	5596.5	6573.3
规模占比（%）	28.0	72.0	100.0
发行只数（只）	64	264	328
只数占比（%）	39.4	60.6	100.0

第二节　收费公路专项债券使用情况

一、支持项目情况

以2021年为例，根据中国债券信息网发布信息梳理，2021年全国约230个政府收费公路项目使用了收费公路专项债券，项目总投资合计接近1.5万亿元，收费公路专项债券资金占比约为9.4%。从政府收费公路项目计划融资安排情况看，拟通过发行收费公路专项债券筹集资金规模占项目总投资的比重最小1.8%，最大超过80%，平均占比45%。

（一）项目数量省（区、市）分布

以2021年为例，利用收费公路专项债券支持政府收费公路项目20～30个的有内蒙古、广西、云南3个省（区），其中内蒙古支持项目数量最多，有29个，约占全国收费公路专项债券支持项目总量的12.7%，位居全国各省首位。支持项目数量10～20个的有四川、福建、甘肃等5省，其中四川省

支持项目数量最多，有19个，约占全国收费公路专项债券支持项目总量的8.3%，位居全国各省第4位；支持项目数量5~10个的有新疆、江西、浙江等6省（区），其中新疆支持项目数量最多，有9个，约占全国收费公路专项债券支持项目总量的3.9%，位居全国各省第8位。支持项目数量不足5个的有湖北、青海、河北等9省（市），其中湖北、青海两省支持项目数量最多，各6个，约占全国收费公路专项债券支持项目总量的1.8%，并列位居全国各省第12位。具体情况如表6-6和图6-4所示。

表6-6　2021年各省（区、市）收费公路专项债券支持项目数量

序号	支持项目数量	地方名称及数量（按支持项目数量从多到少排列）	占各省（区、市）支持项目总量的比重
1	20~30个	内蒙古、广西、云南3个省（区）	11.0%~12.7%
2	10~20个	四川、福建、甘肃、广东、安徽5个省	5.7%~8.3%
3	5~10个	新疆、江西、浙江、山西、江苏、海南6个省（区）	2.6%~3.9%
4	5个以下	湖北、青海、河北、辽宁、黑龙江、贵州、宁波、吉林、厦门9个省（市）	0.4%~1.8%

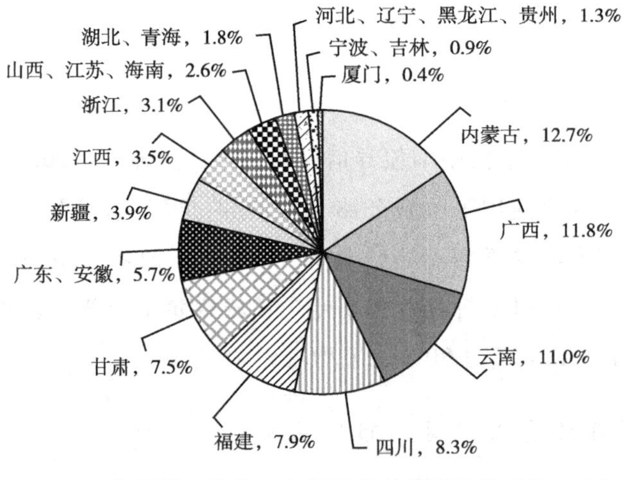

图6-4　2021年全国收费公路专项债券支持项目省（区、市）分布

（二）专项债券支持力度

宁波、山西两省（市）利用收费公路专项债券支持政府收费公路发展的支持力度最大，专项债券在项目总投资中占比超过20%，其中宁波市占比达29.8%。专项债券占比10%～20%的有新疆、厦门、河北等10个省（区、市）。专项债券占比5%～10%的有云南、贵州、四川等8个省（区）。专项债券占比不足5%的有辽宁、广西、青海3个省（区）。具体情况如表6－7和图6－5所示。

表6－7　　各省（区、市）收费公路专项债券支持力度

序号	专项债券在项目总投资中的占比	地方名称及数量（按支持力度从大到小排列）
1	超过20%	宁波、山西2个省（市）
2	10%～20%	新疆、厦门、河北、甘肃、安徽、浙江、内蒙古、吉林、湖北、福建10个省（区）
3	5%～10%	云南、贵州、四川、广东、江苏、江西、黑龙江、海南8个省（区）
4	5%以下	辽宁、广西、青海3个省（区）

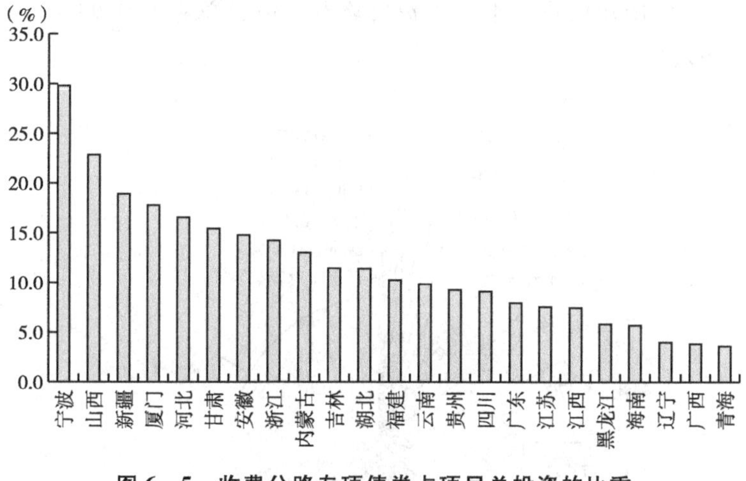

图6－5　收费公路专项债券占项目总投资的比重

二、作为项目资本金情况

2019年6月，中共中央办公厅、国务院办公厅印发《关于做好地方政府专项债券发行及项目配套融资工作的通知》，鼓励依法依规通过市场化融资解决项目资金来源，允许将专项债券作为符合条件的重大项目资本金，此类重大项目包括国家重点支持的铁路、国家高速公路和支持推进国家重大战略实施的地方高速公路、供电、供气项目。在此背景下，2020 年以来，不少省份在收费公路专项债券作为符合条件的政府收费公路项目资本金方面进行了积极探索实践，累计约有 1009 亿元收费公路专项债券资金用于项目资本金，占收费公路专项债券总规模的 15.35%。在当前国家政策条件下，收费公路专项债券为地方政府筹集政府收费公路项目资本金发挥了重要作用。

从专项债券用作项目资本金规模看，云南规模最大，累计超过 350 亿元，占各省（区、市）用作项目资本金收费公路专项债券总量的 36.20%；广西次之，累计金额接近 266 亿元，占各省（区、市）用作项目资本金收费公路专项债券总量的 26.38%；专项债券规模在 10 亿～100 亿元的有浙江、江西、福建、广东、四川、海南、辽宁 7 省（区、市），其中浙江规模最大，累计金额接近 82 亿元，占各省（区、市）用作项目资本金收费公路专项债券总量的 8.06%；专项债券规模在 10 亿元及以下的有河北、山西、新疆、贵州、甘肃、湖北、安徽 7 省（区、市），其中河北规模最大，金额为 10 亿元，占各省（区、市）用作项目资本金收费公路专项债券总量的 0.94%。具体情况如图 6－6 所示。

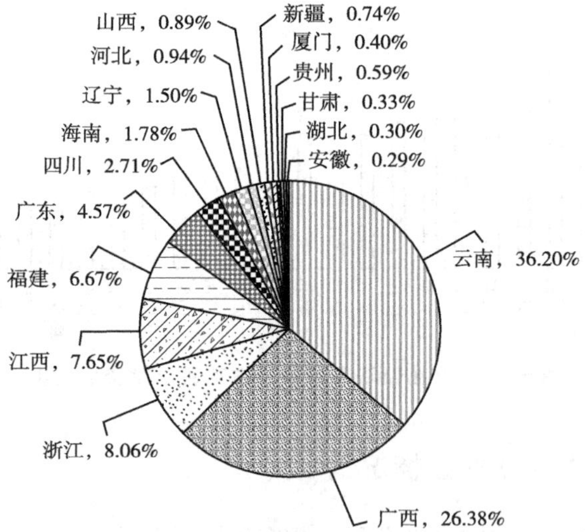

图 6－6　各省（区、市）用作项目资本金收费公路专项债券规模分布

需要注意的是，专项债券资金作为一定比例的项目资本金应当同时具备三项条件：一是专项债券支持、符合党中央国务院重大决策部署，具有较大示范带动效应的重大项目；二是涉及领域主要是国家重点支持的铁路、国家高速公路和支持推进国家重大战略实施的地方高速公路、供电、供气等项目；三是评估项目收益除偿还专项债券本息后，其他经营性专项收入具备向金融机构市场化融资条件的项目。总体来看，新规从严设定项目范围，并要求保障偿还能力，同时还严禁利用该政策进行层层放大杠杆。

第三节 专项债券需重点关注的问题

一、不同品种专项债券只能用于有收益的交通建设项目

《中华人民共和国预算法》《国务院关于加强地方政府性债务管理的意见》（国发〔2014〕43号）规定，地方政府举债采取政府债券方式，有一定收益的公益性事业发展确需政府举借专项债务的，由地方政府通过发行专项债券融资，以对应的政府性基金或专项收入偿还。2020年，财政部印发《地方政府债券发行管理办法》（财库〔2020〕43号）再次明确，专项债券是为有一定收益的公益性项目发行，以公益性项目对应的政府性基金收入或专项收入作为还本付息资金来源的政府债券。据调研了解，目前部分地区存在将专项债券用于农村公路等没有收益项目建设的不规范做法，需要严格按照地方政府债券资金使用规定，进一步规范专项债券使用管理，只能用于有一定收益的交通基础设施建设项目，不得用于农村公路等没有收益的交通基础设施项目。

二、专项债券应不得用于采用PPP等模式的经营性公路

《收费公路管理条例》规定，经营性公路是指国内外经济组织投资建设或者依照公路法的规定受让政府还贷公路收费权的公路，建设资金由作为投资建设主体的经济组织负责筹集，通过收取车辆通行费收回投资并获得合理回报。现阶段，经营性公路主要采用PPP模式进行运作，政府与社会资本按约定共同成立特别目的公司建设和运营合作项目。根据《政府投资条例》《关于深化投融资体制改革的意见》（中发〔2016〕18号）规定，政府投资资金作为预算安排资金，对确需支持的经营性项目，主要采取资本金注入方

式投入，也可适当采取投资补助、贷款贴息等方式进行引导。而专项债券作为地方政府为支持有一定收益的公益性事业发展而举借的、以公益性项目对应的政府性基金收入或专项收入作为还本付息资金来源的政府债券，属于地方政府专项债务资金，不能用于采用 PPP 等模式的经营性公路。

三、债贷组合融资模式下要落实好到期债务偿还责任

2019 年以来，对收益兼有政府性基金收入和其他经营性专项收入，且偿还专项债券本息后仍有剩余专项收入的铁路、公路等重大项目，可以由有关企业法人项目单位根据剩余专项收入情况向金融机构市场化融资，实行专项债券和市场化融合相结合的融资模式。组合使用专项债券和市场化融资的项目，项目收入实行分账管理，其中项目对应的政府性基金收入和用于偿还专项债券的专项收入及时足额缴入国库，纳入政府性基金预算管理，确保专项债券还本付息资金安全；项目单位依法对市场化融资承担全部偿还责任，在银行开立监管账户，将市场化融资资金以及项目对应可用于偿还市场化融资的专项收入，及时足额归集至监管账户，保障市场化融资到期偿付。项目单位不得以任何方式新增隐性债务。

四、收费公路收费期限已突破现行管理政策相关规定

近年来，国家积极鼓励发行 10 年期以上的长期专项债券，更好地匹配项目资金需求和期限，20 年、30 年期收费公路专项债券发行规模从 2019 年的 260.2 亿元增加到 2022 年的 921.3 亿元。其中，2022 年 30 年期收费公路专项债券发行规模占比达 40.9%，在这种情况下，为匹配收费公路项目期限与专项债券期限，收费公路项目收费期限通常将超过 20 年。现行《收费公路管理条例》规定，目前通过发行收费公路等品种专项债券举债融资建设的政府收费公路收费期限东部地区最长不得超过 15 年，中西部地区最长不得超过 20 年。从实践情况看，一些省份通过发行专项债券举借债务融资建设的收费公路的收费期限已经突破现行《收费公路管理条例》有关东部地区最长不得超过 15 年、中西部地区最长不得超过 20 年的规定，倒逼收费公路管理政策必须加快调整完善步伐。

五、专项债发放额度不足，在建项目资金缺口大，不能充分覆盖项目需求

根据各省（区、市）历年收费公路专项债券发行情况，债券发行占比不足资金需求的40%，项目整体资金缺口大。专项债发放不能覆盖项目建设全过程。现行政策要求，取得施工许可后，方可发放专项债券，项目建设完工以后，不再安排专项债券发行，而公路建成通车到竣工决算期间仍有大量资金需求，造成项目通车之后资金压力巨大。

六、地方政府债券继续大幅度增加的可能性不大

近年来各地将重大交通项目作为政府债券支持的第一重点领域，给予了极大倾斜，也充分用足用好了政府专项债券政策。以江苏为例，据统计，自2020年以来，江苏省地方政府专项债券用于重大项目资本金中的绝大多数均投向了交通项目。2020年—2023年第1季度，江苏用于项目资本金的专项债券占比分别为46%、68%、73%、86%，从侧面反映了各地筹集资本金的压力逐年增大，真金白银少了、举借债务多了。受各地债务空间、偿债能力和项目平衡等多重约束，发债规模很难在现有基础上继续大幅度增加。

第四节　专项债券发行使用创新情况

一、完善收费定价、提高项目财务可行性

一是2021年，为解决江苏高速公路跨江大桥、隧道、改扩建项目投融资难和收费标准定价等突出问题，江苏省交通运输厅与省有关部门，统筹高速公路技术等级、投资总额、交通流量、运维成本以及物价指数等因素，充分考虑公众出行成本和降低物流成本的要求，研究制定了高速公路跨江大桥、隧道、改扩建项目车辆通行费收费标准定价机制，经广泛征求意见、开展社会稳定风险评估、公开听证等程序后，报省政府批准印发实施。新的定价机制实施以来，有力地支撑了江苏省“十四五”重点高速公路项目建设，社会接受程度高，实现了高速公路促融资和降成本的较好平衡。二是为破解湖南

水运建设资金筹措难题，保障“十四五”水运规划顺利实施落地，湖南省交通运输厅报请省政府出台《湖南省内河航道新改扩建船闸收费实施办法》，对全省水运新建船闸收取合理通行费，为水运项目建设使用信贷资金、专项债资金创造条件。

二、加大政府债券发行力度

据不完全统计，“十四五”前两年，浙江争取到收费公路专项债券132亿元，全额保障7个政府收费高速公路项目融资需求，支撑项目总投资958亿元，有效发挥专项债券融资支持作用。安徽发行收费公路专项债券117.52亿元，有效降低收费公路建设融资成本。广西发行地方政府专项债券399.5亿元。山东2022年发行市级专项债券53亿元，其中用于资本金的有26亿元，投入公路水路项目19个。江苏在发行收费公路专项债券50.2亿元的同时，也累计发行其他各类专项债券（主要为城镇建设专项债）323.9亿元用于公路水路建设，其中用于项目资本金的有250.3亿元。江西“十四五”时期以来，公路水路一般债券和专项债券发行额度共计176.3亿元，已全部使用完毕。其中，高速公路项目8个项目共使用专项债123.5亿元；普通公路项目共使用政府债券资金34.75亿元，其中一般债券30.82亿元，专项债券3.94亿元；水路项目9个项目共使用专项债券18亿元。

近年来，云南抢抓地方政府专项债券政策机遇，在严格按照国家相关要求下，持续推动综合交通领域项目发行专项债券，“十四五”期间云南共发综合交通运输基础设施建设项目专项债券804.97亿元，其中公路水路项目655.03亿元（其中：公路项目609.19亿元，水运项目45.84亿元），占全区2857亿元专项债额度的22.93%。其中，474.93亿元可作为资本金部分使用，按照项目资本金20%计算，专项债券可直接带动的项目投资约为2375亿元，发挥了专项债资金的撬动作用。从使用进度来看高速公路专项债资金使用进度较快，2021年、2022年已发行的专项债券资金使用进度接近90%，水运项目专项债资金受到水运项目施工窗口期短、项目前期要素不全等因素使用进度较慢。

三、积极探索“交通+资源”等模式

浙江积极探索“交通+资源”等模式。将交通项目与收益资源打包，申请地方政府专项债券资金。苍南县：将168公里农村公路与旅游资源整合包装，以旅游产业收入现金流进行偿还，成功申请专项债9.89亿元（2023年计划下达2.88亿元），目前正在谋划包装乡村振兴共同富裕项目（二期）18.28亿元。海盐县：将疏港公路作为赋能港口、码头等经营性资产的一部分进行整体策划，积极推进嘉兴海河联运示范区海盐多式联运工程，通过港口码头业态开发、客运综合体商铺办公用房、停车场、广告等收入来平衡资金，申报专项债券额度合计122亿元。

山东省市县财政通过专项债券筹集部分资金，主要采用“专项债+国企平台”的方式运作，由市县政府授权本级国有企业代表政府出资，资金用于项目建设期投资。2022年，山东发行专项债的公路水路项目19个（收费公路项目10个、港口项目9个），均为市级专项债，发债金额共53亿元，其中用于资本金26亿元。

四、创新“交通基金+专项债券+市场化融资”模式

广西推动区直交通企业按市场化方式设立三支总规模2000亿元交通投资基金、水运港口发展基金和项目子基金，积极利用各类债务融资工具拓宽融资渠道、扩大融资规模。2021年—2023年4月，指导区直交通企业以政府债券和财政补助资金为杠杆加快基金募资投资，运用“交通基金+专项债券+市场化融资”模式融资超1461.45亿元，运用企业债、公司债、乡村振兴票据等新型融资工具在资本市场直接融资1712.97亿元。

广西用活政府债券资金和专项债券可作重点项目资本金政策，创新运用“投贷结合”“债贷结合”方式，积极推进符合条件的重大项目开展“专项债券+市场化融资”模式组合融资。2021年—2023年4月，指导交通企业用好“桂惠贷—通道贷”等贷款优惠政策，累计推荐入库交通企业592家、获贷企业333家，获得贷款644.38亿元，降低企业融资成本10.5亿元。

第七章
建立公路建设长期债券制度研究

本章根据《国务院办公厅关于印发交通运输领域中央与地方财政事权和支出责任划分改革方案的通知》（国办发〔2019〕33 号），结合中央与地方在公路交通发展中所承担的支出责任，研究从中央和地方两个层面发行公路建设长期债券，债券属性为政府债券，债券期限在 20 年以上，还款方式前 20 年只付息不还本。从近期看，期限设计要考虑资本市场和投资者的承受能力，也要参考银行贷款最长不超过 30 年的政策和收费公路收费期限一般不超过 30 年的政策。从远期看，随着《收费公路管理条例》的修订，偿债期收费和养护期收费“两期收费”制度的建立，可以探索发行 50～100 年（参考高速公路的全生命周期）的超长期债券。

第一节　发行长期债券的必要性

债券是指政府、企业、银行等债务人依照法定程序发行、约定在一定期限还本付息的有价证券，在我国主要有国债、地方政府债券、企业债券等品种。我国中央政府发行的债券称为国债，筹集的资金由中央统筹用于平衡财政收支和经济建设等。国债的品种主要有：1 年以内的短期国债、1～10 年中期国债、10 年（含）以上长期国债，目前已发行的最长期限为 50 年。例如，2017 年我国新发行国债中，10 年以上长期国债占 53%，其中 30 年以上长期国债占 22%。我国地方政府发行的债券分为地方政府一般债券和地方政府专项债券，主要以项目是否有收益进行区分，前者以一般公共预算收入偿还，后者以对应的政府性基金或专项收入偿还。我国企业发行的债券主要有企业债券、公司债券、私募债券等。虽然我国债券发行期限以3～10年为主，但通过接续发行的制度设计，也达到了债券资金长期使用的目的。

一、建设交通强国的需要

经济社会发展，交通运输先行。习近平总书记指出：交通运输基础设施具有很强的先导作用，“要想富，先修路”不过时，“十四五”时期是加快建设交通强国的起步期，也是综合交通运输发展的关键期。党的十九大提出了建设交通强国的战略目标，强调以深化供给侧结构性改革为主线，推动经济发展质量变革、效率变革、动力变革。为完成这一历史使命，我们必须加快交通运输供给侧结构性改革，落实好国家重大战略，打好三大“攻坚战”，补齐基础设施短板，提升服务水平，加快构建现代综合交通运输体系，当好经济社会发展先行官，这些都需要有稳定的资金渠道予以保障。不论是中央交通专项资金还是地方财政资金，目前都不能满足交通强国建设的资金需求。发行公路建设长期债券，稳定资金保障渠道，增强融资功能，有利于奋力实现由交通大国向交通强国的迈进。

二、扩大当前公路有效投资的需要

随着国家财税体制改革和财政事权与支出责任划分改革的不断深化，不同层级政府之间、政府与市场之间的关系逐步理顺，交通运输投融资环境发生了深刻变化。但在新老政策转换之间，交通运输面临资金筹集难、债务风险高企等问题，特别是2017年以来，中央不断强化金融风险和政府隐性债务风险防范，过去传统融资模式逐步被叫停，PPP和产业投资基金的资金筹集作用有限，交通运输固定资产投资存在大幅下滑的风险。为加大逆周期调节力度，更好发挥地方政府专项债券的重要作用，着力加大对重点领域和薄弱环节的支持力度，中央印发了《关于做好地方政府专项债券发行及项目配套融资工作的通知》（中办发〔2019〕33号，以下简称33号文），提出允许将专项债券作为符合条件的重大项目资本金，并将范围限定于国家重点支持的铁路、国家高速公路和支持推进国家重大战略的地方高速公路、供电、供气项目，并允许组合使用专项债券和市场化融资。研究公路建设长期债券作为交通重大项目资本金，并组合使用市场化融资，可以有效弥补传统融资模式被叫停后的投资缺口，也可以通过长期债券资金带动市场化融资资金侧重向国家重大战略倾斜，向中西部地区和集中连片特困地区倾斜，向公路基础设施短板倾斜，有利于扩大公路有效投资，对促进交通运输持续健康发展具有重要意义。

三、优化融资结构降低成本的需要

我国公路经过30多年的加快建设已初步成网，干线通道和潜在经济效益较好的高速公路基本都已建成，在建和剩下待建的高速公路项目，除了部分复线项目以外，主要是一些非干线通道项目、路网连接线项目、加密线项目，普遍收益率较低，对社会资本难以形成有效吸引，增大了当期财政投入的压力。党的十九大提出深化金融体制改革，要促进多层次资本市场健康发展，提高直接融资比重，增强金融服务实体经济能力。政府债券的融资成本（2.5% ~ 4%）比同期商业银行贷款利率（4.5% ~6%）低，也比社会资本普遍要求的回报率（7% ~8%）低很多。长期债券的还债期限与高速公路基础设施的全生命周期更匹配。33号文提出要合理提高长期专项债券期限比例，专项债券期限原则上与项目期限相匹配，并统筹考虑投资者需求、到期债务分布等因素，降低期限错配风险，防止资金闲置，对于铁路、城际交通、收费公路、水利工程等建设和运营期限较长的重大项目，鼓励发行10年期以上的长期专项债券，更好匹配项目资金需求和期限。因此，通过发行公路建设长期债券能够有效降低公路建设融资成本，减轻行业负担。

四、防范化解债务风险的需要

改革开放以来，利用“贷款修路、收费还贷”政策，我国公路基础设施面貌发生了巨大改变，结构得到很大改善，但同时也积累了大量的债务。2014年以来，党中央、国务院对加强地方政府债务风险防控作出一系列部署，要求坚决打好防范化解重大风险攻坚战，剥离政府融资平台的政府融资职能，政府对公益事业的融资只能采取发行政府债券的方式。现有国债和地方政府债券难以满足公路发展的需要，亟须创新交通领域债券品种，通过发行长期债券的方式，一方面加大当期资金投入，另一方面有利于调整优化公路债务结构，缓解近期债务还本压力，避免资金链断裂，防范化解公路建设债务集中到期风险。

第二节 发行长期债券的可行性

一、交通基础设施使用寿命长、受益期长的特点与长期债券匹配

交通基础设施具有使用寿命长、受益期长的特点，我国高速公路发展主要采用收费模式，具有稳定、长期的现金流入，适合利用长期债券的方式筹集建设资金。据统计，截至2017年底，全国收费公路里程16.37万公里，年通行费收入5130.2亿元。随着经济社会的发展，收费公路通行费收入还将会实现一定幅度的增长。根据《收费公路管理条例（修订草案）》，下一步将建立偿债期（经营期）收费和养护期收费“两期收费”制度，明确政府收费高速公路项目偿债期限应当按照覆盖债务还本付息需求的原则合理设置。将“两期收费”作为收费公路发展的基本政策，可以进一步增强收费公路创造现金流的能力，为发行长期债券创造更好的募集条件。

二、我国政府在长期债券发行与管理上有丰富的经验积累

我国债券市场发展迅猛，债券品种逐步齐全，市场交易设施规范，初步建立了比较发达的债券市场。我国已有多年的国债、地方债、企业债、金融债发行经验，特别是30年、50年长期限国债的发行实践使我国在长期债券的发行方式、品种结构、期限结构、利率结构等方面都积累了丰富的经验。一是我国现有的证券交易网络建设发展很快，包括上海和深圳两个交易所、银行间债券交易市场和商业银行柜台交易市场等，都为长期债券的交易、为提高长期债券的流动性创造了基本的条件。二是我国的市场中介机构，如投资银行、信用评级机构、会计审计机构等，都已经有了较大的发展，它们能为长期债券的发行、承销、评级、流通、转让、保险提供全方位的服务，并能对长期债券的发行主体进行有效的约束和监督。三是改革开放40年来，我国经济保持了持续快速增长，资金供给丰富，特别是社保、保险等机构资金的逐步壮大，为长期债券发行提供了充足的资金保证。

三、采用长期债券支持交通运输发展在国外有大量成功经验借鉴

在美国，州和地方政府为发展交通基础设施，除安排预算资金外，还通过发行市政债券筹集资金，至今已有200多年历史。美国的市政债券可以滚动发行，用于置换存量债务和安排新建任务，在债券类别上分为一般责任债券、特种税收债券和收益债券。据统计，美国州和地方政府每年用于交通运输领域的债券规模占市政债券总额的12%左右，约为400亿~600亿美元，其中相当一部分是采用发行长期收益债券的形式，用于收费公路、机场、港口等方面的建设，典型的有10年、20年和30年期限，与收费期限或基础设施全生命周期相匹配，并且债务偿还结构安排合理，在前期以付息和少量还本为主。日本在2005年道路公团改革过程中，明确公路资产归日本政府所有，债务由新设立的独立行政法人（日本道路保有和债务偿还机构）代政府持有，并且新建资金也由独立行政法人负责统一筹集。独立行政法人通过政府担保发债或自行发债的方式，以较低利率从市场筹集长期建设资金，有效化解了道路公团的债务危机。在交通基础设施领域，可以充分借鉴美国、日本运用长期限债券融资的形式，建立起我国公路建设长期债券制度。

第三节　长期债券设立方案

根据《国务院办公厅关于印发交通运输领域中央与地方财政事权和支出责任划分改革方案的通知》（国办发〔2019〕33号），结合中央与地方在公路交通发展中所承担的支出责任，交通运输基础设施受益期特点，笔者建议从中央和地方两个层面考虑发行公路建设长期债券：一是由中央政府发行国家公路建设长期债券，主要投向为国家高速公路和普通国道等，还款来源为中央财政一般预算收入和车辆购置税资金；二是在现有地方政府收费公路专项债券的基础上，建立收费公路长期债券制度。

一、中央政府发行国家公路建设长期债券

（一）发行主体

由财政部以中央财政一般预算收入和车辆购置税等中央交通专项资金作

为偿债来源，发行国家公路建设长期债券。

（二）发行规模

交通运输部结合国家公路发展规划、各地公路发展实际和完善路网的现实需求、中央财政资金投入、车辆购置税专项资金投资政策等因素，对下一年度国家公路建设长期债券项目和额度提出建议。财政部在报经国务院批准并经全国人大审议后，在中央政府债务余额限额内确定年度国家公路建设长期债券额度。

（三）发行方式和期限

该债券在银行间债券市场、证券交易所市场、商业银行柜台市场等场所发行和流通，同时也在上海等自由贸易区发行，并分别在中央结算公司和证券登记公司上海分公司、深圳分公司登记托管。国家公路建设长期债券期限以 30 ~ 50 年为主。

（四）偿债方式

该债券采用单利按年计息，不计复利。利息采取“固定利率 + 浮动利率”的组合，以一年期定存利率加基本利差的形式确定，阶梯浮动参考最近一年的通货膨胀率。每年付息一次，前 20 年不还本，后 20 ~ 50 年等额本金还本，最后一期利息随本金的兑付一起支付。

（五）资金用途

该债券用于中央财政事权和中央与地方共同事权中，需中央承担的相应支出，以及地方财政事权中，中央根据发展目标在特定时期内对有关事项需要给予的补助。它主要用于国家高速公路和普通国道项目，重点支持“一带一路”、京津冀协同发展、长江经济带、雄安新区等国家战略规划和乡村振兴的项目建设。

（六）还债来源

债券利息主要通过中央财政一般预算收入偿还，本金主要由未来的车辆购置税和一般预算收入来偿还，债券本金还可以通过继续滚动发行国家公路建设长期债券来偿还。

（七）实施中存在的困难

一是国家公路建设长期债券属于国债的范畴，在应对1998年亚洲金融危机和2008年国际金融危机中，中央曾通过发行国债并转贷地方的方式，支持交通基础设施发展，但尚无就交通基础设施领域发行具有专门用途国债的先例。因此，国家公路建设长期债券与普通国债之间的关系如何平衡处理需要研究。二是需要突破现有政策对车辆购置税使用范围的规定。

（八）需要支持政策

参照国债的低风险资质，明确银行投资国家公路建设长期债券的风险权重为零（根据巴塞尔协议，只有中央政府或中央银行等主权实体可以适用零的风险权重），进一步增强对银行等机构投资者的吸引力，降低公路建设长期债券的发行成本。对企业投资者持有长期债券取得的利息收入，免收企业所得税；对个人投资者持有长期债券取得的利息收入，免收个人所得税。

二、地方政府发行收费公路长期专项债券

（一）发行主体

省、自治区、直辖市政府（以下简称省级政府）为收费公路长期专项债券的发行主体。设区的市、自治州，县、自治县、不设区的市、市辖区级政府（以下简称市县级政府）确需发行收费公路专项债券的，由省级政府统一发行并转贷给市县级政府。

（二）发行规模

由省级交通运输部门和财政部门根据本地区政府收费公路发展规划、中央和地方财政资金投入、未来经营收支、政府收费公路车辆通行费收入、项目预期收益和融资平衡情况等因素，提出下一年度本省收费公路专项债券需求，并明确长期限品种的占比。

交通运输部结合国家公路发展规划、各地公路发展实际和完善路网的现实需求、中央财政资金投入、车辆购置税专项资金投资政策、项目收益和融资平衡情况等因素，对下一年度地方政府收费公路专项债券项目和额度提出建议。财政部在报经国务院批准并经全国人大审议后，确定年度全国收费公路专项债券总额度，并明确长期限品种的占比。

（三）发行方式和期限

在银行间债券市场、证券交易所市场、商业银行柜台市场等场所发行和流通，具备条件的地区可在上海等自由贸易区发行，并分别在中央结算公司和证券登记公司上海分公司、深圳分公司登记托管。丰富长期债券投资群体，鼓励和引导商业银行、保险公司、基金公司、社会保险基金等机构投资者和个人投资者参与投资长期债券。鼓励资管产品等非法人投资者参与投资地方政府债券。

收费公路长期专项债券的发行和使用应当严格对应到项目。根据政府收费公路相关性、收费期限等因素，收费公路长期专项债券可以对应单一项目发行，也可以对应多个项目集合发行。收费公路长期专项债券期限应当与收费公路收费期限相适应，以 20～30 年为宜。待《收费公路管理条例》修订完成后，可根据偿债期测算，相应调整长期专项债券期限，发行 50～100 年超长期限债券。收费公路长期专项债应实现项目收益和融资在全生命周期内自求平衡。

允许长期专项债券资金作为符合条件项目的资本金，实现债券资金与市场化融资相结合。按照有关规定组合使用长期专项债券和市场化融资的项目，专项债券期限、市场化融资期限应当与项目期限保持一致。

（四）偿债方式

采用单利按年计息，不计复利。利息采取“固定利率＋浮动利率”的组合，以一年期定存利率加基本利差的形式确定，阶梯浮动参考最近一年的通货膨胀率。例如，每年付息一次，前 20 年不还本，后 20～50 年等额本金还本，最后一期利息随本金的兑付一起支付。

加强对项目通行费收入的科学性、准确性和精细化预测，按照预期项目收益分布情况确定分期还本金额，平滑债券存续期内偿债压力。如果项目收益预期可能提前或延后实现的，可以采取含提前赎回选择权或延期选择权方式发行债券，按照预期项目收益可能提前或延后实现的期限设置赎回或延期选择权。

按照有关规定组合使用专项债券和市场化融资的项目，项目收入实行分账管理。项目对应的政府性基金收入和用于偿还专项债券的其他经营性专项收入及时足额缴入国库，确保专项债券还本付息资金安全；项目单位依法对市场化融资承担全部偿还责任，在银行开立监管账户，将市场化融资资金以及项目对应可用于偿还市场化融资的其他经营性专项收入，及时足额归集至监管账户，保障市场化融资到期偿付。

（五）资金用途

收费公路长期专项债券主要用于国家公路网规划和省级路网规划内的新建续建政府收费公路，也可用于对存量项目债务的置换。按照财政部的有关规定，收费公路长期专项债券筹集的资金不得用于偿还专项债务的利息，也不能用于非收费公路的建设。为体现国家发展目标，收费公路长期专项债券募集的资金应当优先用于“一带一路”、京津冀协同发展、长江经济带、雄安新区等国家战略规划的政府收费公路项目建设。

（六）还债来源

收费公路长期专项债券的本金和利息可以由收费公路通行费收入、广告和服务区经营收入以及收费公路权益转让收入等来偿还，债券本金还可以通过项目存续期内接续发行地方政府收费公路长期专项债券来偿还，但应合理确定再融资专项债券期限，原则上与同一项目剩余期限相匹配，避免频繁发债增加成本。对于具备乡村振兴、解决民生问题等重大社会效应的项目，财政可对项目运营进行补助，以提高项目偿债能力。

（七）需要支持的政策

收费公路长期专项债券突破现有的地方政府专项债务限额管理，根据项目预期收益、对应资产等因素确定额度。对收费公路长期专项债券用于国家高速公路网项目，在全生命周期内无法实现项目收益和融资自求平衡的，中央财政给予一定贴息。参照国债的低风险资质，明确银行投资地方政府收费公路长期专项债券的风险权重为零，增强对银行等机构投资者的吸引力。对企业投资者持有长期债券取得的利息收入，免收企业所得税；对个人投资者持有长期债券取得的利息收入，免收个人所得税。

第四节　相关政策措施建议

一、加强法律和制度障碍研究

会同有关部门进一步研究深化公路建设长期债券的设立方案，分析存在的法律和制度障碍，提出推进实施的意见建议。

二、调整完善收费公路政策

根据公路基础设施项目的投资特点和路网整体发展需要，结合我国经济社会发展的需要，研究建立省级政府“统一举债、统一收费、统一支出、统一管理”的政府收费公路政策，经营性公路的经营期限按照收回投资并有合理回报的原则综合确定，为发行长期债提供政策土壤。

三、调整完善收费公路专项债券制度

从三个方面调整完善收费公路专项债券制度：一是研究探索根据项目全生命周期预期收益、对应资产等因素来确定债券额度，调整当前根据现有通行费和还本付息需求来确定额度的方法，聚焦于长期限、低利率目标的实现。二是由目前仅能用于新建项目向存量项目债务结构调整扩展。三是根据收费公路项目期限，探索发行收费公路长期专项债券，实现债券期限与项目期限相匹配。

四、提高长期债券流动性

一是大量引入专门从事债券投资的机构投资者，包括基金管理公司、证券公司和其他社会法人，特别是更看重收益的稳定性的社保资金和保险

资金。二是建立互联互通的债券二级市场体系，打通银行间市场和交易所市场两个市场，形成批发和零售市场互连互动的协调局面。三是建立长期债券的场外交易市场，推广做市商制度，场外交易市场具有门槛低、交易成本低的优势。

五、加强长期债券的偿债压力测试

评估各地区分年到期长期债券本息和可偿债财力情况。偿债压力测试应当覆盖拟发行长期债券整个存续期，确保项目全生命周期内总体及分年度收支平衡，使项目全部预期收益覆盖融资本息。

第八章
政府和社会资本合作新机制研究

2014 年以来，为加强预算管理以及地方政府债务风险防控，国务院出台《关于加强地方政府性债务管理意见》（国发〔2014〕43 号），指明了发行政府债券和 PPP 两条融资路径，标志着基础设施投融资翻开新篇章。PPP 上升为一项国家制度在全国范围内推进实施。实施推进 8 年来，各行业基础设施投资建设取得了快速发展，但也因一些地方出现异化 PPP、过度透支地方政府财力，导致地方政府隐性债务风险明显增加等问题，从 2023 年 2 月底开始国家层面对 PPP 进行了全面的清理和整顿。本章重点在于总结交通运输领域 PPP 模式的运用情况、取得的成效、存在的不足、PPP 政策暂停对交通运输领域尤其是公路投资的影响，最后提出有关意见和建议。

第一节　交通运输领域 PPP 模式运用情况

自 2014 年以来，为加强预算管理以及地方政府债务风险防控，国务院出台《关于加强地方政府性债务管理意见》（国发〔2014〕43 号），指明了发行政府债券和 PPP 两条融资路径，标志着基础设施投融资翻开新篇章。随后，随着 PPP 制度的不断健全完善，PPP 模式在基础设施投资建设领域得到快速发展。期间，交通运输部印发了收费公路 PPP 操作指南、实施意见以及优化流程等一系列规范性文件，为各级交通运输部门用好 PPP 模式奠定了良好的制度基础。在规范性文件中，交通运输部明确社会资本是指已建立现代企业制度的各类国有企业、民营企业、外商投资企业、混合所有制企业，以及其他投资、经营主体，在交通运输领域推广 PPP 模式应最大限度地鼓励和吸引包括民营资本在内的社会资本投入，充分激发社会资本投资活力。在投资补助政策中，民营资本参与交通投资建设项目，可按照同样标准享受中央车辆购置税资金补助。

PPP 模式主要分为使用者付费（特许经营）、政府付费、政府可行性缺口补助三种。根据明树数据等机构提供的数据分析，截至 2022 年 3 月初，全国共有纳入财政部 PPP 管理库的已落地签约交通运输 PPP 项目数量 1300 个，涉及投资额 5.49 万亿元，涉及公路、铁路、场站枢纽、公交、航道、机场、港口等多个领域，分别占全国纳入财政部 PPP 管理库已落地签约 PPP 项目数量 16.8% 和总投资额的 42.9%。此外，还有 583 个已落地签约的高速公路、港口等项目按照特许经营模式实施、不在财政部 PPP 管理库中，涉及投资额 3.58 万亿元。因此，从大口径看，截至 2023 年 3 月初，全国已落地签约交通运输 PPP 项目共计 1883 个，涉及投资额 9.07 万亿元。

进一步跟踪分析发现，截至 2022 年底，全国共有纳入财政部 PPP 项目库已落地签约交通运输 PPP 项目数量 1371 个，涉及投资额 5.8 万亿元，其中公路项目投资规模占比在 90% 左右。此外，还有 627 个已落地签约的特许经营模式项目，涉及投资额 4.32 万亿元。因此，从大口径看，截至 2022 年底，全国已落地签约交通运输经营性项目共计 1998 个，涉及投资额 10.12 万亿元。其中，PPP 模式项目占 40%，特许经营模式项目占 60%。以 2022 年度落地的交通运输经营性项目为例，纳入财政部 PPP 项目库已落地签约交通运输 PPP 项目数量 95 个，涉及投资额 5897.93 亿元；按照特许经营模式、未纳入财政部项目库已落地签约交通运输项目数量 62 个，涉及投资额 8850.82 亿元；两项加总，大口径交通运输经营性项目共有 157 个，涉及投资规模 1.47 万亿元。

其中，2022 年全国纳入财政部项目库落地签约交通 PPP 项目中，公路 PPP 项目涉及投资规模 5465 亿元，占交通运输领域 PPP 项目投资规模的 93%；公路特许经营 BOT 项目涉及投资规模 8725 亿元，占交通运输领域特许经营 BOT 项目投资规模的 99%；两类项目相加，公路项目合计 14190 亿元，占 2022 年全国公路完成投资规模的 49%（2022 年全国完成公路投资 2.9 万亿元）。由此可以看出，公路项目采用财政部口径下 PPP 模式和国家发展改革委口径下特许经营模式的，投资规模占全国公路投资的近一半。具体情况如表 8－1 所示。

表 8－1　截至 2022 年 3 月全国已落地交通运输 PPP 项目数量及规模

项目范围	数量（个）	投资额（万亿元）	占比（%）
PPP 项目（入财政部管理库）	1300	5.49	60.5
PPP 项目（特许经营模式、未纳入财政部管理库）	583	3.58	39.5
全口径	1883	9.07	100

以截至 2022 年 3 月底数据为例，以下作具体细项分析。

一是从运用领域看（见表 8－2），高速公路在交通运输 PPP 市场占据主导地位，项目数量和投资规模分别占 30.1% 和 68.1%；普通国省干线次之，项目数量和投资规模分别占 46.7% 和 23%，农村公路、枢纽站场、港口和内河航道也有实践，但所占规模较小，项目数量和投资规模分别占 23.2% 和 8.9%。

表 8－2　交通运输 PPP 项目分布领域

项目类别	投资额（万亿元）	投资额占比（%）	数量（个）	数量占比（%）
高速公路	6.17	68.1	567	30.1
普通国省干线	2.09	23.0	880	46.7
农村公路、港口、航道、站场及其他	0.81	8.9	436	23.2

二是从项目分布层级看（见表 8－3），地市级政府实施 PPP 项目投资规模最大，项目数量和投资规模分别占 36.6% 和 49.4%；省级项目数量和投资规模分别占 11.7% 和 31.9%；区县级项目数量最多（占 51.7%），投资规模占 18.7%。

表 8－3　交通运输 PPP 项目实施分布层级

层级	投资额（万亿元）	投资额占比（%）	数量（个）	数量占比（%）
省级	2.89	31.9	220	11.7
地级市	4.48	49.4	689	36.6
区县级	1.69	18.7	974	51.7

三是从项目回报机制看（见表 8－4），可行性缺口补助类项目投资额最

多，项目数量和投资规模分别占44.3%和60.3%；使用者付费类项目数量和投资规模分别占12.2%和22.5%；政府付费类项目数量多，但投资规模最少，项目数量和投资规模分别占43.5%和17.2%。目前，使用者付费和可行性缺口补助项目主要是收费公路，约占总投资规模的80%。

表8－4　　　　交通运输PPP项目回报机制

回报机制	投资额（万亿元）	投资额占比（%）	数量（个）	数量占比（%）
使用者付费	2.04	22.5	229	12.2
可行性缺口补助	5.46	60.3	835	44.3
政府付费	1.56	17.2	819	43.5

四是从中标社会资本类型看（见表8－5），地方国有企业参与程度最高，地方国企牵头项目947个，涉及投资额4.55万亿元，市场占有率50.2%；中央企业次之，牵头项目617个，涉及投资额4.02万亿元，市场占有率44.3%；民营企业最低，牵头项目316个，涉及投资额0.5万亿元，市场占有率5.5%，但除了牵头项目外，民营企业还作为小股东与国企、央企组成联合体参与PPP项目。从整体参与情况看，民营企业牵头或参与项目共计508个，涉及投资额1.73万亿元，市场占有率19.1%，参与领域主要集中在普通国省干线和农村公路，还有包括少量港口码头、枢纽。

表8－5　　　　交通运输PPP项目中标社会资本类型

企业类型	投资额（万亿元）	投资额占比（%）	数量（个）	数量占比（%）
中央企业牵头	4.02	44.3	617	32.8
地方国企牵头	4.55	50.2	947	50.4
民营企业牵头	0.50	5.5	316	16.8
民营企业牵头、参与	1.73	19.1	508	27.0

总体来看，在各级交通运输部门及相关企业的不断探索和实践下，交通运输PPP市场实现了快速发展，已成为我国PPP改革实践领域的“主力军”和“领头羊”，有效吸引了大量社会资本参与交通基础设施建设，为支撑加快交通强国建设发挥着不可替代的作用。与此同时，民营资本作为推动交通

基础设施建设的重要力量，是实现交通多元化投资的生动实践，但由于其自身资金和技术装备实力以及投资偏好等多方面原因，市场份额还相对较小，作用还没有得到最大程度的发挥，有待进一步挖掘。

第二节 交通运输领域PPP模式发展特征

国家“十四五”规划纲要明确提出，要规范有序推进政府和社会资本合作（PPP）。我国PPP市场经过了从探索推广、高速发展、清理规范再到有序推进的发展历程，尤其是2017年下半年财政部对PPP项目开展了清理退库工作，“规范、高质、持续”成为PPP发展的主基调，2019年进一步提出以绩效财政为导向，PPP工作规范程度不断提高。交通运输领域作为PPP模式运用的核心领域，在PPP发展中呈现出新的发展趋势。

一、PPP模式逐渐成为交通重大战略项目、补短板项目的首要选择

我国经济进入新常态后，交通基础设施建设在稳增长、促投资、稳就业等方面依然发挥着重要作用。为积极扩大交通有效投资，需要加快国家重大工程交通项目和“6轴7廊8通道”战略骨干通道项目建设，精准补齐国家综合立体交通网短板。这些交通项目具有投资体量大、建设周期较长、预期收益稳定、社会效益显著等特点，通过采用PPP模式，广泛吸引社会资本参与，可以提高项目全生命周期整合度，发挥社会资本在投资、融资、设计、施工、运营、管理和维护全产业链条的优势，弥补政府投资不足，完善路网机构和功能。与此同时，各级交通运输部门逐步由基础设施公共服务的提供者转变为行业服务的监管者，减少对微观事务的过度参与，以项目运营绩效评价结果为依据，适时对价格和补贴进行调整，提高财政支出的引导和带动作用，拓宽社会资本发展空间，有效释放市场活力。

二、交通PPP市场由重数量重速度向重质量转变

在PPP制度推出初期，因政府专项债券制度尚不健全且额度规模小、融资平台替政府融资路径被“切断”，PPP模式成为各地开展交通运输投融资

最为主要的合法合规通道，得到大规模运用。除了收费公路外，普通国省干线、农村公路、内河航道、港口码头、城市公交、枢纽站场等多领域PPP实践同样得到了高速发展。但一些地方急于推项目，前期工作过于粗糙、实施操作不够规范、项目决策不够严谨，不少项目无法继续推进而被叫停；还有些项目为了解决项目融资问题通过PPP方式包装捆绑，合作内容不符合PPP实质内涵，产生了一些超出地方财力、固化政府支出责任、泛化运用范围，甚至涉嫌明股实债等违规操作等问题。为坚决遏制新增隐性债务风险，防止PPP异化为新的融资平台，财政部对PPP项目提出了更加严格的要求并对已入库项目开展了集中清理退库，并通过各地财政承受能力控制政府付费类项目数量，加强PPP项目的绩效评价。在此背景下，各级交通运输部门更加重视并规范项目前期准备和策划工作、充分开展市场测试等，不断创新PPP实施模式，推动交通PPP项目高质量发展。经过近几年调整，包括交通在内的PPP市场在规范高质量发展中逐渐呈现出恢复性增长的态势。

三、PPP项目“投融管退”良性投资循环路径逐步形成

“投融管退”中的“退”是最后一环，也是判断一项投资成功与否的重要衡量。但是在PPP领域，尤其是交通PPP项目，动辄20年以上的投资期限，往往让看重资金周转率的社会资本望而生畏，因此建立合规顺畅的退出机制成为各方社会资本关注的重点。2017年以来，国家发展改革委联合中国证监会先后推出PPP项目资产证券化（ABS）模式，基础设施领域不动产投资信托基金（REITs），将存量资产转化为可用资本，用回收资金再投向新的基础设施项目，形成资产和投资的良性循环。从交通运输行业来看，收费公路等交通基础设施属于重资产领域，REITs为交通运输行业提供了一种新的权益型融资工具，在一定程度上有利于拓宽社会资本投资渠道，缓解企业资本金不足、负债率较高、社会投资吸引力不强的问题。此外，直接上市融资（IPO）也是企业特别是民企特别关注的一种重要退出方式。在调研中了解到，河北某民营企业紧紧抓住此轮PPP市场发展机遇，努力实现了由传统施工企业转型为交通、市政基础设施投建管养运一体化发展的企业，并成功于2021年底在上海证券交易所上市。总体来看，PPP项目“投融管退”良性投资循环路径已初步构建并逐步丰富完善，为社会资本参与交通基础设施建设

提供了更多的选择和机会。

四、交通 PPP 市场专业化分工和协作程度不断增强

以前我国大多数交通项目还仍以传统施工承包模式推进为主，中央企业和地方国企主要充当着施工方角色。随着交通 PPP 市场的不断发展，以中央企业和地方国企为主，联合施工、设计、运营等多家专业单位共同参与交通 PPP 项目尤其是高速公路等投资规模大的项目已成为主要方式，一批多层次专业化的市场力量逐渐发展壮大起来，企业参与专业度和行业细分化不断增强。在具体项目中，负责投资、施工、运营管理、养护维护、经营开发等各方共同协作，各司其职，承担着各自优势业务，充分体现政府和各类社会资本之间的专业分工与密切合作。尽管民营企业牵头的交通 PPP 项目市场份额不大，但在投资后端承揽着大量业务，包括工程专项分包、劳务分包以及水泥、防水涂料原材料供应等（据调研某央企反映，以高速公路项目为例，民营企业直接或间接参与市场份额约占项目建安费的 30% ~50% ）。

第三节 PPP 模式推广运用中存在的问题

由于 PPP 模式较为复杂，不是单纯的融资模式，而是一种综合的管理模式，涉及设计、建设、融资、运营、维护等多个环节，对政府的监管能力、社会资本的经营和管理能力提出了巨大的挑战。项目组针对民企参与 PPP 项目的困难和障碍进行了深入分析，这些问题在交通运输领域也不同程度地存在，特别是关于民企融资困难、合法权益缺乏有效保障等。从交通运输行业自身看，交通运输投资建设市场、运输服务市场尤其是公路水路市场，是开放起步早、开放程度高的行业之一，这些领域对民间投资是完全开放的，已经出台的各项有关法律、法规、政策对民间资本进入交通运输领域没有任何禁止和限制措施。虽然 PPP 模式已在交通运输行业得到广泛运用，但在新的发展阶段下，包括国企、民企等社会资本在参与交通运输领域 PPP 项目中还存在以下几个方面的问题。

一、新建交通项目经济效益普遍不佳使得 PPP 推进难度加大

随着新建收费公路向中西部地区和山岭重丘地区延伸，其建设成本高、

投资规模大、社会效益突出，但投资回报率低、投资回收年限长，加之收费标准长期较低及各类免征或降低通行费的要求，预期经济收益不乐观，很多项目资本金收益率达不到国家发展改革委公布的公路行业经营性建设项目6%的财务基准收益率。根据全国工商联发布的《2021中国民营企业500强调研分析报告》，2020年民营企业500强净资产收益率达到了15.16%，超过目前大多数PPP项目所能带来的回报，相对于前期巨额的资金投入，资金回收期长、收益水平较低，社会资本尤其是民营资本对PPP项目的长期投资意愿不强、参与度不高。

二、地方财政收支矛盾加剧成为交通PPP发展的重要约束条件

受疫情冲击、经济潜在增长率下降以及全球经济下滑的影响，预计未来一段时间内我国财政收入将呈低水平运行态势，但财政支出刚性不减，特别是未来一段时间地方政府偿债集中（据有关学者粗略计算，“十四五”时期将有大约1/4的省份，其省级财政收入的50%以上将用于还本付息），收支缺口加大。在此情形下，按照财政部要求的“本级全部PPP项目从一般公共预算列支的财政支出责任，不超过当年本级一般公共预算支出的10%”的规定，地方政府尤其是中西部地区地市及以下政府实施交通基础设施PPP项目空间越来越有限。

三、收费公路专项债券“混用”于PPP项目中或将成为增加地方隐性债务新苗头

根据《国务院关于进一步深化预算管理制度改革的意见》（国发〔2021〕5号），“专项债券必须用于有一定收益的公益性建设项目”“专项债券项目对应的政府性基金收入、专项收入应当及时足额缴入国库”；交通运输部在《交通运输部办公厅关于进一步规范交通运输领域地方政府债券发行和使用管理工作的通知》（交办财审〔2021〕70号）中进一步要求，收费公路专项债券不得用于非收费公路项目，不得采用PPP等模式的经营性公路项目。近年来，地方财政、发改部门在各地申请专项债券项目文件中也明确要求专项债券不得用于PPP项目。在实践中，不少地区由于自身可用财力有限，并未严格按此要求贯彻执行，仍将收费公路专项债券用于PPP项目政府资本金或

对项目公司的补助，不仅难以做到资金分类分账管理，同时又存在“明股实债”问题，有新增地方政府隐性债务的风险隐患。中共中央办公厅、国务院办公厅印发《关于做好地方政府专项债券发行及项目配套融资工作的通知》，提出大力推广“专项债 + PPP”模式用于吸引社会资本参与，笔者认为在当前严控新增地方政府隐性债务红线要求下，这种模式存在较大审计风险。

四、PPP 相关配套法规制度不完善影响社会资本投资预期及积极性

目前我国 PPP 相关配套法规制度多为部门规章条例，层级较低，法律效力不足，且存在冲突之处，对 PPP 的内涵外延、职责分工等缺乏法律层面的统一规制，造成政策预期不稳、管理职责不清、程序衔接不畅等问题，导致民间资本在参与 PPP 项目时较为谨慎，担心争议产生时无据可依。与此同时，在公路行业，关系 PPP 实施的重要法律保障《收费公路管理条例》，已难以适应新形势下收费公路发展需求，不少收费公路项目按现行收费标准和收费期限难以获得投资回报，加上绿色通道、节假日等通行费免征政策，导致社会资本投资意愿不强，部分已纳入 PPP 项目库的建设项目难以落地。

五、PPP 项目存在重建设、轻运营的问题

PPP 项目的后期运营是项目能否持续的核心，也是充分体现社会资本优势、提高公共服务供给效率的关键环节。然而，部分地方政府对社会资本方的职责和功能认识不足，或者片面追求短期经济目标，简单地将社会资本等同于施工建设方。一方面，在项目招标过程中对社会资本方项目运营的资质、能力不够重视，没有一套对项目运营效益进行科学、完整和有效评判的标准体系，是导致项目评审过程中出现“重建设、轻运营”的客观原因；另一方面，目前 PPP 的社会资本主要是央企、地方国企等大型施工企业，关注的是施工利润，而非项目运营，同时施工企业往往缺乏项目运营所需的专业能力，因此对运营关注较少，对运营风险认识不足，也是导致“重建设、轻运营”的重要原因。

第四节　PPP 新机制新要求及其影响分析

近年来，PPP 模式在运用过程中出现偏离制度初衷、管理机制失灵、新增隐性债务等突出问题。一些地方急于推项目，前期工作过于粗糙、实施操作不够规范、项目决策不够严谨，不少项目无法继续推进而被叫停；还有些项目为了解决项目融资问题，通过 PPP 方式包装捆绑，合作内容不符合 PPP 实质内涵，产生了一些超出地方财力、固化政府支出责任、泛化运用范围，甚至涉嫌明股实债等违规操作等问题。2023 年 2 月，根据中央领导批示要求，财政部和国家发展改革委启动了全国范围内 PPP 项目清理核查，涉及内容广、覆盖范围全，各地交通 PPP 模式项目招商引资工作基本处于停滞状态，对交通建设投资影响非常大。2023 年 11 月，国务院办公厅转发了国家发展改革委、财政部《关于规范实施政府和社会资本合作新机制的指导意见》（国办函〔2023〕115 号），进一步深化基础设施投融资体制改革，规范实施政府和社会资本合作新机制，切实激发民间投资活力。2024 年 3 月，国家发展改革委、财政部、交通运输部等六部门印发《基础设施和公用事业特许经营管理办法》（简称 17 号令），鼓励和引导社会资本参与基础设施和公用事业建设运营，提高公共服务质量和效率，保护特许经营者合法权益，激发民间投资活力，保障社会公共利益和公共安全，促进经济社会持续健康发展。2024 年 5 月，国家发展改革委办公厅印发《政府和社会资本合作项目特许经营协议（编制）范本（2024 年试行版）》，指导各地方按照新机制要求依法合规、稳妥有序实施政府和社会资本合作项目。这一系列文件是自全国开展 PPP 清理核查以来，国家相关部门出台的“PPP 新机制”，标志着 PPP 模式在停摆后，正式拉开了重启的序幕，对交通基础设施运用 PPP 新机制提出了更高要求，影响重大。

一、我国 PPP 新机制政策要点

（一）聚焦使用者付费，提高项目实施门槛

过去 8 年，我国部分领域、部分项目出现把 PPP 项目异化或泛化为政府

兜底、通过拉长版政府补贴使原本不能上马的项目超前上马等现象，透支了地方政府未来财政能力。新机制要求聚焦于使用者付费项目，明确收费渠道和方式（有明确的收费标准和价格管理），项目经营收入能够覆盖建设投资和运营成本、具备一定投资回报。建设期，政府仍可以给予资金支持；运营期，除了行业统一规定的政府补贴外（如公交运营补贴），不能安排其他财政资金补贴缺口。

（二）重塑管理程序，规范项目实施

财政部牵头负责存量 PPP 项目处置安排、国家发展改革委牵头承担新 PPP 项目管理责任。对于新 PPP 项目，地方政府承担主体责任，地方发改部门管项目，财政部门管预算和债务。行业主管部门、事业单位作为 PPP 项目实施机构，负责编制特许经营方案等工作。地方发改部门牵头把关特许经营方案，开展特许经营模式可行性论证，依法依规履行投资管理程序。相较于 PPP 老机制，新机制不再要求开展财政承受能力论证和物有所值评价。

（三）实施分类管理，优先选择民营企业参与

PPP 新机制提出最大程度鼓励民营企业参与 PPP 项目，制定了 2023 年版清单，实行分类施策管理。市场化程度较高、公共属性较弱的项目，要求由民营企业独资或控股，如物流枢纽项目。关系国计民生、公共属性较强的项目，民营企业在项目公司的股权比例原则上不低于 35%，如智慧交通项目。少数涉及国家安全、公共属性强且具有自然垄断属性的项目，应积极创造条件、支持民营企业参与（国有企业可以独资），如投资规模大、建设难度高的收费公路，城市地铁，轻轨和市域铁路项目，民用运输机场项目。

（四）存量项目分类处理，稳妥防范风险

新政策要求对存量 PPP 项目进行分类处理。对于已运营的项目，要求严格履约，合理合规按效付费。对于在建的项目，对照审计发现问题和相关制

度规定，全面规范管理，对存在政府变相举债等问题的，要求整改到位，与地方债务风险化解结合起来，严防在建项目停摆烂尾。对于未开工项目从严处置。2023 年 2 月清理核查前未签订 PPP 协议的，无论是否需要政府补贴，一律暂停，按新机制规定推进。已签订 PPP 协议的项目，政府不承担融资责任、不给予缺口补助的完全使用者付费项目，可继续实施；政府承担缺口补助的项目，项目模式调整为政府通过发行债券方式筹集建设。

二、PPP 新机制影响分析

一是 PPP 新机制要求部分已完成招标工作项目重新办理相关程序，影响项目推进进度。PPP 新机制要求，在 2023 年 2 月之后开展招标采购程序的项目均执行新规定。部分省份为了抓紧项目推进，在 2023 年 2 月至 PPP 新机制出台前这一期间开展了社会资本招标工作，这类项目均需按照 PPP 新机制重新办理有关程序，甚至进行整改，对项目推进产生较大影响。例如东部某省有 10 个高速公路项目（总投资 1491 亿元、总里程 530 公里），都需要按照新要求重新办理项目申请报告，严重影响项目推进进度；西南某市 5 个高速公路项目已完成 PPP 项目招商但仍在整改，目前难以开工。

二是 PPP 新机制对项目投资收益提出更高要求，交通项目实施难度加大。PPP 新机制要求“项目经营收入能够覆盖建设投资和运营成本、具备一定投资回报，不因采用政府和社会资本合作模式额外新增地方财政未来支出责任”。尽管 PPP 新机制允许政府在收费公路项目建设期给予资金支持，但当前除了中央对国高项目给予补助资金外，多数省份财政收支矛盾突出，难以拿出资金给予支持，导致项目按照新机制实施招商困难挑战很大。例如，某西部省份 2023 年处于前期工作阶段的 1 个国家高速公路和 3 个地方高速公路项目，按照新机制的要求均难以落地实施。

三是 PPP 新机制有关方面未明确且配套政策尚未出台，相关流程难以推进。一方面 PPP 新机制下项目实施流程、中央资金申请流程、审核审批程序和要点、特许经营实施方案编制大纲等配套政策和文件尚未明确出台，导致各地在推进项目没有明确依据，省级发展改革委提出缺乏审查依据并要等国家层面出台细则后再开展审批工作，从而制约项目前期工作推进；另一方面 PPP 新机制通过“投资规模大、建设难度高”的原则对收费公路引入民营企业投资建设类别进行区分，但因缺少具体认定标准导致实际操作中难以界定，影响项目社会资本招标工作的顺利推进。

四是 PPP 新机制出台后陆续发布的相关解释和规范性文件，不利于交通 PPP 项目实施。一方面，关于收费公路能否适用最长期限 40 年的问题，《关于规范实施政府和社会资本合作新机制的指导意见》规定"特许经营期限原则上不超过 40 年，投资规模大、回报周期长的特许经营项目可以根据实际情况适当延长，法律法规另有规定的除外"，PPP 新机制配套公开的问答材料中则明确：对于收费公路项目，《收费公路管理条例》对收费期上限有明确规定，应按照条例规定执行。因此各地无法依据 PPP 新机制对新建经营性公路实现 40 年期限。另一方面，国家发展改革委发布《关于严格贯彻落实政府和社会资本合作新机制的通知》及《政府和社会资本合作项目特许经营方案编写大纲》（2024 年版征求意见稿）对特许经营者基本条件明确为：除作为政府出资人代表参与地方政府通过资本金注入方式给予投资支持的项目外，地方本级国有独资或国有控股企业（含其独资或控股的子公司）不得以任何方式作为本级政府和社会资本合作新建（含改扩建）项目的联合投标方或项目公司股东；作为政府出资人代表时，原则上不得在项目公司中控股。该要求关上了地方国有交通企业参与本级政府高速公路 PPP 项目的大门，造成各地推进 PPP 项目难度进一步加大。如果为了松绑该限制对项目实施层级进行上、下级调整，又将与事权改革相冲突。

第五节 相关政策措施建议

贯彻落实 PPP 政策整改及新机制的有关要求，结合交通运输领域 PPP 模式推广运用中存在的困难和问题，进一步深化交通运输投融资改革，规范有序推进 PPP，切实发挥 PPP 模式在优化资源配置、激发市场活力、扩大交通有效投资、提高交通运输供给的质量和效率等方面的重要作用，全力以赴加快建设交通强国，努力当好中国现代化的开路先锋，为促进稳增长、保持经济运行在合理区间作出更大贡献。

一、建议继续加强跟踪调研和指导，规范有序推进行业PPP高质量发展

及时组织开展交通运输行业PPP推广运用情况调研，重点了解各地在推进高速公路、枢纽站场等领域PPP工作的最新进展情况，包括方案设计、项目融资落地、绩效评价、各方合同履约等方面，充分掌握各地及相关企业PPP模式应用面临的困难和存在的问题，指导地方加强PPP项目前期准备，规范绩效评价，切实履约付费，优化营商环境，提高PPP项目落地率以及运营效率和服务水平。同时，通过选取各地交通PPP项目具有创新性示范性的典型案例，加强宣传，积极发挥好在行业的示范引领带动作用。

二、引导各地有效盘活交通资产和沿线资源，为吸引社会资本参与交通建设创造条件

建议中央各部门统筹协调，加强路衍经济的顶层设计，指导各地做好投融资模式创新，在服务区拓展、通道物流、交通能源、交旅融合、智慧交通等方面实现路衍产业"新突破"，促进交通发展与周边产业互促共进、融合发展，进一步提升交通项目经济效益，促进交通PPP项目可持续发展。推动研究完善配套政策措施，指导各地和交通企业在确保项目权责明晰、运营稳定、风险可控的前提下，积极探索和实践通过"PPP + REITs"、ABS（资产证券化）等方式盘活存量资产，实现交通项目资金和资产的良性循环。

三、建议指导地方严格规范政府债券资金使用，防止新增地方政府隐性债务

指导各地用足用好地方政府债券资金，进一步做好债券资金的申请、发行和使用管理工作，加强资金和项目对接，督促加快债券资金使用进度，尽快形成实物工作量，提高债券资金使用绩效，避免出现"资金等项目"问题。指导各地严格政府收费公路专项债券资金使用，不得用于采用PPP等模式的经营性公路项目，不得用于偿还债务等。同时规范探索"专项债券 + 市场化融资"路径，从政策层面更好保障项目融资需求，有效防范新增地方政府隐性债务风险。

四、配合和完善 PPP 法规制度保障，维护好社会资本合法正当权益

中央相关部门做好 PPP 立法及有关政策文件制定工作，统一顶层制度设计，确保政策稳定性、连贯性，加强合作各方权益保护，为 PPP 项目规范实施提供法律保障。同时，加快推动《收费公路管理条例》修订工作，完善收费公路特许经营期限、收费标准调整、收费权益转让等配套政策，给参与各方稳定正面的预期，夯实 PPP 持续健康发展的基础。

第九章
综合交通产业投资基金设立研究

为贯彻落实《交通强国建设纲要》《国家综合立体交通网规划纲要》，深入推进交通投融资体制改革，积极引导社会资本参与交通基础设施建设，加快建设交通强国，构建现代化高质量国家综合立体交通网，本章根据《中华人民共和国公路法》《中华人民共和国预算法》《政府投资基金暂行管理办法》等法律法规，提出了设立综合交通产业投资基金的基本思路和具体方案，包括基金设立的必要性、基金的定位和资金来源、基金的投向和投资方式、基金的运作模式及相关政策建议。

第一节　基金设立必要性分析

一、落实党中央决策部署推进综合交通发展的需要

2021 年 2 月，中共中央、国务院印发《国家综合立体交通网规划纲要》，目标是到 2035 年基本建成现代化高质量国家综合立体交通网，到 21 世纪中叶全面建成现代化高质量国家综合立体交通网。目前，我国各种运输方式已达到一定的规模和水平，各运输方式网络正处于加速成网的阶段，但综合交通运输体系仍存在质量不优、效率不高、韧性不够等发展不平衡不充分问题，其中突出问题是协同性不够。大力推进各种运输方式一体化融合发展，加快建设交通强国，需要建立起有效的资金保障协同机制和调控手段。

二、落实投融资体制改革任务的内在要求

中共中央、国务院印发的《关于深化投融资体制改革的意见》（中发

〔2016〕18号），明确提出“优化政府投资安排方式，根据发展需要，依法发起设立基础设施建设基金、政府出资产业投资基金等各类基金”。《国务院关于创新重点领域投融资机制鼓励社会投资的指导意见》（国发〔2014〕60号）提出“充分发挥政府投资的引导带动作用……大力发展股权投资基金和创业投资基金，鼓励民间资本采取私募等方式发起设立主要投资于公共服务、基础设施等领域的产业投资基金”。

三、产业投资基金具有其他市场化资金不可替代的显著优势

一是基金具有集合投资的功能，能够将不同投资主体的“小资金”集合成“大资金”，既能发挥规模投资的作用，又能分散投资风险。二是基金具有专项的用途，基金通常指具有专项用途的资金，既可以股权投资，也可以债权投资，如以股权投资为主，可用作项目资本金。三是基金具有专业管理的特点，能够有效发挥专业团队的优势，实现项目运作和产业发展的专业化服务。

四、借鉴其他行业发展经验的有效方式

2015年财政部印发的《政府投资基金暂行管理办法》明确提出，政府投资基金设立的目的是体现国家宏观政策、产业政策意图，支持创新创业、有效实现产业转型升级和重大发展。截至目前，我国已先后设立了10多支国家级政府出资产业投资基金，有效促进了相关产业的健康可持续发展。例如，2014年工业和信息化部、财政部联合设立的国家集成电路产业投资基金，在2018年基金实际出资已超过1000亿元，同年，基金二期方案获国务院批复，募资规模达2041亿元，对于支撑我国集成电路战略新兴产业发展发挥了重要作用。国家综合立体交通网建设是党中央、国务院立足建设交通强国、支撑现代化经济体系和社会主义现代化强国的一项重要战略部署，设立综合交通产业投资基金，符合国家宏观政策、产业政策意图，是支撑国家总体发展战略的重要保障和具体实践。

第二节　基金定位和资金来源

一、基金定位

综合交通产业投资基金的定位：中央政府出资引导、企业投资为主的市

场化运作的国家级产业投资基金，遵循“政府引导、市场运作，科学决策、防范风险”原则运作。基金由财政部、交通运输部共同发起，大型央企、大型物流企业、大型金融机构和优秀投资机构等社会资本参与，主要投向国家综合立体交通网中有一定收益的项目。根据国家综合立体交通网细分领域的投资需要，设立相应子基金。本基金定位为母基金，母基金作为子基金的基石出资人。

二、资金来源

基金总规模不低于5000亿元（其中：中央财政出资1000亿元），首期规模1000亿元。基金设立后，可以通过增资、基金投资收益转增股本或设立子基金等方式扩大基金规模，可通过发行期限不超过1年期的债券或银行流动资金贷款等方式筹集资金，用于弥补因日常运营产生的流动性缺口。

第三节　基金投向和投资方式

基金主要投向符合公路、水路、铁路、民航、邮政等专项规划和国家综合交通发展规划和政策且具有一定收益的交通基础设施建设项目，包括经营性国家高速公路及其他收费公路、重点港口、综合物流枢纽、疏港铁路、国家干线铁路、运输机场，以及各种运输方式的换乘（联运）基础设施等。对符合基金投资方向的项目，可采取如下方式投资。

一、子基金投资

根据业务细分领域投资需要，相应设立子基金。母基金对子基金的投资原则上不超过子基金规模的30%。

二、项目投资

基金投资单个项目比例原则上不超过基金总规模的20%。交通运输部及各投资人可向基金管理公司推荐项目，基金管理公司也可在市场寻找符合基金投资范围的目标资产，各参与主体推荐的项目纳入基金项目库，作为基金选择投资的项目储备。

三、股权投资

对有行业领先优势，能够发挥较强示范带动作用的龙头骨干企业直接注资形成股权，也可以采取优先股、可转换债券等准股权投资方式。

第四节　产业基金运作模式

一、基金运作框架

基金遵循“政府引导、市场运作，科学决策、防范风险”的原则，按照所有权、管理权、托管权三分离的机制，坚持市场化运作。

基金原则上采取合伙制运作模式，存续期 15 年，到期后经合伙人同意可适当延期。基金通过合伙人协议、委托管理协议等法律文件明确政策方向，约束投资行为，落实政策目标，实现投资收益。国务院授权财政部履行政府出资人职责，授权交通运输部承担监督职责，交通运输部对基金政策目标、投资战略等政策性事项进行指导监督。

基金设立理事会，作为基金的最高决策机构，主要由交通运输部、财政部、社会投资人组成，负责制定基金总体发展战略、协调相关政策、确定投资方向及策略、监督审议战略意义较强或投资金额较大的项目及对其他重大事项进行监督指导。理事会设理事长、副理事长，分别由交通运输部、财政部提名推荐，负责主持理事会会议。理事会办公室设在交通运输部，由交通运输部、财政部各推荐一名人员任理事会秘书，负责办公室工作。同时，基金设专家咨询委员会，由交通运输部、财政部等有关部门推荐人选组成，负责向理事会提供政策性事项建议，但不参与决策。

按照“先有管理人，后有基金”的市场通行做法，财政部、交通运输部采取招标等方式，结合基金管理需要，择优选定一家具备较强管理能力的专业基金管理公司，负责基金的募集、设立、投资、管理和退出等事宜。建立激励约束机制，基金管理公司作为社会资本参与综合交通产业投资基金的设立，出资份额不低于基金总规模的 1%。

基金理事会定期对基金管理公司业绩进行考核，对未通过考核的，经基金合伙人大会审定后予以更换。基金通过委托管理协议约定最低预期投资收益率（以下简称门槛收益率），并根据基金投资运行情况，向基金管理公司支付管理费和绩效奖励。管理费与基金管理公司业绩挂钩，绩效奖励必须达到门槛收益率后方可提取。

财政部、交通运输部在基金合伙人协议等法律文件框架下履行有关职责，但不干预基金管理公司的市场运作和具体项目管理。交通运输部会同财政部制定综合交通产业投资基金管理办法，明确基金的管理模式、募集方式、财务关系、投资运作及退出方式等。

二、收益分配及退出机制

基金的收益分配实行先回本后分红。分红时，在门槛收益率以内的收益，全部收益归基金合伙人，国家出资和基金管理公司出资部分最后参与分红；超过门槛收益率的部分，基金管理公司先提取绩效奖励，剩余部分原则上由各出资人按出资比例分配。国家出资收回资金优先统筹用于基金实体滚存使用。基金到期清算时，按各方出资比例分配收益或承担损失。

基金原则上通过到期清算退出。存续期内如完成投资绩效和政策目标，可考虑通过股权转让等方式退出。存续期未满如达到预期目标，可通过股权回购机制等市场通行做法适时退出。

第五节　相关政策措施建议

（1）综合交通产业投资基金设立后，可以通过发行期限不超过1年期的债券或银行流动性资金贷款等方式筹集资金，用于弥补因日常运营产生的流动性缺口，并给予基金投资人减半征收企业所得税政策。

（2）除基金管理公司外的社会出资人可优先分红（优先分取门槛收益），以吸引社会资本积极参与。

（3）对于注资综合交通产业投资基金的国有企业，国有资产监管部门对其经营业绩考核中，必要时予以适当考虑和支持。

（4）为提高基金投资效益，有效吸引社会资本投入，相关部门给予一定的税费优惠，对投入基金的中央财政资金免征资金账簿印花税，对基金公司和基金管理公司免征企业所得税。

（5）财政部按公共性原则对综合交通产业投资基金中国家出资进行综合评价，主要关注政策目标的实现效果和国家出资运作的合规性，考核结果与国家出资承诺让利幅度挂钩。

（6）交通运输部推动的综合交通重大项目，综合交通产业投资基金具有优先投资权。

| 第十章 |

资本市场助力交通运输发展研究

第一节　资本市场发展总体情况

一、资本市场的内涵和发展情况

资本市场，也称为长期资金市场，是金融市场的一个重要组成部分，通常是指进行中长期（一年以上）资金或资产借贷融通活动的市场。资本市场是一个多层次的经济体系，包括长期资本的提供和需求，如股票、长期公债、公司债券、一年以上的大额可转让存单、不动产抵押贷款和金融衍生工具等。狭义的资本市场，通常特指证券市场。

近年来，随着我国经济的快速发展和开放的深入推进，我国资本市场取得了长足的发展，正逐步成为全球资本市场的重要组成部分。

（一）我国资本市场在市场规模上取得了显著成就

截至2023年底，中国A股市场市值共计85.54万亿元，位居世界第二。同时，我国债券市场规模也在快速增长，2023年全年共发行各类债券71万亿元，其中国债11万亿元、地方政府债券9.3万亿元、金融债券10.2万亿元、公司信用类债券14万亿元、信贷资产支持证券3485.2亿元、同业存单25.8万亿元。截至2023年底，我国各类债券余额达到157.9万亿元。资本市场的规模扩大为我国经济提供了充足的融资渠道，为国家经济高质量发展提供了有力的支撑。

（二）我国资本市场在市场结构上实现了良性变革

过去，我国资本市场以国有企业为主导，市场集中度较高。近年来，国家推动市场对外开放，扩大了股票市场的参与主体。随着深圳证券交易所的创业板和中小板的出现，民营企业得以更方便地融资。新三板市场的推出，为投资创新型企业提供了更多选择。此外，国家还推出了科创板、北交所和注册制，进一步增加了市场的多样性和活力。

（三）我国资本市场体系完善取得了长足发展

近年来，国家出台了一系列相关制度和政策，加强了市场监管和风险防控。监管部门加大了对市场违法违规行为的打击力度，提高了资本市场的诚信度和透明度。推行健全投资者保护制度，加强对投资者的教育和风险提示，增强了投资者的保护感和参与市场的积极性。此外，为了吸引更多的境外投资者，沪深港通机制和合格境外投资者（QFII、RQFII）制度持续优化，降低了境外投资者准入门槛，投资范围不断扩大，更加便利了外资投资操作。这些举措有助于提高市场的运行效率和人民币的国际化程度。

与此同时，我国资本市场还存在着不少问题和挑战。首先，市场投资主体的结构还不够合理，以散户为主导，机构投资者的比例较低。这导致市场波动较大，对市场的影响力较弱。其次，市场信息披露和财务报告的透明度还有待提高。市场中存在一些不实信息的传播和企业财务造假行为，给投资者带来了风险。最后，市场波动性较大，流动性不足。部分投资者存在短期投机行为，导致市场的投资价值被低估。

二、资本市场高质量发展的政策要求

（一）习近平总书记关于资本市场的重要论述

党的十八大以来，习近平总书记高度重视金融工作，在多个重要场合就金融发展问题发表重要讲话，对做好金融工作作出重要指示。阐明了金融的本质和宗旨，“金融是国民经济的血脉”“为实体经济服务是金融的天职，是金融的宗旨，也是防范金融风险的根本举措”；明确了金融的极端重要性，

“金融是国家核心竞争力的重要组成部分”“金融安全是国家安全的重要组成部分，金融制度是经济社会发展中重要的基础性制度”；揭示了金融与经济共生共荣的辩证关系，“金融活，经济活；金融稳，经济稳”“经济兴，金融兴；经济强，金融强”“经济是肌体，金融是血脉，两者共生共荣”；提出了“加强党中央对金融工作的集中统一领导，是做好金融工作的根本保证”。习近平总书记关于金融高质量发展的重要论述思想深刻、内涵丰富，是习近平经济思想的重要组成部分，为做好新时代金融工作、推动中国金融高质量发展指明了方向、提供了根本遵循。

资本市场作为金融市场的重要组成部分，习近平总书记对资本市场还作出了一系列重要指示批示，深刻回答了新时代需要什么样的资本市场、怎样建设好资本市场的重大课题，为新时代资本市场改革发展指明了方向。

2015 年 9 月，习近平总书记在接受美国《华尔街日报》书面采访时指出，股市涨跌有其自身的运行规律，一般情况下政府不干预。政府的职责是维护公开、公平、公正的市场秩序，保护投资者特别是中小投资者的合法权益，促进股市长期稳定发展，防止发生大面积恐慌。前段时间，中国股市出现了异常波动，这主要是由于前期上涨过高过快以及国际市场大幅波动等因素引起的。为避免发生系统性风险，中国政府采取了一些措施，遏制了股市的恐慌情绪，避免了一次系统性风险。境外成熟市场也采取过类似做法。在综合采取多种稳定措施后，市场已经进入自我修复和自我调节阶段。发展资本市场是中国的改革方向，不会因为这次股市波动而改变。

2017 年 5 月，习近平总书记出席“一带一路”国际合作高峰论坛开幕式，提出要建设多元化融资体系和多层次资本市场。

2018 年 11 月，习近平总书记出席首届中国国际进口博览会，宣布在上海证券交易所设立科创板并试点注册制，支持上海国际金融中心和科技创新中心建设，不断完善资本市场基础制度。

2018 年 12 月，习近平总书记在中央经济工作会议上强调：资本市场在金融运行中具有牵一发而动全身的作用，要通过深化改革，打造一个规范、透明、开放、有活力、有韧性的资本市场，提高上市公司质量，完善交易制度，引导更多中长期资金进入，推动在上海证券交易所设立科创板并试点注册制尽快落地。

2019 年 12 月，习近平总书记在中央经济工作会议上强调：要加快金融体制改革，完善资本市场基础制度，提高上市公司质量，健全退出机制，稳步推进创业板和新三板改革。

2023 年 12 月，习近平总书记在中央金融工作会议上强调，要着力打造现代金融机构和市场体系，疏通资金进入实体经济的渠道，优化融资结构，更好发挥资本市场枢纽功能，推动股票发行注册制走深走实，发展多元化股权融资，大力提高上市公司质量，培育一流投资银行和投资机构，促进债券市场高质量发展。

2024 年 1 月，习近平总书记在省部级主要领导干部“推动金融高质量发展”专题研讨班上再次强调，要加快建设安全、规范、透明、开放、有活力、有韧性的资本市场。发展多层次股权市场，提高上市公司质量，深化常态化退市机制。发挥好创业投资、私募股权投资支持科技创新作用，强化债券市场、货币市场、外汇市场功能。

（二）“国九条”政策要点

2024 年 4 月 12 日，国务院发布《关于加强监管防范风险推动资本市场高质量发展的若干意见》（国发〔2024〕10 号）。该《意见》包含 9 个部分，也被称为“国九条”，是继 2004 年、2014 年两个“国九条”之后，国务院再次出台的资本市场指导性文件。作为长期建设的纲领性文件，新“国九条”明确了未来的政策走向，回应了高质量的资本市场应该具有什么特质，以及如何实现的问题。主要意义表现在以下几个方面。

一是这是资本市场长期建设的纲领性文件，设置了资本市场未来 5 年、到 2035 年、到本世纪中叶将要达到的发展目标，最终在本世纪中叶建成与金融强国相匹配的高质量资本市场。

二是后续政策重心将大力提高上市公司质量，管理层将从进口和出口两个方面入手。在进口端，将严把上市准入门槛，强化发行上市全链条的责任，“建立审核回溯问责追责机制”；在出口端，将大力气加大退市力度，畅通多元化退市渠道，特别强调要“进一步削减‘壳’资源价值”。此外，还将进一步强化退市监管，对于重大违法退市负有责任的控股股东、实际控制人、董事、高管等要依法赔偿投资者损失，将退市责任追究落实到个人。

三是严格上市公司持续监管，推动上市公司提升投资价值。主要是从两个方面着手，一方面要规范上市公司的减持，“按照实质重于形式”的原则坚决防范各类绕道减持，严厉打击各类违规减持；另一方面鼓励上市公司分红，提升上市公司的可投资价值。

四是进一步推动中长线资金入市，持续壮大长期投资力量。建立交易型开放式指数基金（ETF）快速审批通道，推动指数化投资发展，继续鼓励银行理财和信托资金积极参与资本市场，提升整个权益的投资规模。

五是将跨部门协调、多措并举推动资本市场高质量发展形成合力，特别提到要“深化央地、部际协调联动”，强化宏观政策协同，促进实体经济和产业高质量发展，还要“建立央地和跨部门监管数据信息共享机制”，使促进资本市场健康发展的各类措施能够更加有效地落实。

第二节　交通上市企业发展情况

一、交通企业上市情况

改革开放以来，经济建设成为国家的基本任务，企业对资金的需求日益多样化，我国资本市场开始萌生。上海证券交易所、深圳证券交易所于 1990 年 12 月先后营业。1993 年，股票发行试点正式由上海、深圳推广至全国，打开了资本市场进一步发展的空间。1993 年，第一家港口上市企业深赤湾在国内上市，通过发行股票筹集资金。1997 年，第一家高速上市企业深圳高速在香港交易所上市，第一家航空上市企业海南航空在国内上市。1998 年，上海机场成为国内机场首家上市公司。2000 年，外运发展成为国内航空货运代理行业的首家上市公司。2002 年，中远集团成为国内航运业的首家上市公司。2006 年，大秦铁路成为国内铁路行业首家上市公司。2016 年，圆通速递成为国内快递行业首家上市公司。

截至 2023 年底，我国交通运输行业包含铁路、公路、航空机场、航运港口和快递物流四个细分领域的 A 股上市公司共有 133 家，相关情况如下。

（一）总市值

2024 年 4 月 16 日，交通运输行业 A 股上市公司总市值 29848 亿元。其中，市值在20亿~50亿元的上市公司31家，占比（23%）最多；50亿~100亿元的上市公司28家，占比（21%）次之；超过1000亿元的上市公司6家。具体情况如图10-1和表10-1所示。

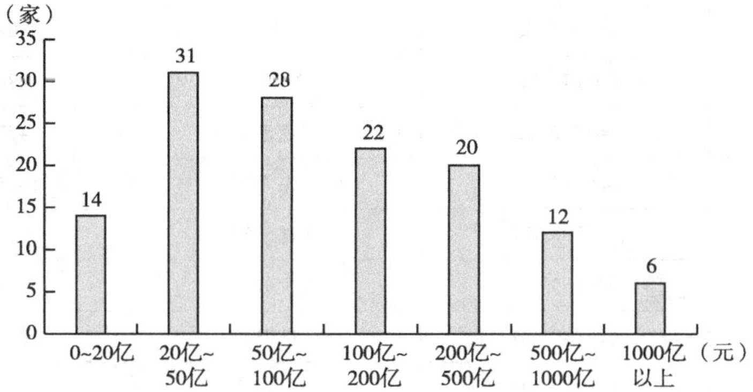

图10-1 交通行业A股上市公司市值分布（截至2024年4月16日）

表10-1 交通运输行业A股上市公司总市值排行榜

排名	证券代码	证券简称	总市值（亿元）
1	601816. SH	京沪高铁	2528. 98
2	002352. SZ	顺丰控股	1705. 49
3	601919. SH	中远海控	1630. 98
4	600018. SH	上港集团	1336. 51
5	601006. SH	大秦铁路	1333. 28
6	601111. SH	中国国航	1005. 37
7	600009. SH	上海机场	910. 04
8	600029. SH	南方航空	858. 09
9	001965. SZ	招商公路	820. 49
10	601018. SH	宁波港	706. 19
11	601872. SH	招商轮船	702. 81
12	600026. SH	中远海能	688. 39
13	600115. SH	中国东航	685. 45
14	600221. SH	海航控股	587. 56
15	601021. SH	春秋航空	572. 35

续表

排名	证券代码	证券简称	总市值（亿元）
16	600233. SH	圆通速递	567. 97
17	600377. SH	宁沪高速	548. 68
18	201872. SZ	招港 B	504. 92
19	601298. SH	青岛港	489. 71
20	001872. SZ	招商港口	457. 34
21	600350. SH	山东高速	435. 15
22	601598. SH	中国外运	419. 93
23	600153. SH	建发股份	297. 70
24	601880. SH	辽港股份	297. 28
25	601156. SH	东航物流	280. 68
26	601866. SH	中远海发	274. 14
27	601000. SH	唐山港	270. 22
28	603885. SH	吉祥航空	267. 67
29	601228. SH	广州港	266. 32
30	600004. SH	白云机场	242. 35

（二）总资产

2023 年第三季度，交通运输行业 A 股上市公司总资产合计 70246 亿元。其中，建发股份（9311. 77 亿元）保持排名第一，中远海控（4801. 45 亿元）排名第二，中国国航（3388. 65 亿元）排名第三。具体情况如表 10 – 2 所示。

表 10 – 2　　交通运输行业 A 股上市公司总资产排行榜

排名	证券代码	证券简称	总资产（亿元）
1	600153. SH	建发股份	9311. 77
2	601919. SH	中远海控	4801. 45
3	601111. SH	中国国航	3388. 65
4	600029. SH	南方航空	3062. 01
5	601816. SH	京沪高铁	2924. 35

续表

排名	证券代码	证券简称	总资产（亿元）
6	600115. SH	中国东航	2820. 69
7	002352. SZ	顺丰控股	2224. 16
8	601006. SH	大秦铁路	2062. 22
9	201872. SZ	招港 B	1991. 87
10	001872. SZ	招商港口	1991. 87
11	600018. SH	上港集团	1940. 20
12	600704. SH	物产中大	1927. 72
13	600350. SH	山东高速	1415. 96
14	600221. SH	海航控股	1392. 30
15	900945. SH	海控 B 股	1392. 30
16	600755. SH	厦门国贸	1353. 96
17	600057. SH	厦门象屿	1266. 92
18	601866. SH	中远海发	1208. 04
19	001965. SZ	招商公路	1190. 24
20	601018. SH	宁波港	1130. 07
21	601598. SH	中国外运	797. 87
22	600377. SH	宁沪高速	794. 70
23	600026. SH	中远海能	723. 39
24	600009. SH	上海机场	689. 05
25	600548. SH	深高速	673. 60
26	601872. SH	招商轮船	614. 88
27	601298. SH	青岛港	599. 91
28	601107. SH	四川成渝	578. 83
29	000900. SZ	现代投资	577. 39
30	601880. SH	辽港股份	561. 81

（三）净利润

2021 年、2022 年和 2023 年前三个季度，交通运输行业 A 股上市公司实现净利润合计分别为1946亿元、891.53亿元和1642.63亿元。2023年前三个季度，净利润第一名是中远海控（220.71亿元），第二名是建发股份（124.21亿元），第三名是上港集团（113.59亿元）。另外，有14家企业出现亏损。具体情况如表10－3所示。

表10－3　交通运输行业A股上市公司净利润排行榜　（单位：亿元）

排名	证券代码	证券简称	净利润 2021年报	净利润 2022年报	净利润 2023年前三个季度
1	601919.SH	中远海控	892.96	1095.95	220.71
2	600153.SH	建发股份	60.98	62.82	124.21
3	600018.SH	上港集团	146.82	172.24	113.59
4	601006.SH	大秦铁路	121.81	111.96	111.11
5	601816.SH	京沪高铁	48.16	－5.76	89.14
6	002352.SZ	顺丰控股	42.69	61.74	62.64
7	001965.SZ	招商公路	49.73	48.61	43.63
8	600377.SH	宁沪高速	41.79	37.24	40.37
9	601018.SH	宁波港	43.32	42.20	40.26
10	601298.SH	青岛港	39.64	45.25	37.88
11	601872.SH	招商轮船	36.09	50.86	37.58
12	600026.SH	中远海能	－49.75	14.57	37.14
13	601598.SH	中国外运	37.13	40.68	31.64
14	201872.SZ	招港B	26.86	33.37	31.49
15	001872.SZ	招商港口	26.86	33.37	31.49
16	600704.SH	物产中大	39.85	39.11	27.28
17	601021.SH	春秋航空	0.39	－30.36	26.77
18	600233.SH	圆通速递	21.03	39.20	26.59
19	600350.SH	山东高速	30.52	28.55	25.84
20	600755.SH	厦门国贸	34.12	35.89	18.66
21	601156.SH	东航物流	36.27	36.37	16.65
22	601000.SH	唐山港	20.89	16.90	16.14
23	600548.SH	深高速	26.06	20.14	15.39
24	200429.SZ	粤高速B	17.00	12.77	13.56

续表

排名	证券代码	证券简称	净利润 2021 年报	净利润 2022 年报	净利润 2023 年前三个季度
25	000429. SZ	粤高速 A	17. 00	12. 77	13. 56
26	600012. SH	皖通高速	15. 14	14. 45	13. 51
27	600029. SH	南方航空	-121. 03	-326. 82	13. 20
28	601326. SH	秦港股份	10. 38	13. 08	12. 93
29	601866. SH	中远海发	60. 91	39. 22	12. 04
30	601975. SH	招商南油	2. 96	12. 34	12. 03

（四）现金分红

交通运输行业 A 股上市公司自上市以来累计分红 5589. 63 亿元，其中 2022 年度分红 1077. 16 亿元。自上市以来累计分红第一名是大秦铁路（991. 19 亿元），第二名是中远海控（652. 18 亿元），第三名是上港集团（508. 27 亿元）。具体情况如表 10 -4 所示。

表 10 -4　交通运输行业 A 股上市公司现金分红排行榜　（单位：亿元）

排名	证券代码	证券简称	年度分红 （2022 年）	累计分红 （上市以来）
1	601006. SH	大秦铁路	72. 80	991. 19
2	601919. SH	中远海控	548. 27	652. 18
3	600018. SH	上港集团	32. 60	508. 27
4	600377. SH	宁沪高速	23. 17	272. 06
5	600350. SH	山东高速	19. 31	176. 75
6	600153. SH	建发股份	24. 04	148. 74
7	601018. SH	宁波港	16. 93	143. 92
8	600009. SH	上海机场	0	113. 45
9	001965. SZ	招商公路	25. 61	104. 44
10	601111. SH	中国国航	0	88. 29
11	600704. SH	物产中大	7. 79	86. 44
12	600548. SH	深高速	10. 08	83. 59
13	001872. SZ	招商港口	11. 25	74. 74

续表

排名	证券代码	证券简称	年度分红（2022年）	累计分红（上市以来）
14	601298. SH	青岛港	17. 48	73. 76
15	002352. SZ	顺丰控股	12. 14	73. 46
16	000429. SZ	粤高速A	8. 95	72. 69
17	601000. SH	唐山港	11. 85	71. 88
18	601816. SH	京沪高铁	5. 60	71. 79
19	600026. SH	中远海能	7. 16	69. 17
20	601872. SH	招商轮船	15. 44	64. 46
21	600755. SH	厦门国贸	14. 44	62. 88
22	600033. SH	福建高速	4. 12	61. 09
23	601333. SH	广深铁路	0	61. 04
24	600012. SH	皖通高速	9. 12	57. 00
25	600269. SH	赣粤高速	2. 34	56. 04
26	000088. SZ	盐田港	1. 01	55. 44
27	600004. SH	白云机场	0	53. 32
28	600057. SH	厦门象屿	13. 84	47. 44
29	600029. SH	南方航空	0	47. 14
30	601598. SH	中国外运	14. 55	46. 86

交通运输行业A股上市公司2022年度平均现金分红比例为55.35%（2022年度分红除以2021年净利润），远高于证监会落实“国九条”新规“最近三个会计年度累计现金分红总额不低于年均净利润的30%”的要求（相当于平均每年不低于10%）。

交通运输行业A股上市公司2022年度平均股息率为3.61%，高于银行5年期存款利率（平均2%），适合投资者长期持有。

二、交通项目发行公募REITs情况

（一）REITs开展情况

截至2024年3月底，全国共有基础设施公募REITs 35支、总募集资金规模1110.15亿元。其中，高速公路REITs 9只、募集资金规模487.91亿元；

仓储物流 REITs 3 只、募集资金规模 100.51 亿元。交通基础设施公募 REITs 数量和募集资金规模分别占比全国 REITs 市场的 34.3% 和 53.0%，占据着主力军地位。

从发行项目所在省份看，主要集中在东部、中部地区，包括湖北、安徽、广东、浙江、重庆、江苏、山东、湖南；从发行企业看，主要为头部省级交通企业和交通类央企。

我国公募 REITs 市场随股市大盘经历了 2023 年调整后，于 2024 年第一季度出现了较为明显的反弹，已上市的 35 只 REITs 中有 24 只均表现为上涨。高速公路 REITs 整体表现较为亮眼，平均涨幅 8.49%，其中中铁建重庆渝遂 REITs 上涨最为明显，涨幅高达 13.96%；也有如华夏中国交建 REITs 因估值偏差较大等原因，二级市场表现较差。中国交建 REITs 于 2022 年 4 月 7 日正式发行，发售价格为 9.399 元/份，2024 年 4 月 17 日收盘价格 5.135 元/份（期间累计分红达 6 次，总分红金额超过 4.9 亿元）。总体上看，公募 REITs 为我国交通基础设施投融资提供了一条新路径，有助于盘活存量交通资产、拓宽权益资金融资渠道、降低债务风险。

（二）REITs 在交通企业投融资中的功能定位

REITs 应用于高速公路、港口等交通基础设施，可以为交通企业盘活存量资产、实现投资循环提供的新路径，出售存量资产回收资金投向新项目，打通了“投资—运营—退出—再投资”的完整链条，形成投融资闭环；可以为企业业务扩张筹集项目资本金提供新的思路，资本金筹集是企业面临的难题，发行公募 REITs 回收资金可作为新项目的资本金；可以为企业从重资产发展向轻资产运营转型提供新的方向，企业在公募基金中持有一定比例的战略配售，视企业需要用少量资金控制项目，并按照委托代理关系仍对项目进行运营管理；可以为企业提供一种新的融资平台，今后可不断将优质资产注入该平台上市，实现逐步退出。

对于交通企业是否有能力和有意愿拿出资产发行 REITs，从企业层面还需要综合考虑较多因素，包括企业手中所持有“资产池子”中项目整体收益状况和水平；企业结合自身情况综合评估发行 REITs 与其他融资方式的成本、效率等优劣势比较；发行 REITs 对企业财务报表及未来融资的影响；企业发展方向及可投资新项目的收益预期；税收等 REITs 配套政策等。这些因素都将直接影响交通企业发行 REITs 的意愿。

总体上看，REITs 对交通企业提供了一条新的权益型融资路径，具有“资产上市平台”的长期战略价值和持续畅通投融资循环的功能，为交通企业市场化融资提供了一个有益的补充方式。

第三节　资本市场改革带来的挑战

对照新“国九条”要求，交通企业将面临上市融资渠道收窄、经营业绩管理要求提高和高速公路主业经营可持续性等方面的困难和挑战，主要集中在高速公路领域。具体情况分析如下。

一、新建项目投资收益不断下降，交通企业上市融资难度加大

近年来，受原材料、人工成本上涨以及沿线征地拆迁费用大幅上升，桥隧比高等因素影响，公路建设成本显著上升。据统计，全国高速公路平均造价由 2004 年的 3117 万元/公里上升到 2022 年的 1.21 亿元/公里、上涨了 3.87 倍，如广东省清花高速项目每公里造价高达 3.93 亿元，江苏省丹阳至金坛高速公路项目每公里造价高达 3.82 亿元。同时，随着路网结构的不断完善，高速公路网络逐步向中西部地区和山岭重丘地区延伸，车流量低、路网功能强但社会效益显著的项目比重不断增加，投资收益持续下降，在现有收费标准不变的前提下，现行最长 30 年的收费期限内大部分项目难以实现收益自平衡。新建交通项目投资收益总体呈下降趋势的现实，与新“国九条”严把发行上市准入关、提高上市标准之间的矛盾更加突出，其他尚未上市的高速公路类交通企业依托项目收益通过上市筹集资金的渠道进一步收窄。同时，能够满足通过发行 REITs 的存量高速公路资产规模将步收缩，交通行业通过上市盘活存量资产的通道也将变窄。

二、收费公路债务规模持续攀升，上市交通企业经营业绩管理面临考验

据统计，截至 2022 年底，全国收费公路债务规模高达 8.86 万亿元，较

2015年底增加一倍，预计到2025年底将突破11万亿元。同时，全国收费公路收支缺口从2015年的3187.3亿元增加至2022年的6707亿元，翻了一番多。2022年全国通行费收入平均利息覆盖率和本息覆盖率分别为109.8%、36.8%，仅能付息不能还本。其中，经营性公路平均还本付息能力略强于全国收费公路平均水平，但本息覆盖率也只有42.0%，收费期限内还本付息压力依然较大。从各地实际看，偿债存在困难的收费公路，通常都是依靠以丰补歉、借新还旧、统筹偿债等方式，弥补资金缺口，防止资金断链。

总体来看，随着收费公路债务规模的不断累积，通过借新还旧仅能缓解当前偿债压力，不能减少债务规模，还有可能新增债务本金（利息本金化），并充分暴露企业现金流严重不足问题，出现账面净利润符合分红基本条件但实际无力现金分红的情况，在新“国九条”严格上市公司持续监管、强化上市公司现金分红监管政策形势下，可能面临“实施其他风险警示”（ST）的风险。据报道，2024年4月14日晚间，上海证券交易所向吉林高速下发公司利润分配方案的监管问询函，针对公司连续多年盈利，但未实施现金分红问题，要求补充披露相应原因及合理性，以及留存资金的具体使用规划，这是交易所为落实新“国九条”要求首次因现金分红问题问询高速公路上市公司。在监管问询及舆论关注的压力下，4月18日晚间，吉林高速最终还是决定派发现金红利，拟按每10股派发现金股利0.90元（含税），共计派发现金股利1.7亿元（现金分红比例约31.14%），所需现金分红资金由上市公司流动资金解决。这意味着，在新“国九条”政策背景下，已上市的交通企业经营业绩管理将面临更多挑战。

三、高速公路收费期限陆续届满，上市交通企业可持续发展面临挑战

根据现行收费公路管理规定，收费公路的收费期限届满必须停止收费，其中经营性公路收费期限最长不得超过30年。据统计，2022年底全国有8221公里高速公路收费到期，涉及债务余额2694亿元；到2025年底，将有239个项目、超过1.9万公里高速公路收费期满，涉及债务余额6149亿元。如果按现行收费公路政策规定停止收费，一方面，将导致债务悬空，高速公路运营企业无力偿还；另一方面，停止收费的项目，因没有资金进行管养将

难以保障项目安全的运营生产，或由政府财政全部承担而超出现阶段处于收支“紧平衡”的财政保障能力。此外，收费到期的项目大多是早期建设、自身债务率低、收益高且对平衡路网现金流作用大的项目，一旦停止收费，将对路网整体收益造成较大影响，不仅会进一步加剧高速公路债务风险，还将带来上市交通企业主业经营利润的大幅下滑，进而影响上市交通企业投资价值。

在新“国九条”严格上市公司持续监管、推动上市公司提升投资价值等政策要求和形势下，综合考虑高速公路收费期限陆续届满和新建项目投资收益持续下降的影响，上市交通企业聚焦高速公路运营主业，综合运用并购重组等方式提高发展质量的难度进一步加大，健康可持续发展面临更大挑战，可能引发交通企业退市风险。

四、交通企业发行 REITs 面临的困难和问题

通过对地方交通运输部门以及相关交通企业的调研，结合交通基础设施自身特点，高速公路、港口等领域应用 REITs 还存在以下一些困难和问题。

（一）资产合规文件缺失问题较为突出

由于交通基础设施建设运营涉及的审批环节众多，加上很多项目建设年代久远以及后续管理要求趋严趋紧等诸多原因，造成一些包括交通在内的基础设施资产合规文件缺失问题较为突出，如规划建设文件、验收文件、不动产权证等，需要补办或者新办，协调难度大。部分项目合规文件缺失会导致审批通过延迟甚至退回。根据《国家发展改革委关于规范高效做好基础设施领域不动产投资信托基金（REITs）项目申报推荐工作的通知》（发改投资〔2023〕236 号），再次强调投资管理手续合规性要以项目投资建设时的法律法规和国家政策作为主要判定依据，重大改扩建工程主要依据改扩建时的相关手续办理情况。投资管理手续缺失或存在瑕疵，是基础设施 REITs 项目前期培育阶段普遍存在的现象，其总体处理原则是应补尽补，不能简单地以函代补。

（二）交通企业针对优质资产发行 REITs 的意愿不足

从对地方交通企业调研来看，大多数没有发行或者参与 REITs 项目的需

求。主要原因有三个方面：一是交通企业的资产主要为高速公路等核心主业资产，对公司的生产经营关系重大，且总体盈利情况较好，同时交通企业自身经营及现金流情况较为稳定，现有融资成本相较发行 REITs 具有一定优势。对企业而言，短期看，发行 REITs 出售资产变现，将有助于缓解资金紧张问题，降低负债，但从长期看，用于发行 REITs 的资产多为优质资产，收益水平较高且现金流平稳，开展 REITs 变现后，如果后续不能投资到其他更加优质的资产，就可能导致企业的收入和利润下滑，影响企业发展。特别是国家发展改革委要求 90% 以上的净回收资金要用于基础设施补短板项目，而这些“补短板”项目恰恰多为收益较差项目，企业开展 REITs 的积极性将会大打折扣。二是受到 REITs 申报在投资总额、收益等基本条件要求限制（如要求经营时间 3 年以上，已产生持续稳定的收益及现金流，并且近 3 年总体保持盈利，未来 3 年净现金流分派率原则上不低于 4%，首次发行项目资产原则上不低于 10 亿元），部分项目处于初始运营阶段或效益较低，净现金流等指标尚达不到 REITs 发行要求。三是目前一些交通企业存在优质资产已上市的客观情况，成熟的高速公路、物流仓储项目均在上市公司名下，土地证权属剥离难度大。另外，发行产权类 REITs 要求的土地性质必须是出让土地，一些港口企业所属码头用地多为政府划拨用地、高速公路企业拥有的服务区用地也多为政府划拨用地，若变更港口、服务区土地性质，需要缴纳较大数额的土地出让金，对企业负担较大。鉴于此方面障碍，在港口领域，黄骅港和天津港两家企业正在探索将港口码头由产权类 REITs 探索调整为地主港特许经营权类 REITs，将航道、堆场、防波堤等作为构建经营权底层资产，发行期限和评估按照 30 年的经营收益权期限。

（三）REITs 发行涉及税收和交易成本较高

REITs 属于税收驱动的融资模式，税负集中在土地增值税、资产转让涉及的所得税、契税等，存在多重征税问题，与国外差距较大。目前大多是通过匹配复杂交易结构以达到避（节）税目的，不利于产品的透明与代理成本的控制。目前我国尚未出台有关税收优惠的相应政策，导致企业开展 REITs 税负压力重、交易成本高。基础设施 REITs 在设计阶段，收购对应资产需要缴纳所得税与增值税；在运营阶段，公司需要对营业收入缴纳所得税；在红利分配阶段，投资者需要缴纳个人所得税；在交易层面，对交易价格征收印花税。整体来看，由于交通基础设施属于重资产领域，资金体量大，综合税收负担较重。税收负担过重会直接导致基础设施 REITs 的成本费用上升，降低投资者的实际收益率，影响市场发行与投资基础设施 REITs 的积极性。

（四）安全生产责任划分不清

高速公路、港口等交通基础设施作为重要的公共基础设施，运营管理专业性强，其资产处置涉及重大公共利益，不同于纯市场化经营的设施。开展 REITs 将改变原有交通资产的股权结构，安全生产责任主体发生改变，REITs 交易结构若设计不好，可能会影响交通基础设施后续的运营和服务水平。虽然在《公开募集基础设施证券投资基金指引（试行）》中对基金管理人提出相关从业要求，由于交通项目原始权益人不再是项目的实际控制人，而缺乏交通经营管理经验的基金管理人成为安全生产第一责任人，在目前 REITs 相关配套规章制度尚不完善的情况下，高速公路、港口运营存在一定的安全生产责任风险，需要加强对高速公路、港口资产持续运营能力、安全管理水平的监督考核，确保提升交通基础设施的运营维护效率和服务质量。

总体来看，REITs 为交通领域提供了一种新的权益型融资工具，在一定程度上有利于拓宽社会资本投资渠道，缓解企业资本金不足、负债率较高、社会投资吸引力不强问题。但是，REITs 是否能够持续开展下去，尚待观察和分析，特别是在当前市场利率下行、筹资成本下降、筹资渠道多元化的情况下，REITs 在交通领域应用将受到影响。

第四节 更好发挥资本市场作用建议

新“国九条”的印发实施对 A 股上市的交通企业经营管理资产的质量和收益水平提出了更高要求。为更好发挥资本市场融资作用，保障交通行业健康可持续发展，提出如下政策建议。

一、统筹做好收费公路债务风险化解

现阶段收费公路债务规模大，涉及面广，社会关注度高，已经成为党中

央、国务院关注的债务化解重点领域。各级交通运输部门应充分认识化解公路债务特别是收费公路债务化解的重要意义，坚持目标导向、问题导向和市场化原则，在准确掌握全国公路债务情况底数基础上，分类施策开展收费公路债务化解，推动收费公路高质量发展，助力建设交通强国。

二、对投资规模大、回收周期长的经营性公路到期适当延长收费期限

据前文分析，如果按现行收费公路政策规定到期停止收费，不仅会引发债务悬空风险，也将直接影响收费公路通行服务能力和水平，与交通行业高质量发展要求不符。在此情形下，建议坚持市场化原则，用好用足收费公路使用者付费机制，对投资规模大、回收周期长的经营性公路，如在现行最长不超过 30 年的收费期限内仍无收回投资并有合理回报的，或者说无法偿清债务的，经审计符合上述条件的，可适当延长收费期限，累计收费期限最长不得超过 40 年。如果实施此项政策，预计将有部分项目能够清偿债务，实现高质量发展。

三、对国家出台的车辆通行费减免政策，通过延长收费期限方式对经营公路企业补偿到位

随着经济社会发展和汽车保有量的快速增加，鲜活农产品运输“绿色通道”、重大节假日小型客车免费通行等通行费减免政策的实施，给公路经营管理者带来较大规模的通行费收入损失，偿债能力大幅下降，合法权益受到损害，对企业盈利能力影响较大。据统计，2022 年全国收费公路共减免车辆通行费 1276 亿元，导致偿债能力整体下降了 79%。建议坚持市场化法治化原则，通过适当延长收费期限的方式进行补偿，用市场化手段保护收费公路投资者合法权益，增强收费公路项目偿债能力，提高收费公路项目收益水平，提升社会资本对新建收费公路项目的投资信心，保障上市交通企业健康可持续发展，确保上市融资渠道更好服务收费公路高质量发展。

四、科学合理调整车辆通行费收费标准

二十多年来社会经济发展水平、项目建设成本、运营成本等大幅增长，

人均国内生产总值（GDP）增长超6倍，项目建设成本上涨近4倍，消费价格指数（CPI）也增长63%，但现行收费公路收费标准基本维持在20世纪末水平，形成价格成本倒挂，导致项目收益整体偏低，难以有效覆盖建设运营成本，不仅会产生债务偿还风险，也会对收费公路运营企业投资价值和可持续发展造成较大影响，同时也不利于未来收费公路行业通过上市融资、更好吸引社会资本参与建设运营。建议地方在中央指导下，综合考虑债务风险化解需要和经济社会承受能力，科学合理调整收费标准，原则上以五年为周期。

五、积极用好REITs产品的政策建议

基础设施REITs是打通了金融与基础设施资产的一条新通道。交通企业发行REITs可有效搭建资产上市平台，开辟交通资产“投资—运营—退出”的新路径，形成“以存量资产盘活为起点、专业化运营管理能力为基础、资产上市为道路、资产增值和资金回收为目标”的良性循环，可有效解决交通企业资产规模大、投资回收期长等问题，有助于完善企业融资结构，形成投资良性循环，对助力交通高质量发展具有积极意义。

（一）加强跟踪指导

加强与国家发展改革委等部门的对接以及相关省级交通运输主管部门的沟通联系，及时了解各地申报交通领域REITs的最新动态及需求，对于正在申请和拟申请发行REITs的交通企业，及时了解准备和发行REITs面临的困难和障碍，协调国家发展改革委以及地方交通运输主管部门等单位给予指导，推动解决相关问题。加强REITs方面的政策宣传和解读，介绍典型案例，给予积极正确的引导，帮助各地交通企业精准理解REITs意义和作用、要求和程序。配合部财审司研究制定推动交通运输基础设施REITs相关指导意见，为各地交通运输部门和交通企业更好实施运用REITs提供明确的政策引导和实施路径。

（二）争取政策支持

资产合规性方面，对于交通项目涉及投资管理等手续缺失或存在瑕疵的情况的，按照“事实大于形式”原则，指导地方交通运输主管部门协调推动

自然资源、发展改革委等部门做好投资管理合规性审查，分类做好不同情形下手续依法补办工作，总体处理原则是应补尽补，不能简单地以函代补。借助发行 REITs 产品契机，有效提高交通基础设施资产走向更加合规化、规范化发展。税收政策方面，加强与国家发展改革委、中国证监会沟通 REITs 涉及重复征税问题，推动协调财政部、国家税务总局尽早研究出台相应的税收减免和优惠政策，对资产重组行为给予优惠，降低持有经营环节的税负，降低企业发行 REITs 的成本，合理有效地减少企业在发行 REITs 方面的税收负担。推动完善国有资产转让的政策和程序，在依法合规前提下，采取经相应的国有资产监管机构认可后，采用非公开协议转让方式进行，有利于项目快速推进。

（三）稳妥推进发行

一方面，交通运输部应积极推动国家发展改革委，联合制定交通领域相关操作指引，优化经营许可等各方面审核路径，加快地方交通运输部门和交通企业决策和发行准备效率，调动企业开展存量资产盘活的主动性和积极性，充分发挥各方合力，积极稳妥推进发行 REITs；另一方面，积极引导交通企业把握好基础资产质量不放松，合理保护投资人利益，推动银行、保险、证券、基金、地方资产管理公司等金融资本、本地机构和社保基金、保险资金、企业年金等长期资金参与战略配售，鼓励合格境外投资者通过 QFII、RQFII 等通道参与投资，积极营造交通领域良好的资本市场环境。对发行成功的交通 REITs 项目，要加强回收资金使用情况的跟踪，引导和督促发起人按照申报材料履行承诺的项目建设，严格把握交通基础设施 REITs 回收资金用途，应主要用于交通基础设施在建项目、前期工作成熟的新项目。加快交通基础设施 REITs 净回收资金的投资进度，建立完善回收资金使用直报制度，督促回收资金尽快使用，尽快形成实物工作量。

（四）强化安全监管

加强行业管理，督促基金管理人、发起人做好基金发行前后项目运营衔接，鼓励优先聘请发起人或其关联方作为交通运营管理机构，确保项目运营的延续性、稳定性，切实保障公共利益。指导相关省级交通运输主管部门，加强对交通企业申请发行 REITs 时涉及安全生产运营管理安排方面的事前审核，确保交通资产发行 REITs 后安全生产责任明确落实到位；强化事中管理，指导地方交通运输部门加强对交通资产发行 REITs 后持续运营能力、安全管理水平的监督。同时，向国家发展改革委等部门积极建议，鼓励推动符合条件的基金管理公司联合大型交通企业设立从事 REITs 业务的专业公司，提升基金管理人专业化管理水平，确保交通基础设施的运营安全服务质量。

第十一章 公路里程税设立研究

本章侧重于基础性前瞻性的研究，着眼于我国交通强国战略，结合未来新能源汽车发展趋势，以财税理论为基础，重点分析车辆购置税、燃油税、通行费制度下面临的公路建养资金严重不足、不同动能车辆税费负担不公平等问题，在此基础上提出设立里程税的必要性和可行性；提出在我国设立里程税的主要依据、征收目的、征收范围、征收主体、征收方式、实施方案、资金使用方向等；根据国家财税体制改革精神分析出台里程税需要具备的各方面条件和支持政策；最后，提出设立里程税的政策建议，拓宽资金渠道，建立公路筹融资长效机制，有利于支撑我国交通强国建设发展。

第一节 必要性和可行性分析

一、必要性分析

（一）实现交通强国战略的现实需要

交通运输是国民经济中战略性、引领性、基础性产业和服务行业，党的十九大明确提出建设交通强国的宏伟目标，交通运输系统将在新时代奋力开启建设交通强国的新征程。交通强国建设纲要提出，要强化交通基础设施养护，提高养护专业化、信息化水平，增强设施耐久性和可靠性。要养护好交通基础设施，必须要有稳定的资金来源作为保障，普通公路养护主要依靠燃油税。近年来，我国公路里程持续增长，从 2008 年的 373.02 万公里增长到

519.81万公里，增长39%；但同期燃油税增长严重落后，近几年几乎停滞，因为燃油税投入不足导致建成项目失修失养、以建代养问题突出，急需研究长效机制加以解决。燃油税资金没有增长的原因是多方面的，其中新能源车辆快速发展是一个重要因素。据统计，2018年、2019年和2020年我国汽车分别销售2808万辆、2576.9万辆和2531.1万辆，同比下降2.8%、下降8.2%和下降1.8%；但同期新能源汽车销售了126万辆、120.6万辆和136.7万辆，同比增长61.7%、下降4.0%和增长13.3%，新能源汽车占汽车比重不断上升。根据数据分析，2030年后，随着存量燃油车老旧淘汰不断被新能源汽车替代，燃油税收入将出现断崖式下降，公路养护资金将成为无源之水逐渐枯竭。在新形势新要求下，未雨绸缪，研究设立公路里程税，稳定公路养护的专项税源，将为交通强国事业提供有力资金保障。

（二）里程税较燃油税更能体现使用者付费的受益原则

现有车辆购置税按固定税率一次性征收的方式并没有很好的反映对公路的使用成本。燃油税改革10多年来，燃油税作为我国普通公路养护资金来源的重要支柱，这种方法的优点是与行驶距离大致成比例，以燃油价格中加税的方式收取道路建设和维护资金的做法遵循了使用者付费的原则，并且体现了多用路多付费的原则，因此具有作为按需付费的用户收费形式的理想属性。然而，燃油税的设置机制存在严重的逻辑误区，即“燃油—用路（受益）—纳税（负担）”三者之间在逻辑外延上不存在一一对应关系。燃油与用路的关系存在三种可能情况：第一种是燃油但不用路；第二种是燃油同时用路；第三种是不燃油但用路。根据受益原则，燃油税只能对第二种情况有效。针对第一种情况，目前面临很大的排除成本。针对第三种情况，如新能源汽车使用了道路，但未包括在燃油税的纳税人范围内，成为燃油税的巨大“避税港”，造成大量税款流失。

即使同样是燃油车，现行的燃油税征收也并未合理反映公路的磨损成本，重型车辆的税负小于弥补其公路磨损的成本，轻型的车辆则相反。产生这个问题的主要原因就是车辆征税与相关成本的本质关系问题，即当车辆重量增长到一定程度后，车辆重量的增长与其产生的路面损坏度并非如轻型车那样呈线性变化。在燃油税税率给定不变的情况下，较重型车辆对公路的磨损成本不能完全通过燃油征税弥补。例如，美国联邦公路管理局曾经研究表明，每行驶一英里，一辆 11793 千克（26000 磅）的单体双轴运输卡车可能会比普通小轿车造成的路面费用高出 1000 倍，但卡车每英里的燃油消耗量仅是普通小轿车的三倍。另外，由于汽车制造技术的进步，现在的车更为省油，在税率不变的情况下，税收总量变化不能同步于公路磨损成本变化。由于燃油税并不直接对应着公路基础设施消费量（里程），其更容易被理解为是一种用路者付费的代理制。在十多年前取消养路费时，我们选择了燃油税而没有选择里程税，一个重要原因是当时的科技手段不支撑里程税这样更有效、更直接的付费方式。

（三）里程税的实施可以有效提高公路路网整体效率

目前燃油税制度下，燃油税的税率全国统一，一刀切的做法难以体现不同区域、不同路段、不同时段之间的成本差异，也无法发挥调节交通量、缓解拥堵等作用，而里程税模式可根据不同公路等级、不同车型、不同时段、拥堵程度等，通过实施差异化税率影响用路者消费行为，达到调节交通流量的作用，将显著提升公路网的整体运行效率，也可以平衡不同区域间公路用户的经济负担水平。

（四）里程税可引导合理的消费模式，促进节能减排

里程税实施后，不同车型、使用不同能源的车辆成本差距将会引导消费者在选车、购车、用车方面的习惯变化，从而带动国内车型结构的调整，大排量、耗油高的车型比例将下降，而节能低耗的小型车、新能源车的比例将上升，抑制过度粗放的燃油消费和汽车尾气排放的现象发生，促进碳达峰碳中和的早日实现。同时，车型结构的调整也必将促进新能源汽车的研发，从而节约资源，减少环境污染。

（五）有利于重塑中央与地方专项收入分配格局，调动地方公路养护投入的积极性

2017 年以来，燃油税转移地方资金稳定在 2224 亿元的水平，没有根据实际车辆运行和用油量增长，也没有反映出不同地区之间公路里程增长和路

况的差异。里程税直接与公路相关联，贴近消费终端，能够更好地体现“谁用路谁负担”的原则。与燃油税相比，地方政府实时掌握本地区公路车辆行驶情况，能够充分调动地方政府支持和配合税收征管部门组织税收的积极性，有助于根据事权划分做到收支权责的匹配，增强了地方政府维护好本地区公路状况的主观能动性。同时，中央财政也可以减轻工作量，对出租车、公交车、农村客运的减免交由地方政府因地制宜地处理。

二、可行性分析

（一）里程税的政策制定更加科学合理更体现公平

目前燃油税是作为成品油消费税之下的一个子科目，而里程税改革以后，摆脱了与成品油之间的联系，避免了油价波动对政策制定的影响。里程税的征收逻辑更加清晰，在使用上也直接与交通专项用途挂钩，符合现代税收理论的效率、公平和稳定三大原则，在税制设置上具备更加科学合理的理论基础。在税收管理上，财政部门负责里程税政策的制定和资金使用分配，税收部门具体负责里程税的征收，交通运输部门具体负责公路交通基础设施的建设和维护，在管理职责上也更加清晰和明确。因此，里程税在政策制定和执行上具有现实可行性。

（二）里程税在部分国家已有探索和实践

国外也同样面临着我国燃油税出现的这些问题，随着环保的加强，汽车耗油不断减少，很多国家都面临公路养护资金短缺的问题，从国外来看，解决思路是探索设立里程税，美国联邦政府在联邦公路成本分配研究报告中明确提出：一个以车辆重量和里程导向的公路税收结构比当前（燃料税导向）税收结构更具有适应性，因为其比燃油税在道路使用频度和程度上能更好地补偿公路磨损成本。在这个结论和类似研究基础上，美国部分州已经探索开征公路里程税。21 世纪初，为有效补偿车辆对路面产生的磨损成本，英国制订了促进货运车辆税收现代化的发展计划，即根据车辆的重量、轴数、尾气排放标准等因素制定合理的税率结构，按照车辆的实际行驶里程数，征收相应的卡车道路使用者税。英国政府寄望该计划的实施能使英国在车辆税征管水平上居于欧洲领先位置。2001 年，瑞士开征了卡车道路使用者税，根据车辆重量和尾气排放标准制定税率结构，按照车辆实际行驶里程数计税。德国在 2003 年引入卡车道路使用者税，根据车辆重量、轴数、尾气排放标准税率有所区别，按照车辆实际行驶里程数计税。欧盟正致力于发展卡车道路使用者税统一的技术标准，以促进相关技术设施发展和数据的统计。澳大利亚在 2004 年开征了卡车道路使用者税，根据车辆重量和轴数制定税率结构，按照车辆实际行驶里程数计税。目前，美国加州等一些州也在尝试开征公路里程税。通过这些发达国家的交通税收政策的发展变化，以及相关的研究成果来看，由于车辆的用油量不能科学准确地衡量车辆对路面的磨损度，单纯依靠燃油税来补偿公路磨损成本的局限性越发明显，同时高税率还易引发其他经济和社会问题。在先进管理理念和方法支持下，按照责任和义务对等原则，针对车辆具体情况开征的重量里程税、道路使用者税具有不可替代的先进性。

（三）技术进步使得基于汽车行驶里程付费成为可行路径

公路里程税需要运用自由流收费技术，按照实际行驶里程采用不同道路功能与等级、车辆类型与排放水平的差异化税率，精确计量支付的道路使用费用。北斗卫星导航系统是我国自主建设、独立运行的导航卫星系统，能提供实时导航、快速定位、位置报告等功能，与交通运输行业需求高度契合。当前自由流收费技术在国际上日趋成熟，特别是随着我国北斗技术和信息技术的快速发展，依托独立运行、自主可控的北斗卫星导航定位技术和收费公路全面实施的电子不停车收费系统（ETC），为公路里程税改革奠定了坚实的自由流收费技术基础。5G 等通信技术的飞速发展，使税务部门可以通过与交通、公安等部门合作，利用移动稽查等设备随时检查车辆完税情况，有效排查逃税车辆，实现税收的动态监控；通过公安对车辆年检时增加税收检查，可实现对税收的静态监控。

第二节　公路里程税设立方案

本节主要提出在我国设立里程税的主要依据、征收目的、征收范围、征收主体、征收方式、实施路径、资金使用方向等，提出里程税设立的内在机制和迫切性。

一、征收目的

通过设立里程税，遵循“使用者付费”原则，发挥税收的财政职能和经济职能，重构我国交通专项税费体系，建立更加持续、透明、公平、合理的公路用户收费制度，形成可持续公路交通发展资金保障机制。构建泛在先进的交通运输装备和交通信息基础设施，全面提升公路交通网络智能化、数字化水平，有效提高公路网整体通行效率，不断满足人民群众对美好出行向往的需求。

二、征收原则

（一）实现税负公平

实现里程税改革，可以体现“谁用路谁付费、多用路多付费，少用路少付费、不用路不付费”受益原则，实现税收负担公平，减轻社会负担。

（二）促进节能减排

通过对新能源汽车设置一定的优惠税率，确立一个既反映用户者付费原则，又能体现环境污染和能源使用的外部负效应的合理的里程税价格，从而抑制燃油的不合理消费，促进交通运输领域碳达峰碳中和的加快实现，保持经济社会的可持续发展。

（三）保持税收稳定

在里程税单位税额的设计上，遵循里程税改革前后收入不大幅波动的思路，保持收入总体稳定。

（四）保持改革平稳过渡

考虑燃油税收入是一个逐步衰减的过程，因此在实施初期，可以燃油税和里程税并存，仅在新能源汽车试行里程税制度，在一定时期内，保持较低的里程税税率，以促使更多的燃油车加快向新能源汽车转化。加大研究，对里程税改革采取相应的配套措施以减少改革对地方政府公路建设和养护资金投入的影响。

三、税收对象、计征方式和征税环节

在中国境内公路上行驶的所有机动车辆的车主（包括单位和个人）为公路里程税的纳税人，包括燃油汽车，燃气汽车和新能源汽车等。以机动车辆在公路上行驶的实际里程数为征税对象。对摩托车可考虑每年定额征收。减免车辆基本延续收费公路通行费减免范围，并根据经济社会发展需要，优化车辆减免优惠政策。

里程税属于特定目的税类，是中央与地方共享税，由国家税务总局统一征收。也可设为中央税，根据中央和地方事权划分情况，对地方分成部分转移支付地方使用。

四、征收公路范围

征收公路范围需要综合考虑公路建设管养资金需求、技术装备要求、路网效率、公众负担水平与可接受程度等多重因素确定，初步考虑高速公路，普通国道、省道、县道，以及由省级政府规划建设的专项公路。暂不考虑农村公路、市县政府规划建设的专项公路和城市道路。

五、里程税替代范围分析

（一）方案一：里程税先行针对新能源汽车开征

鉴于目前大规模的征收公路里程税在国际上还没有先例，试错成本较高，而目前我国新能源汽车保有量占比仍然较小，其随着“双碳目标”的提出正在逐年增加。因此，可先以新能源汽车为试点对象，开征公路里程税，随着存量汽车逐步由燃油车转换为新能源汽车，燃油税收入将逐步萎缩，里程税收入将逐步增长，实现从燃油税向里程税的过渡转化。

1. 优点

（1）经济成本最小，可通过制度设定，在新能源汽车出厂环节安装车载终端设备，最大程度减少改革成本。针对存量新能源汽车，因保有量规模较小，通过加大宣传力度，公众接受程度相对较高，可以在短时间内完成加装车载终端设备，根据行驶里程收税。

（2）以新能源汽车为试点，不断改进技术方案，完善管理流程，试错成本最低。

（3）改革阻力最小，现有车辆购置税、燃油税和通行费制度此次无须调整，对现有公路交通投融资体制机制冲击最小。

2. 不足

（1）在政策制定时需要统筹权衡新能源汽车推广和公路建设养护资金需求之间的关系。尤其是在国家“碳达峰、碳中和”目标下，新能源汽车的全面推广运用已成为重要路径和目标。在此背景下对新能源汽车开征里程税，需要加强协调，以获得各方共识。

（2）在一定程度上增加了新能源汽车车主的使用成本。

（3）无法实现拥堵收费，提高公路网整体通行效率等目的。

（4）在政策实施前，需做好充足的宣传和舆论风险管控等工作。

（二）方案二：里程税替代燃油税

里程税向所有机动车开征、替代目前的燃油税，不额外增加税种，以“新税”替代“旧税”，实现税种的统一。将过去“燃油税”作为中央税，调整为“里程税”作为中央与地方共享税。

1. 优点

（1）改革阻力较小，燃油税变为里程税，不增加新的税种，并且由中央税变为中央与地方共享税，较容易获得地方政府支持。

（2）将基于燃油消耗量的收费模式，调整为基于车辆实际行驶里程的收费模式，更加精准地识别使用者，回归此项税收的本源目的，体现了“多用路多付费，少用路少付费，不用路不付费”的公平高效的受益原则。

（3）对公路投融资体制机制冲击较小，车辆购置税仍然作为公路建设资金主要来源，里程税作为普通公路养护资金主要来源，通行费作为高速公路养护、运营和还贷资金主要来源，现有的收费公路和普通公路投融资模式无须调整。

（4）在实现公路建设养护等内生成本补偿目标的同时，通过税率的设定和调整，还可以实现尾气排放污染成本补偿和公路路网运行效率调整等其他政策目标。

2. 不足

燃油税在加油环节征收，税收附加在价格之中，比较方便高效，易于征管，很难逃税。

而征收里程税，需要对2.8亿辆存量机动车全部加装车载终端设备，涉及面广，实施难度较大。如果在前期技术方案不成熟、管理制度不完善、法律法规不健全的情况下贸然推行，有造成投资浪费、引发社会舆论风险等的可能。

（三）方案三：里程税替代燃油税和通行费

鉴于通行费是基于机动车行驶车辆里程而计算的费用，与里程税之间有较大的共性。因此，可以考虑由“里程税”一种税种来替代“燃油税”和收费公路“通行费”。

1. 优点

（1）通过公路里程税改革，打破现有的收费公路制度改革僵局。通过税收制度创新，实现统借统还和长期收费等政策目标。

（2）更有利于实现以高速公路发展带动普通公路发展。同时，兼顾和保障不同用路群体的权益，向公众提供可自由选择的差异化公路通行服务。

（3）路网功能最大化，提高运输效率。可以将所有的收费公路收费站卡撤销，全国通畅的公路网将极大地降低各类车辆的运行成本，提高社会运输效率。

（4）提高征收效率。通行费纳入里程税征收范围后，与原有的征收方式相比，减少了征收成本，提高了征收效率。

2. 不足

（1）政府还债公路的通行费作为政府性基金，具有专款专用的特性，全部用于公路交通事业发展。而根据我国财税体制改革的趋势，如果公路里程税作为一个税种，很难保留住专款专用的特性，有被用于平衡财政一般预算的可能。

（2）政府还债公路的通行费收入作为政府性基金、经营性公路的通行费收入作为企业经营收入，在改革为里程税后，将打破收费公路投融资基础，现有的发行地方政府专项债券和企业进行市场化融资的根基将不存在，目前以通行费收入为基础开展的投融资活动将发生颠覆性变化。

（3）改革阻力较大。目前全国经营性公路业主超过 800 家，需要重新与每家进行谈判，签订新的特许经营或者 PPP 合同。政府还债公路则需要向债券投资者公告。另外，管理体制、人员结构的调整都将面临较大阻力（备选方案：经营性收费公路，继续征收通行费，暂不纳入公路里程税，待收费期满后停止征收，纳入公路里程税涵盖范围）。

（4）对全国收费公路已建成的 ETC 系统存在一定冲击，可能造成投资浪费。

（四）方案四：里程税替代车辆购置税、燃油税和通行费

在公路里程税中设置起步税和里程税两个税目。以起步税取代车辆购置税，并在行驶里程为零，即新购车辆挂牌时一次性征收；里程税是以车辆挂牌后按其实际行驶里程数为依据征收。

1. 优点

（1）简化了税制结构，统筹了机动车购置、保有、使用等各个环节的征税，避免重复征税，有利于优化征管流程、提高征管效率。

（2）实现了公路建管养运全生命周期的资金统筹发展。

（3）增强了中央宏观调控能力。中央掌握里程税收入在不同地区、不同类型公路建设和养护支出的分配权，有利于中央可以通过资金分配引导公路建设和养护在不同区域间的平衡发展。

2. 不足

（1）改革阻力较大，需要协调财税部门、交通管理部门、地方政府、交通经营单位和社会公众等之间的利益再分配。实施环节多、实施难度大。

（2）需要重塑公路交通投融资体制机制，面临的不稳定因素较多。

（五）小结

根据四种方案的优劣分析，考虑到我国税制改革、公路管理体制和投融

资体制现状，笔者建议目前阶段宜优先采用方案一，即以新能源汽车为试点开征公路里程税，继续保留燃油税、车辆购置税和通行费制度。待试点经验成熟，管理制度、技术方案、系统流程完善以后，再考虑以里程税全面替代燃油税。根据对燃油税收入发展趋势的分析，全面开征里程税的最佳时间为2027—2030年，在2027年前可以启动试点。

六、税率体系

按照公路性质、车型分类、排放水平制定差异化费率体系。费率方案基本遵循“不增加用户负担”原则：一是改革初期燃油车用户的里程税总体负担低于现行模式总体负担水平；二是新能源汽车里程税费率低于同类车型燃油汽车。

在制定里程税税率时应考虑三个因素：一是补偿公路建设养护等内生成本，二是补偿尾气排放污染成本，三是补偿公路的拥挤成本。深化费率体系研究应充分考虑各类别群体交通出行方式意愿、出行模式及路径、交通流结构特征、车型油耗及出行成本等影响因素，系统性开展面向各类别群体出行意愿的大样本量调查，全面构建差异化、动态调节的里程税费率体系。针对一些较繁忙的路段，可以通过在不同时段、不同路段设置差异化的费率，达到调节交通量，引导路网使用强度的目的。

在调整里程税税率时，主要考虑的因素：维持资金实际购买力满足养护资金需求，用路者的可接受性和管理的方便性。

七、资金用途

根据其资金性质、征收范围和公路发展资金需求等，里程税收入专项用于征收范围公路建设、偿债、养护、运营支出以及其他普通公路养护支出。

第三节　相关政策措施建议

里程税改革是一项系统工程。在国家新设税种难度大、“双碳”目标下对新能源汽车全面推广是重要方向等背景下，需要权衡好、处理好各方面关系，需要未雨绸缪，试点探路，储备政策，适时稳步推进里程税改革事项。

本节针对当前国家财税体制改革要求，分析出台里程税需要具备的各方面条件和支持政策。

一、加强组织保障，制定改革总体方案

一是建立里程税改革领导小组及其日常协调机制，交通、财政、税务、发改、工信、司法、公安、编办、市场监督、网信办等相关部门各司其职，通力协作，确保里程税改革顺利实施。

二是研究制定里程税改革总体方案，按要求报国务院批准后组织实施。

三是推进里程税立法研究。开展里程税立法调研工作，解析里程税改革与相关法律法规的法律关系，研究里程税立法的法理、需要规制的内容。

四是深化开征里程税税率研究。加强出行意愿、出行模式及路径、交通流结构特征、车型油耗及出行成本等基础性调研，优化费率方案和减免优惠政策，按照政府定价有关程序，构建动态可实时调整的里程税税率体系，制定周全合理的收费方案。

二、设计试点方案，开展里程税征收试点

开展里程税征收试点工作，待条件成熟后全面推广实施。完善里程税设计方案，确保改革稳妥有序推进。公路里程税是新生事物，建议方案出台前应选择典型省份、城市开展改革试点工作，在总结海南里程费试点等地经验的基础上，充分提取相关利益群体的意见，修改和完善里程税设计方案，使其更具有可操作性，条件成熟时在全国稳妥有序地推广实施。

如果最终选择采用方案一，即仅对新能源汽车征收，那么建议由里程税改为里程费，纳入政府性基金预算管理，保障专款专用，给地方公路养护增加一个新的资金来源。

三、加强组织管理，做好配套保障工作

（一）打击恶意逃费

保证里程计量可靠，针对可能发生的擅自拆卸车载终端设备，篡改定位数据等行为，主要措施：一是通过在相关法律法规中制定严厉惩罚措施，通

过联合执法对违法违规行为产生威慑作用。二是在操作实施过程中，对里程计程设备从设计、生产、销售、安装到维修实行监管，防止人为因素的干扰，保障车辆行驶里程的准确记录和安全提取。三是通过路侧稽查设备及部署流动稽查人员等方式对恶意逃费行为进行处罚。四是将里程税收费对象的用户信用纳入诚信建设体系，建立黑名单制度。

（二）关注交通量转移

里程税改革后，因为不对乡村道路征收里程税，部分县道及以上的交通量可能向乡村道路转移，特别是一些超载超限车辆，对乡村道路的破坏非常严重，对一些养护资金原本就比较紧缺的市县带来重要影响。因此，在里程税实施过程中，应未雨绸缪，联合公安交管部门加大对超限超载车辆专项整治活动。

（三）建立完善里程税征收稽核机制

建立并完善里程税征收、稽查、客户服务、系统维护等管理制度和操作规程。明确里程税征收管理主体，赋予征收、稽查等相应职责，以适应里程税征收管理需要。

（四）保护隐私

采取北斗自由流收费技术，涉及采集用户位移等个人信息，根据《中华人民共和国民法典》相关规定，管理部门和经营主体应当强化网络安全技术和制度设置，保证对用户个人位置等信息予以有效保护。也可学习美国经验，研究增加手动报告位置的选项。应制定相关法律法规，严格限制相关信息的使用范围，避免出现公信力质疑及侵犯用户隐私的社会风险。

四、加强宣传引导，做好社会舆论应对

交通税费政策调整涉及广大民众，敏感度高。虽然里程税按照总体负担有所下降的原则替代现行交通税费，但对于不同个体，其实际负担可能有增有减。另外，里程税在政策和立法上属于创新，可能引发舆情。主要措施如下：一是在政策制定和立法过程中，充分听取社会各方面的意见。二是做好

政策解读和宣传准备工作，正确引导舆论导向。三是出台推进里程税改革的各项便民措施，方便用户使用。四是扩大里程税的应用场景和优惠服务，形成新技术、新业态应用的良性循环生态链。通过正确引导舆论导向，以及系统、全面、定量的对比分析与政策法规解读，召开听证会，广泛征求公众意见，争取公众的理解和支持，推进改革相关各项便民措施落地。

第十二章

加快建设交通强国交通运输投融资总体思路

当前国际国内不稳定性、不确定性显著上升，我国经济恢复不均衡、基础不牢固。但从中长期来看，我国经济基本面向好、市场空间广阔、发展韧性强大的基本特征没有改变，正在形成的以国内大循环为主、国内国际双循环相互促进的新发展格局中，交通强国建设对推动我国高质量发展所起的先行作用和支撑作用日益凸显。不同于以往交通跨越式发展，交通强国建设是要推动交通发展由追求速度规模向更加注重质量效益转变，由各种交通方式相对独立发展向更加注重一体化融合发展转变，由依靠传统要素驱动向更加注重创新驱动转变，这对财政、税收、金融政策服务交通强国建设的支持力度、方式、工具选择、政策配合都提出了更高要求。本章围绕加快建设交通强国，提出交通运输投融资的总体目标、基本原则和政策框架体系。

第一节　总体目标和基本原则

一、总体目标

以习近平新时代中国特色社会主义思想为指导，全面贯彻党的十九大、十九届历次全会和党的二十大精神，以推动交通运输高质量发展为主题，以深化供给侧结构性改革为主线，围绕《交通强国建设纲要》和《国家综合立体交通网规划纲要》目标，按照国家深化财税体制改革和投融资体制改革等要求，划清政府和市场的边界，完善政府投融资体制，充分发挥市场在资源配置中的决定性作用和更好发挥政府作用，需要进一步深化交通运输投融资体制改革，建立新型的“政府主导、分级负责、多元筹资、风险可控”投融资体制，调动政府和市场、中央和地方的积极性，服务加快建设交通强国和交通运输高质量发展。

二、基本原则

新形势下，进一步深化交通运输投融资改革应坚持以下基本原则。

（一）坚持政府主导、分级负责

按权责相统一的原则，合理划分财政事权和支出责任，按财政事权筹集资金、履行支出责任。坚持市场为主、政府引导，充分发挥政府投资的引导作用和放大效应，多渠道筹措交通运输发展资金。

（二）坚持权责一致、分类施策

围绕实现交通运输高质量发展，深入推进交通运输领域中央与地方财政事权和支出责任划分改革，充分发挥各级政府和投资主体的积极性，探索适合不同交通基础设施、不同收益项目特点的投融资模式。兼顾公平与效率，加大对革命老区、民族地区、边疆地区、西部地区的支持力度。坚持绩效导向，降低投融资成本，控制债务风险，提升资金使用效益。

（三）坚持公平公正，服务实体

坚持对各类所有制经济一视同仁，消除对民营企业的各种隐性壁垒，有效缓解当前融资痛点、堵点，保证各类市场主体依法公平参与市场竞争。坚持服务实体经济，优化金融资源配置，提高资金融通效率，提升金融服务质量和效能，服务人民满意交通建设，不断增强人民群众的获得感、幸福感、安全感。

（四）坚持统筹兼顾，协同推进

投融资体制改革要与供给侧结构性改革以及财税、金融、国有企业等领域改革有机衔接、整体推进，建立上下联动、横向协同工作机制，形成改革合力。

（五）坚持量力而行、风险可控

建立交通运输发展规划资金保障能力评估机制，规范交通运输发展举债融资，加强交通建设项目风险评估和管理。在依法合规、风险可控前提下稳妥有序推进交通强国各项财税金融支持政策开放创新，成熟一项、推进一项。

三、职能划分

（一）政府职能

交通运输投融资市场化进程，也是政府职能转化的过程。对于非经营性的项目，政府要发挥投资主导作用，承担投融资职责。对于准经营性项目和经营性项目，一方面需要政府不断加强、完善监管手段，维护项目的公共利益；另一方面需要政府尽量为交通基础设施领域的市场化创造必要条件。

政府部门未来的角色主要在于三方面：一是根据社会经济发展需要对基础设施建设的需求并为之规划、计划；二是加强对市场化项目边界条件的研究，履行合同签订过程中的各种任务，信守承诺，保护投资者合法利益；三是对项目进行合理规划，建立相关信息的公开披露制度，确保消费者利益和国家利益。

（二）市场职能

市场具有加快劳动力、资金、技术、土地等各要素在交通运输投融资中的高效、优化配置作用。用好用活市场机制，可以使经营性项目和准经营性项目及沿线存量土地、低效用地等资源的实现价值发现，提高项目经营收益水平和供给效率，有效广泛吸引社会资本积极参与；用好用活资本要素市场化配置机制，可以广泛吸引各类资本进入到交通运输领域，并且促进经营性项目和准经营性项目充分运用资本市场实现有效盘活；用好用活金融市场，可以提高金融服务的有效供给，完善各类社会资本的退出机制，促进项目投资良性循环；建立以市场为导向的传统基建和新基建技术要素价格形成机制，鼓励吸引更多科技企业和人才参与技术研发和挖掘。

第二节　投融资政策框架体系

一、划清政府和市场的边界

《国务院关于加强地方政府性债务管理的意见》：明确划清政府与企业界限，政府债务只能通过政府及其部门举借，不得通过企业举借，企业债务不得推给政府偿还。

《国务院关于深化预算管理制度改革的决定》：划清市场和政府的边界。凡属市场能发挥作用的，财税等优惠政策要逐步退出；凡属市场不能有效发挥作用的，政府包括公共财政等要主动补位。

《中共中央 国务院关于深化投融资体制改革的意见》：科学界定并严格控制政府投资范围。充分发挥政府投资的引导作用和放大效应，完善政府和社会资本合作模式。

二、切实完善政府投融资体制

（一）政府投资范围

《中共中央 国务院关于深化投融资体制改革的意见》：进一步明确政府投资范围。政府投资资金只投向市场不能有效配置资源的社会公益服务、公共基础设施等公共领域的项目，以非经营性项目为主，原则上不支持经营性项目。

《国务院关于推进中央与地方财政事权和支出责任划分改革的指导意见》：财政事权与支出责任划分。对应由政府提供的基本公共服务，要明确承担财政事权和支出责任的相应政府层级，使市场在资源配置中的决定性作用得到充分发挥。

（二）政府举债方式

《国务院关于加强地方政府性债务管理的意见》：建立规范的地方政府举

债融资机制。地方政府举债采取政府债券方式。没有收益的公益性事业发展确需政府举借一般债务的，由地方政府发行一般债券融资，主要以一般公共预算收入偿还。有一定收益的公益性事业发展确需政府举借专项债务的，由地方政府通过发行专项债券融资，以对应的政府性基金或专项收入偿还。

（三）政府投资管理

《国务院关于深化预算管理制度改革的决定》：实行中期财政规划管理。编制三年滚动财政规划，中期财政规划要与国民经济和社会发展规划纲要及国家宏观调控政策相衔接。推进部门编制三年滚动规划，加强项目库管理，各部门规划中涉及财政政策和资金支持的，要与三年滚动财政规划相衔接。

《中共中央 国务院关于深化投融资体制改革的意见》：规范政府投资管理。编制三年滚动政府投资计划，明确计划期内的重大项目，并与中期财政规划相衔接。建立覆盖各地区各部门的政府投资项目库，未入库项目原则上不予安排政府投资。

（四）政府投资监管

《中共中央 国务院关于深化投融资体制改革的意见》：加强政府投资事中事后监管。加强政府投资项目建设管理，严格投资概算、建设标准、建设工期等要求；严格按照项目建设进度下达投资计划，确保政府投资及时发挥效益；严格概算执行和造价控制，健全概算审批、调整等管理制度。完善政府投资监管机制，加强投资项目审计监督，强化重大项目稽察制度等，健全政府投资责任追究制度。

三、充分发挥市场机制的作用

（一）《国务院关于加强地方政府性债务管理的意见》

推广使用政府与社会资本合作模式。鼓励社会资本通过特许经营等方式，参与城市基础设施等有一定收益的公益性事业投资和运营。投资者按照市场化原则出资。政府对投资者按约定规则依法承担特许经营权、合理定价、财政补贴等相关责任，不承担投资者的偿债责任。

（二）《中共中央 国务院关于深化投融资体制改革的意见》

鼓励政府和社会资本合作。可根据需要和财力状况，通过特许经营、政府购买服务等方式，在交通、环保等领域采取单个项目、组合项目、连片开发等多种形式，扩大公共产品和服务供给。

（三）《中共中央 国务院关于深化投融资体制改革的意见》

优化政府投资安排方式。对确需支持的经营性项目，主要采取资本金注入方式投入，也可适当采取投资补助、贷款贴息等方式进行引导。根据发展需要，依法发起设立基础设施建设基金、政府出资产业投资基金等各类基金，充分发挥政府资金的引导作用和放大效应。

第三节　投融资具体实施路径

一、合理划分交通项目投资主体

按照交通基础设施项目技术经济特点、可经营性和投资回报机制，把具体的交通项目划分为经营性、准经营性和公益性项目。顺应国家基础设施和公共服务等公共领域市场化改革、产业化运作的要求，明确三类项目投资主体及其相应责任。

（1）经营性项目自身具备较好的财务效益，对社会资本的吸引力较大，应以社会资本或企业自主投资模式为主、PPP 模式为辅。

（2）准经营性项目自身的财务不具备可持续性，对以营利为主要目的的社会资本吸引力不大，一般需要政府给予一定的投资补助，应以政府所属国有企业投资为主、以 PPP 模式为辅。

（3）非经营性项目或很少财务收益，难以实现市场化投融资，但经济、社会和环境等外部性效益较大，以政府投资为主（投融资责任由地方政府及其有关部门，融资通过发行债券）。

二、着力提高项目的可经营性

进一步推进公共领域的价格和收费体制改革，健全价格形成、调整和补偿机制，创新项目商业模式，挖掘项目潜在商业价值，完善项目投资回报机制，提高投资回报水平，努力促使非经营性项目向准经营性项目转化、准经营性项目向经营性项目转化。探索实施重大工程项目综合开发投资模式，促进项目正外部性转化为项目内部的财务效益，调动投资者的积极性。建议地方政府聘请专业化的投资咨询机构谋划重大工程项目或向社会公开征集重大工程项目建设方案设计，从源头上提高重大工程项目的技术经济可行性，完善投资回报机制，健全风险防控和风险分担机制，提高项目的可经营性，增强重大工程项目对社会资本包括民间资本的吸引力。

三、建立健全项目投融资体系

鼓励相邻省份以及城市群和都市圈内相关省份联合组建跨区域重大基础设施投资主体，促进跨区域重大基础设施同步协同建设，打通“最后一公里”；支持同一省份内相邻地区联合设立跨市县重大基础设施投资主体，推动基础设施互联互通和共建共享，促进区域协调协同发展。

（一）鼓励实施综合开发投资模式

创新重大工程项目的商业模式，支持重大非经营性项目与沿线或周边地区的旅游、物流、资源开发利用等产业类项目进行综合开发和一体化开发，提高整个项目的投资回报水平，增强对社会投资者和银行、投资基金等金融资本的吸引力。重点支持以重大交通工程和环境治理工程为导向的开发投资模式（TOD、EOD 模式），整合资源要素，提高综合开发投资效益。

（二）积极审慎和规范高效引入 PPP 模式

针对边界范围清晰、具有使用者付费机制、社会资本投资参与积极性较高的公共领域重大工程项目，积极审慎引入 PPP 模式，充分利用专业化社会资本的专业、技术、管理和投融资能力等方面的综合优势，加快推进项目建设实施。鼓励公共领域存量资产引入PPP模式，通过BOT、ROT、O&M等方式提高运营效率、盘活存量资产，存量资产/经营权转让筹集的资金要重点用于相关公共领域重大工程项目建设。

（三）支持长期机构资金参与重大工程项目投资

鼓励社保和保险等长期机构资金通过债权投资计划或股权投资计划等方式参与重大工程项目投资或融资，支持引导社保和保险等机构资金与产业资本（专业化投资主体）联合参与重大工程项目的投资建设和运营，实现优势互补、合作共赢。

（四）支持地方政府发起设立投资基金

鼓励地方政府出资设立产业投资基金或重大工程项目投资基金，重点支持本区域范围内的公共领域重大工程项目和特色优势产业项目发展。为调动其他基金投资者的积极性，地方政府可对投资基金的收益进行结构化设计或适当让利，但不得对其他基金投资者承诺最低收益保障、远期回购或保本保收益。

四、加大投融资政策支持力度

（一）加大政府投资力度

建立本地区的重大建设项目库，对入库重大工程项目，积极争取国家投融资支持，包括中央预算内投资、预算内专项资金和其他纳入政府性基金的专项建设基金以及国家级产业投资基金的支持。各级地方政府在安排专项债资金投向时，要适度向有一定收益的重大工程项目尤其是补短板项目倾斜。根据重大工程项目收益来源特点和自身财务效益状况，合理确定专项债资金的投资使用方式包括直接投资、资本金注入或转贷款等。

（二）拓宽重大工程项目资本金来源

重大工程项目资本金比例，按照国家有关投资项目资本金管理的规定，积极争取在国家规定最低项目资本金比例的基础上适度下浮，具体由金融机构和项目单位自主协商确定。积极拓宽项目资本金来源渠道，支持项目投资人/股东从金融市场合法合规筹集资金，提高项目资本金的出资能力。鼓励项目法人（公司）积极探索通过发行权益型、股权类金融工具筹集部分项目资本金（不超过项目资本金总额的50%），包括永续债、权益型REITs、股权投资基金PE等。鼓励存量基础设施项目引入权益型REITs，回收的资金主要用于重大项目建设。

（三）积极争取重大工程项目资本金筹集方式试点

在项目公司与银行等金融机构协商一致和有效防范贷款风险的基础上，尤其是在承诺股东贷款和优先股等夹层资本劣后于银行贷款和企业债券等优先级债务偿还的前提下，允许其作为部分项目资本金，如占项目资本金总额的比重不超过50%。

第四节　需处理好的几个重要关系

一、政府与市场的关系

"政府—市场"关系问题是市场经济理论演变及其政策实践中的一条主线，也是破解交通基础设施融资难题的核心。我国自20世纪90年代初提出建立社会主义市场经济以来，市场在资源配置中功能不断增强，政府的作用持续改善。鉴于政府与市场功能作用在经济社会很多领域实际存在着融合性。因此，无论在理论上还是在实践中都难以清晰地界定二者的边界。党的十八届三中全会再次对政府和市场在经济发展中的定位问题进行了界定，即"使市场在资源配置中起决定性作用和更好发挥政府作用"；党的十九届五中全会提出"推动有效市场和有为政府更好结合"。建成高效率的交通基础设施投融资体系更需要处理好政府与市场关系，这也是新时代我国交通基础设施投融资的核心问题。特别是缓解市场缺陷、信息不对称和外部性等问题所带来的市场失灵问题，适度有序的政府介入非常必要，可以帮助交通投融资市场供求双方最终达到福利的帕累托改进。尤其是在交通基础设施项目财务效益不足需政府给予资金或优惠支持政策补缺，以及政府授权给予沿线综合开发的，需要政府给予积极引导。

因此，从“政府—市场”关系视角来看，交通基础设施的特殊属性和当前地方政府财政空间趋紧的现实，决定了当前我国交通基础设施需要在政府和市场互补共生关系的前提下，既发挥政府在交通基础设施中宏观监管、政策支持等方面的导向作用，弥补市场机制的天然缺陷；又充分利用市场化机制，调动包括民间投资在内的各类社会资本参与交通基础设施的积极性，弥补政府失灵。

二、中央与地方的关系

中央与地方关系重点体现在中央和地方政府财政事权与支出责任划分关系，核心体现在交通运输领域财政事权和支出责任制度安排。交通基础设施具有点多、线长、面广的特点，之所以能做好相关工作，一方面得益于中央政府增强宏观管理，严格事后监管，把更多精力集中到事关长远和全局的重大事项上来，谋大局、抓大事，积极发挥在发展战略、全局规划、宏观政策、标准制定、资金统筹等方面的优势和积极作用，平衡区域和城乡发展；另一方面得益于地方政府发挥主动性和积极性，承接更多的建设和筹资责任，以及更多的决策自主权、资金筹集权和改革先行先试权，形成了既有集中统一，又有机动灵活的局面。30 年来，车辆购置税、港口建设费作为中央专项资金发挥了引导作用；信贷融资、直接融资等为调动地方积极性发挥了积极作用，形成了中央与地方统筹协作的制度优势，形成了各地交通运输竞相发展的良好局面。

但自 20 世纪 90 年代以来，财政事权和支出责任划分与推进财税改革和国家治理现代化要求相比，越来越不适应。主要表现在：一是政府职能定位不清，一些本可由市场调节或社会提供的事务，财政包揽过多，同时一些本应由政府承担的基本公共服务，财政承担不够；二是中央与地方财政事权和支出责任划分不尽合理，一些本应由中央直接负责的事务交给地方承担，一些宜由地方负责的事务，中央承担过多；三是不少中央和地方提供基本公共服务的职责交叉重叠，共同承担的事项较多；四是省以下财政事权和责任划分不尽规范；五是有的财政事权和支出责任划分缺乏法律依据，法治化、规范化程度不高。为此，2016 年 8 月，国务院印发了《关于推进中央与地方财政事权和支出责任划分改革的指导意见》（国发〔2016〕49 号），提出适度加强中央的财政事权，明确财政事权划分的原则性意见和完善中央与地方支出责任履行的基本要求等。此次改革事关全局，涉及方方面面的权益调整，情况复杂、矛盾交织，而且时间紧、任务重，是一场牵一发动全身的“硬仗”。2019 年 7 月，《国务院办公厅关于印发交通运输领域中央与地方财政事权和支出责任划分改革方案的通知》（国办发〔2019〕33 号），对中央和地方财政事权和支出责任划分改革作了新的梳理和调整，并对投资补助政策进行了优化，出台了《关于印发〈车辆购置税收入补助地方资金管理暂行办法〉的通知》（财建〔2021〕50 号），有助于更好发挥中央和地方政府各自的优势。

三、近期与远期的关系

坚持远近结合。加快建设交通强国是一项长期战略任务，既要着眼长远、久久为功，又要立足当前、干在当下。“十四五”时期，要全面落实《中华人民共和国国民经济和社会发展第十四个五年规划和 2035 年远景目标纲要》《交通强国建设纲要》《国家综合立体交通网规划纲要》《“十四五”现代综合交通运输体系发展规划》《公路“十四五”发展规划》《水运“十四五”发展规划》部署的各项任务，聚焦交通运输发展不平衡不充分的突出问题，攻坚发力。瞄准 2035 年、2050 年中远景目标，落实好两个“纲要”，做好研究论证、项目储备等工作，确保交通强国建设行稳致远。

第五节 需关注的几个核心问题

一、收费公路长期收费和统借统还

（一）关于收费公路长期收费问题

从《收费公路管理条例（修订草案征求意见稿）》看，经营性公路项目经营期限相对明确，一般不得超过 30 年，但政府收费公路项目的偿债期限没有明确具体年限，实行养护管理收费也意味着政府收费公路可以没有明确年限、一直收费下去，这与我国一贯执行的有明确年限的“长期收费”政策不符（《收费公路管理条例》对政府还贷公路和经营性公路的收费期限上限均作了明确规定）。而且从收费公路的经济属性看，收费并不能改变公路基础设施的公益性属性，发展收费公路只是政府在一定发展阶段因政府投资资金不足所采取的阶段性手段，不能作为公路建设发展的长期手段。此外，这种没有具体收费期限的长期收费政策，与我国社会主义现代化建设阶段、经济财政实力的发展变化也没有形成紧密的关联关系。

（二）关于政府收费公路统借统还问题

政府还贷公路“统贷统还”政策，由2004年出台的《收费公路管理条例》正式提出，支撑我国政府还贷公路跨越式发展，是我国收费公路发展的重要政策基石。2014年国发43号文和2018年修订的《中华人民共和国预算法》出台以来，政府还贷公路发展模式适应新形势需要转变为通过发行政府专项债券举借融资的政府收费公路发展模式，“统贷统还”政策失去继续发挥作用的制度基础。在政府收费公路发展模式下，按规定只能通过发行收费公路专项债券进行融资，并要求项目收益和融资自求平衡，不同项目间无法实现“以肥补瘦、以丰补歉”，严重制约政府收费公路事业的发展，迫切需要从收费公路路网体系整体性特点、降低政府总体债务风险和促进交通强国建设目标任务完成等方面，研究提出“统贷统还”政策在新形势下继续发挥作用的新模式，即允许政府收费公路在一定区域范围内进行“统借统还”，突破项目收益和融资自求平衡的要求。

二、交通运输投融资平台转型发展

1994年《中华人民共和国预算法》通过，明确要求地方政府不列赤字，地方财政收入约束及债券发行获取的资金较为有限，地方财政可支配收入无法满足地方政府基础设施投入对资金的需求，为满足地方经济发展对资金的需求，各地纷纷设立了地方交通投融资平台，通过各种融资渠道融入资金，弥补政府投资项目的资金不足，地方交通投融资平台为地方经济发展作出了重大贡献，随着融资规模不断累积，地方政府投融资平台债务风险也无限扩大，是造成地方政府债务风险主要隐患。

2014 年来，中央开始不断出台加强地方政府债务管理和深化国有企业改革等系列政策，特别是 2017 年财政部发布《关于进一步规范地方政府举债融资行为的通知》（财预〔2017〕50 号）后，地方投融资平台改革正式启动，地方政府启动剥离投融资平台债务以及平台公司的政府融资职能，并逐步通过实体化、市场化转型，明确功能定位、完善体制机制，提高投融资平台经营效益，但是投融资平台转型并不能一蹴而就，在市场化转型时期，不可避免地背着两个包袱，一是对暂时剥离不到位的存量债务如何有效防范风险；二是为保证在建项目建设的完工、避免在建工程烂尾，必须要保证融资平台公司在建项目的资金需求，带着包袱如何实现转型，并有效防范隐性债务风险，业已成为当前绝大多数地方政府融资平台都面对的共性问题。对于地方政府融资平台要遵循“总量控制、分类管理、区别对待、逐步化解”的原则，审慎稳妥地防范和化解风险。既要严格认真执行中央政策，又要灵活把握操作力度；既不能让平台公司放任自流，也不能“一刀切”把平台搞死；既要最大限度地保护银行债权安全，也要适当照顾地方合理的经济发展诉求；既要通过金融政策来化解自身财政矛盾和问题，也要通过财政政策来化解金融矛盾和问题。

在强监管政策背景下，如何加快交通融资平台公司转型对于调结构、稳增长、防风险意义重大。交通融资平台成功转型必须要考虑如下三个方面的问题：一是地方政府融资平台转型后的公司，其债务不再列入政府隐性债务；二是地方政府融资平台转型后的公司，其资产必须覆盖债务、净收益覆盖利息支出；三是地方政府融资平台转型后的公司，可以依法合规承接政府公益性、经营性项目。

近三四年地方各级政府陆续对所属交通融资平台进行改革转型，取得了一定的成效。总体上看，划分为几个类型：一是各地省级交通平台通过整合重组等方式不断做优做强做大，一方面积极承担省政府交办的重大项目建设投资职责，另一方面在省内地市以及省外积极开展市场化投资业务及上下游产业链相关业务，本质上既保留了承担政府职责工作，同时又积极开展市场化转型发展。二是东部、中部地区部分地市级交通平台凭借早年积累的较好资源资产实现较为成功的转型发展，发展路径上与省级交通平台有较大的相似性。三是其他交通平台因所在政府交通项目规模体量有限，并且难以从所在政府争取较好资源资产，转型发展难度大。

第十三章
加快建设交通强国投融资主要措施

本章节重点在于从投资和融资两个方向、政府和市场两种手段提出具体措施。融资方面，从政府角度，稳定优化车辆购置税和燃油税两项中央交通专项资金政策、探索建立地方交通税制体系、完善地方政府收费公路专项债券制度、完善交通土地政策等。从市场角度，加快构建规范高质量发展交通运输 PPP 项目有关制度体系、积极引导交通国有企业转型升级、构建交通运输领域金融创新政策体系和工具等。投资方面，在以上基础上，进一步研究建立发展规划与资金预算平衡机制，引导交通基础设施良性有序发展。具体包括优化调整中央专项资金支持政策，有效控制地方失序发展高等级公路等现状，通过采取以奖代补、先建后补等多种方式支持交通基础设施建设，有效提高地方交通运输部门上级资金使用效率，进而提高公共服务质量和效率。

第一节　增加有效投资的主要措施

一、创新投资决策机制，强化预算的宏观调控职能

（一）完善交通运输发展规划与资金保障协同机制

建立公路水路交通发展规划资金保障能力评估制度，要求各地结合本地区经济发展、财政收入、债务存量等因素，科学测算融资规模，坚持量力而行、尽力而为，努力做到规划与财力相适应。将公路水路交通发展建立在资金、资源、生态等生产要素可持续保障的基础上，定期评估发展规划实施情

况，及时进行规划目标调整。合理安排公路水路交通基础设施建设规模和投资时序，建立资金保障与公路水路交通基础设施建设计划的协同机制，防止过度举债。

（二）构建公路水路建设项目财政保障能力评价机制

首先，在可行性研究报告阶段，应结合财政事权和支出责任划分实际，充分论证建设项目资金筹措方案，明确资金来源及规模，对涉及中央交通专项财政资金安排的项目开展财政承受能力评估论证，确保项目所在地政府财力可承受。其次，在可行性研究报告审查审批阶段，中央应根据车辆购置税收入规模预测情况、应当承担的财政事权和公路水路交通发展规划，明确可支持中央投资资金规模或出具中央投资资金安排意见。最后，在初步设计审批阶段，地方应当根据项目概算及中央投资资金安排，调整论证项目概算资金筹措方案，修正论证地方财政承受能力，确保依法合规落实各项资金来源和偿债责任。

（三）构建公路水路建设项目财政资金预算承诺机制

地方在编制年度投资建议计划时，对涉及使用地方财政资金或地方政府债券资金安排的项目，由项目所在地政府或财政部门出具年度投资建议计划审核意见，明确地方财政资金或地方政府债券资金安排规模的具体意见，并与中期财政规划做好衔接。中央根据地方编制的年度投资建议计划，结合车辆购置税资金预算安排规模，出具中央投资资金安排意见，确保中央与地方财政资金能够匹配保障到位。

二、结合交通强国建设、国家综合立体交通网规划，提出交通投资重点领域和方向

一是补短板和强弱项项目。①加强国家高速公路待贯通路段、普通国道瓶颈路段、省界断头路等薄弱环节建设，加快全面推进“四好农村路”建设，全面补齐农村公路交通短板。②加强公路、水路与铁路、民航等运输方式布局的衔接，集约统筹利用通道资源，促进各种运输方式均衡协调高效发展。③加快推进一体化综合客、货运枢纽（物流园区）建设，加强公路水路

与铁路场站、机场等交通枢纽的衔接。

二是打基础和提升增长动能的建设领域项目。服务于“一带一路”、京津冀协同发展、长江经济带、粤港澳大湾区等国家重要战略项目。

三是加大交通基本公共服务、普遍服务资金保障力度，全面提升交通基本公共服务均等化水平，促进区域、城乡一体化发展。

四是交通与新型技术装备、科技、产业融合发展方向。根据新领域、新业态等的出现，适时加大对交通装备、运输服务、科技创新、交通安全应急、绿色交通等体系建设的资金保障与引导力度，引领新领域、新业态发展。

三、制定和完善“十四五”时期投资政策，优化中央资金支出结构

（一）注重提升政策长期性

结合中央和地方公路财政事权和支出责任划分改革，利用车辆购置税等中央资金履行交通运输中央财政事权，应继续加大对国道的建设投入，扶持普通省道和农村公路建设。同时，随着公路建设的规模扩张和结构升级完成后，需要重点考虑公路养护事业的发展，通过调整车辆购置税资金使用方向逐步增加公路养护专项投入，解决燃油税收入不足以满足普通国省道养护资金需求的问题。用于养护的中央投资资金分配建议可考虑采取因素法，主要考虑各省车道里程、行驶量和税收收入贡献率等因素。此外，在使用方向上，未来应当体现大交通的概念，不仅包括道路建设，还包括节能减排、水运等多个领域，逐步拓展到整个交通行业，解决资金使用的结构性问题。

（二）注重提升政策灵活性

随着国家对自然和生态资源保护力度的不断加大，交通基础设施建设项目前期工作面临土地、环保等外部刚性约束日益增强，项目推进缓慢，车辆购置税资金预算执行困难；农村公路更因项目类型设置复杂，增加了资金申报和管理难度。因此建议在扩大入库项目规模基础上，允许车辆购置税资金在同类建设项目间调剂使用，同时简化农村公路项目类型划分，采取目标管理模式并交由地方安排具体项目。

（三）注重提升政策公平性

随着国家高速公路网项目建完的省份不断增多，特别是东部地区，对车辆购置税收入贡献率高，而获得的投资补助愈加减少，车辆购置税资金在区域间分配的公平性问题将愈加突出。因此建议在未来车辆购置税资金分配上，对国高网项目已建完、对车辆购置税贡献率高的省份，加大对其普通国道建设和养护资金的支持力度。

四、进一步深化“放管服”改革，激发社会资本有效投资活力

紧紧围绕处理好政府与市场关系，按照使市场在资源配置中起决定性作用和更好发挥政府作用的要求，以深化投资审批制度改革为重点，强化清单管理，“放管服”三管齐下、协同推进，用部门权力的“减法”、管理服务的“加法”换取市场和社会活力的“乘法”，有效激发社会资本有效投资活力。

一是进一步加大力度“放管服”，简程序增活力。建立“审批事项最少、审批速度最快、审批服务最优”的目标，优化资金申请审批流程，创新监管方式，使审批更简、监管更强、服务更优，进一步提高资金申请审批效率。推行部内司局联合审批制，加快推进资金申请及拨付的进度，助推地方项目筹融资吸引社会资本积极性。

二是积极与国家金融监督管理总局及国家开发银行等政策性、开发性金融机构的沟通协调，积极申请对交通运输基础设施建设项目提供中长期、低成本的信贷资金支持。尤其是对普通国省干线等重点领域的支持，为行业带来低成本资金，吸引社会资本积极参与。

三是着力营造公平竞争的投资环境。着力提高交通运输行业政策的稳定性，尽快出台《收费公路管理条例》，稳定社会市场预期，从法律法规层面营造良好的投资环境。

五、探索利用区块链数据共享模式，建立互联互通、共享共用的统一信息管理平台，提升投资管理的能力和效率

运用大数据、云计算、区块链、人工智能等前沿技术，建立部门间的项

目管理信息系统互联互通、共享共用的统一信息管理平台，搭建数据共享模式，推动项目库投资资金管理模式、理念创新，提升投资管理能力和效率。

（一）强化中央财政事权项目审查审批

近年来，随着“放管服”改革的逐步推进，公路水路基础设施建设项目审批权逐步下放地方，在此背景下，应借助信息化平台，有效强化中央财政事权审查审批，应当从以下两个方面入手：首先，在可行性研究报告审批阶段，对中央有审批权的建设项目，中央根据专家评审意见，审核项目建设的必要性、技术标准、建设方案、资金筹措方案、财政承受能力论证等，结合地方提出的中央投资资金安排申请，办理可行性研究报告批复。对地方有审批权的建设项目，先由中央根据投资资金管理规定，通过审查和委托咨询评估，出具中央投资资金安排意见，再由地方交通运输主管部门根据中央提供的咨询评估意见向地方审批部门出具行业审查意见。对没有明确资金来源和制定融资平衡方案的项目，一律不得审批，一律不得开工建设。其次，在初步设计审批阶段，地方负责符合性审核，重点关注项目概算及概算调整资金平衡方案。中央会同地方组织对其上报经符合性审核的初步设计文件进行技术审查，由技术咨询机构提出审查咨询报告。中央结合地方意见，办理初步设计文件批复。

（二）强化中央财政事权事项监督评价

监督评价是中央财政事权的重要构成内容，是保障中央财政事权核心事项（如国道的部分建设和养护）有效履行的内部监督机制。做好监督评价，有利于促进中央投资资金规范使用和经济效益的有效发挥，当前阶段迫切需要建立中央财政事权事项的监督评价制度机制，根据中央财政事权特点，研究确定监督评价重点和监督评价方式。可采取政府购买服务方式委托第三方机构负责具体实施，由第三方机构全面承担对中央投资资金使用、中央财政事权项目实施情况进行监督评价工作，形成监督评价结论，在此基础上，结合信息化平台，进一步完善中央投资政策，结合正向激励的投资管理新模式的实施，确保中央财政事权有效履行。

（三）探索实施正向激励的投资管理新模式

对于纳入综合交通运输发展规划及其他专项规划、属于中央投资资金投资范围的公路水路建设项目，在中央投资资金投资计划尚未安排给予资金支持之前，地方已建成或开始投资建设，对于这种“干得好、干得早”情况，中央投资资金可探索采取“先建后补”“以奖代补”等方式，在后续年份中按照中央投资政策标准继续给予相应支持，改变当前这种“干得好、干得早”的，可能不能获得中央投资资金或支持规模较小，不利于调动地方积极性，应当结合新形势新情况及时进行调整，发挥好正向激励的积极作用，促进公路水路建设规划目标加快完成。

第二节　完善融资政策的主要措施

着眼于增强融资政策的稳定性、协调性和可持续性，从财政事权划分改革、稳定存量资金、做好增量资金、创新 PPP 模式、盘活存量资产等方面，提出如下具体实施措施。

一、明确责任定位，深入推进财政事权改革实施工作，明确各级政府投融资责任

2019 年 7 月，国务院办公厅印发了《交通运输领域中央与地方财政事权和支出责任划分改革方案》（国办发〔2019〕33 号），对公路、水路、铁路、民航、邮政、综合交通六个方面中央和地方的财政事权和支出责任进行了划分，形成了框架相对清晰合理的交通运输领域财政事权划分结构。

一是进一步综合考虑改革的“成本”与“收益”，合理确定中央财政事权、中央与地方财政事权和地方财政事权履行方式。通过法律法规的形式将中央与地方政府间交通财政事权和支出责任、共同财政事权支出比例予以明确，从预算管理角度研究法定投资比例的执行机制，确保各级政府履行财政事权、承担支出责任规范化法治化。指导各地科学划分省以下各级政府交通财政事权与支出责任。

二是建立区域均衡的财力保障机制确保交通财政事权履行。结合国家税

收制度改革，明确各级政府履行交通财政事权的资金保障渠道，确保各级政府有能力履行本级政府的交通财政事权；中央应通过一般或专项转移支付方式，增强财力薄弱地区（如中西部地区，尤其是老少边穷地区）的财力，确保相关地方政府有能力将其承担的财政事权履行到位，促进不同区域交通运输平衡发展，促进交通基本公共服务均等化。

三是建立财政事权划分动态调整机制。根据经济社会发展需求、交通运输发展阶段性特征等情况，同时结合中央与地方、省级以下政府间交通财政事权履行中出现的新情况、新业态、新问题，建立交通运输领域财政事权划分动态调整机制，定期开展分析评估，及时调整完善，促进科学完善、协同高效的交通治理新体系的加快建设。

二、稳定存量资金，稳定和完善交通专项资金制度，完善地方政府收费公路专项债券制度

（一）通过立法稳定车辆购置税征收和使用政策

公路基础设施投资规模往往较大，需要中央专项税费给予持续的集中投资补助支持，方能有效地引导、带动地方政府和社会资本投资，进而发挥投资拉动的“凯恩斯乘数效应”和交通基础设施的“路网效应”。如果在税费使用方面采取“撒胡椒面”方式，中央对不同类型基础设施都给予一点支持，反而会降低中央专项资金带来的总体社会经济效应。因此，通过立法方式稳定车辆购置税征收和使用政策，尽量减少优惠政策和避免专项资金使用范围的泛化。

（二）完善地方政府收费公路专项债券制度

第一，编制三年滚动收费公路专项债券需求预算，并与中长期财政规划相衔接，较好地解决项目建设期每年资金需求与专项债券发行规模之间的关系，更好地利用收费公路专项债券政策。第二，允许收费公路专项债券根据收费期限分阶段接续发行，借鉴棚改专项债、土储专项债券管理制度，允许地方政府在债券本金偿付出现困难情况下可在专项债务限额内发行同类型专项债券周转偿还，不仅符合专项债务预算管理要求，避免期限错配，也能解

决债券本金偿付困难问题。第三，完善收费公路专项债券制度、落实统借统还政策要求。贯彻落实“统借统还”政策精神，允许一定区域范围内的政府收费公路项目进行“肥瘦搭配”“新旧搭配”，以破解融资难题，促进政府收费公路健康发展。第四，探索研究根据项目未来收益情况确定发债规模，不再受地方政府专项债务限额管理限制。

三、做好增量资金，研究设置里程税的可行性，推动建立国家公路建设长期债券制度

（一）研究设置里程税的可行性

适应清洁能源发展利用的新要求，按照公平税负的原则，研究探索与交通基础设施使用相挂钩的交通税费制度，如将成品油消费税调整为里程费等，为交通基础设施运营维护提供稳定的资金保障。具体可基于“用路者精准付费”的原则，研究设置里程费，可采用北斗卫星技术，按照实际行驶里程采用不同道路功能与等级、车辆类型与排放水平的差异化费率，精确计量支付的道路使用费用（里程费）。由里程费代替现有燃油税，通过信息技术实现对用路者负担的精确计量，从而实现“谁使用、谁受益、谁负担”的公平性，改变燃油税模式下“差别化负担、均等化使用”的不公平性，对于促进社会公平具有重要意义。

（二）推动建立国家公路建设长期债券制度

根据《交通强国建设纲要》及中央政府在公路建设发展中所承担的财政事权和支出责任，结合公路基础设施受益期特点，发行国家公路建设长期债券是一个重要的途径。国家公路建设长期债券作为中央政府债券，是中央政府履行公路建设发展财政事权和支出责任的资金渠道创新，由财政部作为发行主体。管理模式可以是纳入现行国债余额管理，也可以是以专项收入（车辆购置税）作为支撑，不纳入现行国债余额管理框架。发行规模由交通运输部结合国家公路发展规划和年度投资计划实施情况及资金实际需求，提出年度国家公路建设长期债券项目和额度需求建议。财政部在报经国务院批准并经全国人大审议后，在中央政府债务余额限额内确定年度国家公路建设长期

债券额度。发行期限以 30～50 年为主。偿债方式采用单利按年计息，不计复利。国家公路建设长期债券资金投向国家高速公路和普通国道项目等。对于国家高速公路项目，允许国家公路建设长期债券与车辆购置税资金共同作为项目资本金或用于 PPP 项目的补助资金，其余债务融资通过地方政府收费公路专项债或社会融资解决。对于普通国道项目，由国家公路建设长期债券、车辆购置税资金承担中央负责部分的支出，加大政府投入力度。

四、规范创新并重，完善和创新 PPP 模式运用

一是指导地方合理设定 PPP 项目收益回报、风险分配等机制，加强 PPP 项目政府监督和绩效评价，对 PPP 项目的关键步骤和环节做好风险把控。

二是鼓励各地探索实践交通与土地、矿产资源等综合打捆项目实施 PPP 模式，充分利用土地、资源等政策，挖掘交通外溢效应反哺交通，指导地方应以创新和综合统筹发展的理念，出台相关政策，将受益土地、旅游等经营性资源与收费公路、普通公路、内河航道等交通基础设施实施综合开发，提高项目经济效益和实施的可行性。

三是推动 PPP 项目采用 ABS、REITs 等资产证券化方式，盘活存量资产，盘活所得资金用于补短板交通项目，实现投资良性滚动发展。

四是研究制定交通运输 PPP 项目监督和绩效评价指导文件。研究制定交通运输 PPP 项目有关指导性文件，从绩效评价、政府监管等角度，指导地方各级政府规范有序开展项目，提高政府能力和水平。

五是为 PPP 模式的推进营造良好的政策环境。加快出台《收费公路管理条例》，稳定社会资本投资预期。

五、盘活存量资产，积极推进“存量＋增量”滚动开发模式

支持具有良好现金流和收益支撑的交通运输基础设施项目通过 REITs 等资产证券化、出让部分政府股权以及经营性国有资产权益等方式，盘活存量资产，提高流动性。鼓励将部分具有稳定现金流的政府性交通资产合规转化为交通企业经营性资产。鼓励交通企业盘活高速公路沿线自有划拨土地，在符合城乡规划及行业规划的前提下，可按照协议出让的方式办理供地手续。探索将旅游、土地、矿产、能源、林地等优质资源，采取打包转让、挂牌出

让、股权并购、融资租赁、资产证券化等方式形成增量资金，用于交通运输基础设施建设发展。

六、加强风险防控，守住债务风险的底线

一是合理规划交通保持适当的举债规模和结构。保持交通发展合理的举债规模和结构，做到财力与需求相匹配、规划与预算相适应，将交通运输发展建立在资金、资源、生态等生产要素可持续保障的基础之上，防止脱离经济发展水平设定过快的建设目标、过高的建设规模和标准，过度举债。将防范债务风险的要求落实到交通基础设施规划审批、投资建设、绩效考核、审计监督全过程中，有效防范和化解交通政府债务风险。

二是建立健全债务风险防范预警机制。各地交通运输部门应积极配合同级财政部门，建立健全债务风险评价指标体系和债务风险防控制度体系。建立债务应急处置机制，出现偿债困难时，可通过控制项目规模、处置存量资产、争取财政支持等方式，多渠道筹集资金偿还债务。建立和落实债务管理目标责任制，加强对债务情况的综合考评；强化追责问责，建立政府债务问题倒查和终身责任追究机制。

第三节　提升资金使用效益的主要措施

在财政事权与支出责任划分改革实施背景下，增强资金分配、使用和管理的科学性和合理性，提高资金使用效益。下面将根据财政管理制度改革特别是全面实施预算绩效管理的要求，从不同维度，重点针对中央交通专项资金的使用管理进行研究分析，提升资金使用的合规性、效率性和效益性。

一、完善中央专项资金使用管理制度

结合财政事权划分改革以及“十四五”时期交通运输投资政策，进一步完善中央交通专项资金使用管理制度。

一是完善车辆购置税、港口建设费资金管理办法。

二是推动完善成品油税费改革转移支付规模确定机制及资金分配办法。

二、加强绩效管理

（一）全面提升绩效管理水平，建立预算安排挂钩机制

完善绩效评价体系，扩大绩效评价覆盖面，强化结果运用。创新预算管理方式，注重结果导向、强调成本效益、硬化责任约束，建立完善中央对地方交通运输转移支付资金绩效评价指标体系。提出分类型、分领域、分层次的中央对地方转移支付资金绩效指标和评价标准体系，推动绩效指标和评价标准科学合理、细化量化、可比可测。及时总结和创新评价方法，加强与地方交通运输主管部门沟通交流，为交通运输行业统一开展中央对地方转移支付资金绩效评价工作提供指导。

（二）建立交通运输领域资金政策定期评估机制

将交通运输领域中央财政资金政策全面纳入绩效管理。对实施期超过一年的交通运输领域重大资金政策实施全周期跟踪问效。探索结合国家规划中期评估等工作，综合衡量交通运输领域资金政策效果，总结建立交通运输中央财政资金政策绩效评价机制，为政策的实施管理提供决策支撑。

（三）加强 PPP 项目全生命周期绩效管理，提高财政资金使用效益，促进 PPP 项目提质增效

从监管者对 PPP 项目公益性角度出发，着眼于项目整体建设投资按计划到位、运营管理维护等，要求对交通运输 PPP 项目全生命周期内建好管好养好。具体可财政部 PPP 项目绩效管理操作指引基础上，充分结合行业特点、技术规范和适用法律法规，制定适应交通运输行业不同领域特征、体系完整、指标明确、操作性强的 PPP 项目绩效评价指标体系，指导本行业、领域内的 PPP 项目更为系统、科学地开展绩效评价工作，引导各项目社会资本对照评价指标提高管理水平，提升项目全生命周期的绩效管理水平，实质性提升公共服务质量和效率。

（四）加强农村公路的绩效管理，建立完善“以奖代补”机制，将考核结果与相关投资挂钩

建立农村公路绩效管理机制和考核体系，重点从路况水平、运行机制、

资金保障、服务效益等方面，对农村公路开展全面的绩效考核管理。建立完善“以奖代补”机制，对已实施的农村公路取得显著成效的给予一定奖励，并且考核结果与其他投资项目中央交通专项资金申请挂钩。

三、强化监督管理

一是加强预算监管。通过加强预算编制，提高交通运输部门预算中期规划对行业发展的统筹能力；加快推进公路、水路项目支出定额标准体系建设；加强预算项目库管理，健全项目预算审核机制。强化预算执行，严格落实预算法，增强预算执行刚性约束；加强交通专项转移支付资金预算执行监管；健全内部控制体系，强化内部流程控制；加强会计核算与监督，推进管理会计广泛应用；大力推进部门预决算信息公开，指导地方公开专项转移支付预决算。

二是加强审计监督。突出审计工作重点，关注交通强国建设和“十四五”时期重大改革任务推进、重大政策落实、资金分配和使用等领域，紧盯权力集中、资金密集、资源富集、资产聚集的部门和岗位，有重点地开展审计工作。对交通强国建设和“十四五”时期重点项目开展全方位审计。扎实开展重大政策措施落实情况跟踪审计，开展交通扶贫资金、交通基础设施PPP项目等专项审计。狠抓审计发现问题的整改落实，建立健全审计发现问题整改情况定期报告制度和整改督促检查制度，对整改不力、屡审屡犯的，特别是整改造假的严肃追责问责。

三是充分发挥预算监督、审计监督、绩效管理三方面的协同效应，同时结合信息化管理平台的开发应用，提升监管能力和水平，提高资金使用的安全性和科学性。预算监督强调项目投资事前管理，从源头上提高财政资金配置的科学性和精准性；审计监督侧重于事后检查，对于促进政策落实、推动深化改革、保障资金安全、推进反腐倡廉至关重要。绩效管理贯穿预算监管全过程，尤其是预算绩效管理，强调的是财政资金使用效益（花钱必问效），以促进政府透明、负责、高效履职为目的所开展的绩效管理活动，有助于促进审计监督重点向支出预算和政策实施效果拓展。充分发挥三方面协同发展，借助于信息化手段搭建管理平台，有效提高监管能力和效率。

参考文献

[1] 楼继伟. 财政改革发展若干重大问题研究 [M]. 北京：经济科学出版社，2014.

[2] 陈建军，蒋桂芹. 收费公路融资创新与风险防范研究 [M]. 北京：中国财政与经济出版社，2018.

[3] 蒋桂芹，邹光华，陈建军. 新时期公路水路交通基础设施发展投融资政策研究 [M]. 北京：中国财政经济出版社，2020.

[4] 褚春超，翁燕珍，蒋桂芹，等. 交通运输投融资报告（2022）[M]. 北京：人民交通出版社，2022.

[5] 杨建平，杨新征. 国外交通投融资管理制度研究 [M]. 北京：人民交通出版社，2016.

[6] 杨建平. 我国公路水路交通投融资政策研究 [M]. 北京：人民交通出版社，2016.

[7] 交通运输部科学研究院. "十二五"期公路水路交通发展投融资政策研究 [R]. 2011.

[8] 交通运输部科学研究院. 深化交通运输领域投融资机制改革鼓励社会投资政策研究 [R]. 2019.

[9] 交通运输部科学研究院. 交通运输建设长期债券和基金制度研究报告 [R]. 2019.

[10] 交通运输部科学研究院. 公路水路建设中长期投资政策研究 [R]. 2020.

[11] 交通运输部科学研究院. 交通强国背景下公路里程税设立研究 [R]. 2020.

[12] 交通运输部科学研究院. "十四五"陕西交通运输投融资政策研究

[R]. 2020.

[13] 交通运输部科学研究院. 交通强国背景下交通存量资产运用公募REITs市场前景及关键问题研究 [R]. 2022.

[14] 交通运输部科学研究院. "十四五"及后期交通运输领域市场化融资体系研究 [R]. 2023.

[15] 庞松. 我国公路基础设施建设投融资政策调整研究 [D]. 武汉: 武汉理工大学, 2005.

[16] 翁孟勇. 建立交通发展基金制度 促进交通持续健康发展 [J]. 中国公路, 2018 (07): 24-25.

[17] 李玉涛. 基于使用者付费的收费公路政策研究——对《收费公路管理条例》的修改建议 [J]. 中国物价, 2014 (02): 81-84.

[18] 胡涛, 查元桑. 委托代理理论及其新的发展方向之一 [J]. 财经理论与实践, 2002 (06): 3-5.

[19] 蒋桂芹. 政府还贷公路存量债务重组问题评析 [J]. 经济师, 2023 (04): 50-51.

[20] 虞明远, 耿蕤, 朱志强, 等. 全国里程税 (费) 改革的思考与建议 [J]. 公路交通科技, 2023 (09): 257-262.

[21] 宋书勇, 王小雪, 黄洲鹏. 关于公路里程税改革的理论探索 [J]. 中国公路, 2023 (02): 12-16.

[22] 张玲, 许航敏. 稳中求进推进省以下财政体制改革 [J]. 中国金融, 2023 (22): 44-45.

[23] 叶斐. 新机制下规范发展政府和社会资本合作的建议 [J]. 地方财政研究, 2024 (04): 207-212.

[24] 王春华. 对标PPP新机制 民营企业再获重大政策利好 [J]. 中国改革报, 2024-04-10.

[25] 葛灵志, 翁燕珍, 刘斌, 等. 公路水路领域中央与地方财政事权和支出责任划分改革分析研究 [J]. 财政科学, 2024 (05): 58-64.